現代経営戦略の潮流と課題

林　昇一・高橋宏幸　編著

中央大学経済研究所
研究叢書 37 号

中央大学出版部

はしがき

　本書は，経営戦略研究を目的として中央大学経済研究所に設置されている現代戦略問題研究部会の研究報告である．今日，経営戦略に関する出版物は激増していることは，この研究分野に携わって長い我々にとって，まことに喜ばしいかぎりであるが，その背景を探ると必ずしも手放しに喜べない実情が見えてくる．本書を題名として，「現代経営戦略の潮流と課題」としたのも，その辺の実情と経営戦略研究の現在の水準を深く検討し，その上で，今後の経営戦略研究の方向性および課題を提示してゆきたいと考えたからである．

　実に，世界はここ10年余りで激変した．とくに，旧社会主義圏が1990年を前後して大崩壊して以来，資本主義社会への新規参入国が激増し，日本もあらゆる局面において大きな影響を受けることになった．つまり日本は，内外ともに激変の波にもまれることになったのである．それとともに経営戦略という言葉は，環境激変への対応語として時代を論じる際のキーワードとしての地位を確立した．この現代戦略研究プロジェクトが発足したのも，ソ連崩壊やEU誕生というビッグイベントの発生に影響されたことは言うまでもない．まさにグローバル時代が始まったからである．

　グローバル時代とともに世界の生産工場としての地位を確立した中国の経済発展は，世界の注目を引くようになった．ユニクロ・ブランドは，日本と中国を巧みに関係付けた新しいビジネス・モデルとして日本社会に時代の大きな変化を体感させたことは記憶に新しい．これに刺激され続々と他のアパレル企業も中国企業と合弁や提携を重ね，日中産業の絆を深めていった．アパレル産業ばかりではない．自動車メーカーもグローバル競争での生き残りをかけて中国市場戦略に走った．その世界再編の先端をいく日産自動車は，カルロス・ゴー

ンをトップに据えて，グローバルな競争優位の戦略を展開している．世界生産規模400万台以上が要求される時代に生き残るために，ルノーとの企業統合は至上命令であった．

　まさに日本のビジネス界は，玉突き現象で構造改革が始まり，それと比例して，構造改革の政策としての経営戦略に期待が寄せられることになったのである．1990年代の日本経済界は，「失われた10年」とマスコミが命名したようにほとんどよいニュースにありつけなかった．為替水準の高止まりと株価水準の低迷は，驚くほどに国際競争力を弱め，危機意識を高めた．不良債権の処理に足かせをはめられた金融界は，かつてのようにビジネス業界の支援資金を供給できなくなり，おなじく財政投融資でビジネス界に支援資金を送り込んできた政府も税収不足や国債残高の急増と返済能力の限界から，それができなくなっている．規模の大小に関係なく日本企業は自らの力で変革し，競争力を回復させなければならない状況に追い込まれたのであるから，競って即効性のある経営戦略を捜し求めることになったわけである．その最たるものは雇用のリストラであった．続いて資産リストラに着手し，固定費水準の低減に即効性の経営戦略を求めた．しかし，長期業績の向上に目を向ける企業もでてきた．

　松下電器産業はその事例である．グループ戦略として破壊と創造の戦略を旗印に，グローバル時代への適応戦略として投下資源再配分を実施している．雇用のリストラは言うに及ばず，すべての経営資源の見直しによる過去から受け継いだ不採算事業の破壊と新しい付加価値創造の事業戦略に取り組み競争力の回復をみせている．松下電工の子会社化は，その戦略の一環であったが，その旧体制の破壊と新体制の創造パワーには，日本社会は未来への期待をつなぐことができた．従来の同業他社に連鎖反応を起すことが明らかであるからである．

　そもそも破壊と創造の元祖は，J. シュンペーターである．資本主義経済のダイナミズムは企業家精神に依存することを『経済発展の理論』において解明したことは偉業であった．精神が経済を創造的に破壊するという仮説は，日産自動車や松下電器グループの事例（ナンバーワン戦略）ばかりではない．ソニー

やホンダやキヤノンなど戦後の崩壊経済を再生させた成長企業のビジネス・モデル（オンリーワン戦略）によって実証されている．不幸にもバブル経済崩壊後の日本経済は，停滞を余儀なくされた．しかし，企業は生き物である．人間が，そして組織がその運命を担っている．シュンペーターの仮説のように企業家精神が蘇れば，日本企業は経済再生の道筋を見つけるであろう．企業家精神が，投下されている経営資源の新結合を構想し実行に移すことになれば，日本の資本主義経済も生命の息吹を吹き込まれるであろう．

　本書は，こうしたグローバル時代の潮流企業がどのように対応しようとしているのか，また明日の経営戦略はどのようなコンテンツから成るか，を実証的に研究している．全体を3部編成にしている．

　まず序章では，本書全体の研究の枠組みとして，現代という時代の特徴を明らかにし，現代に生きる企業に共通して求められる経営戦略のキーワードを提示する．この序章のもとに，以下3部（基礎，応用，事例研究）からなる論文が編成されている．

　第1部は，経営戦略の基礎的領域を扱っている．第1章の競争優位の研究開発戦略は，技術革新時代に生き残るための基礎的なイノベーション戦略である．また，第2章のコンフリクト・マネジメント戦略は，グローバルな観点から技術を製品化しマーケティングしていかねばならない現代組織に基礎的なコンフリクトを解決するための戦略を考察している．とりわけネゴシエーション戦略が，21世紀の戦略にとって重要であることを強調する．第3章のコーポレート・ガバナンス戦略は，新しい時代が求める企業の存在価値，つまり企業とはだれのものかの制度研究を踏まえた基礎的な制度設計戦略を考察している．

　第2部は，応用研究領域を扱っている．第4章では，新しい時代の経営者責任の本質を究明している．具体的には，グローバル企業という新しい社会制度における経営戦略がどのようにガバナンスされなければならないか，旧来の経営戦略のガバナンスとどこが異なるかが考察されている．また，第5章では，企業の経営資源をどのようにパターン化すべきか，つまり資源結合の新たなパ

ターンを企業グループ戦略として考察している．第6章では，エリア戦略としてアジア経済圏における日本企業の直接投資戦略が論じられている．日本企業・財界は，近年，東アジア広域経済圏の構築に真剣に取り組んでいる．注目されるのは中国市場における巨大な経済の動きである．どのように位置づけたらよいか重要な研究テーマが考察されている．

　第3部は，グローバル化によって注目されている産業分野での企業戦略事例が考察されている．第7章は，航空機産業における競争優位のグローバル戦略としてR&Dと生産戦略を，エアバス社とボーイング社の競争戦略事例を取り上げて比較考察している．第8章では，サウスウェスト社を事例として航空サービス業界における規制緩和とローコスト戦略のメカニズムが実証研究される．第9章では，国際アライアンス戦略を取り上げる．事例研究としては，日本企業の生命線である加工・組み立て産業におけるハイテク企業の戦略提携である．

　以上のように，本書は現代経営戦略研究の方向と課題を多元的構造において実証研究している．日本企業がグローバル化という時代の流れのなかで，新たな脅威を管理し，好機を掴み，自らの弱みを補強し，強みを活かすか，いいかえればどのように変身していくべきか，そのための政策理論としてどのような研究に着目したらよいのかを解明している．上級学部学生・大学院生をはじめ多くの経営戦略研究者の一助になることを期待し，あわせて忌憚のないご意見やご批判を賜ることをお願い申し上げたい．

　最後に，本書の刊行にいたる道筋で資金的・スタッフ的支援を頂いた中央大学経済研究所，および，本書の刊行にご尽力賜った中央大学出版部の関係各位に感謝の意を表したい．

平成16年3月

　　　　編著者　中央大学総合政策学部教授　　林　　昇一
　　　　　　　　中央大学経済学部教授　　　　高橋　宏幸

目　　次

はしがき

序章　現代経営戦略の課題 ……………… 林　昇一・高橋　宏幸… 1
　1．経営戦略の潮流：経営戦略は，環境の変化に従う ……………… 2
　2．経営戦略の理論の潮流：「ポーター対バーニー」を超えて …… 10
　ま　と　め ……………………………………………………………… 11

第1部　現代経営戦略の基礎──競争優位の探究──

第1章　競争優位と研究開発戦略 ………………… 宗澤　拓郎 … 17
　は じ め に ……………………………………………………………… 17
　1．研究開発の特異性 ………………………………………………… 18
　2．シャープ …………………………………………………………… 19
　3．デンソー …………………………………………………………… 22
　4．アサヒビール ……………………………………………………… 28
　5．組織活性化「経営丸」モデル …………………………………… 31
　6．感覚的研究開発マネジメント …………………………………… 33
　7．文化論的研究開発マネジメント ………………………………… 34
　8．競争優位のための研究開発戦略 ………………………………… 37

第2章　コンフリクト・マネジメント戦略 ……… 佐久間　賢 … 41
　は じ め に ……………………………………………………………… 41
　1．コンフリクト・マネジメント …………………………………… 42
　2．21世紀の日本企業環境の変化 …………………………………… 43

3．コンフリクトの基本 …………………………………… 46
　4．ネゴシエーション …………………………………… 48
　5．コンフリクトを解決するメカニズム ………………… 52
　6．コンフリクト解決交渉の内容 ………………………… 53
　7．コンフリクト解決の交渉戦略 ………………………… 57
　8．コンフリクト解決事例研究 …………………………… 63
　　まとめ …………………………………………………… 68

第3章　パラダイム転換とコーポレート・ガバナンス戦略
　　── 新たな代替的価値とガバナンス改革に関連して ──
　　……………………………………………… 高橋　宏幸 … 71
　　はじめに ………………………………………………… 71
　1．コーポーレート・ガバナンス改革と2つの価値 ……… 73
　2．2つの経営類型とそのガバナンス改革 ………………… 84
　　まとめ …………………………………………………… 104

第2部　現代経営戦略の応用 ──競争優位の展開──

第4章　グローバル企業の戦略とガバナンス …… 林　昇一 … 115
　　はじめに ………………………………………………… 115
　1．現代企業に求められるガバナンスの理念と方法 ……… 116
　2．日本型ガバナンスの制度崩壊と改革のベクトル ……… 123
　3．ガバナンス構造のグローバル化と新しい戦略経営の原理 …… 129
　　まとめ …………………………………………………… 137

第5章　企業組織の戦略動向とグループ経営戦略
　　……………………………………………… 長谷川　稔 … 143
　1．グループ経営の概念と展開 …………………………… 143

2. 企業グループ形成の起点としての事業部制 ………………… 145
3. グループ経営に向けた組織転換の趨勢 ………………… 151
4. 企業グループ化関連課題の動向 ………………… 154
5. 戦略的グループ経営の展開と方向 ………………… 160
6. 持株会社によるグループ経営 ………………… 166

第6章 アジア経済圏における日本企業の直接投資戦略
―― 異文化コラボレーションへの戦略転換 ――
………………………………………………… 田中　拓男 … 173

1. 直接投資戦略策定における3つの視点 ………………… 173
2. アジア向け直接投資戦略の展開 ………………… 177
3. アジア市場における投資環境の変化と
　　異文化コラボレーションの戦略 ………………… 181
4. 内部資源の蓄積とアジア向け直接投資の戦略 ………………… 186
　ま　と　め ………………… 188

第3部　現代経営戦略の事例研究
――競争優位の実証と課題――

第7章 航空機産業における技術融合と戦略
―― エアバス社とボーイング社の生産戦略を中心に ――
………………………………… 浅田　孝幸・長坂　敬悦 … 193

　はじめに ………………… 193
1. 技術融合としてのIT技術と生産技術 ………………… 195
2. CAD／CAMの現状 ………………… 199
3. 航空機でのバーチャル設計の応用状況 ………………… 202
4. ボーイングとエアバスの戦略と技術融合 ………………… 204
5. 日本企業にとっての意義と課題 ………………… 212

まとめ ………………………………………………………………… 214

第8章　米国航空規制緩和と Low Cost Revolution
――サウスウェストの戦略モデルを事例として――
………………………………………………… 塩見　英治 … 217

1. 分析の対象と課題 …………………………………………………… 217
2. 市場環境の変化と新規企業の動向――3つの波 ………………… 218
3. 費用効率と航空企業の戦略パターン ……………………………… 221
4. 「サウスウェスト・モデル」と低コスト企業の躍進 …………… 223
5. 低コスト企業の経済的影響 ………………………………………… 230
6. 低コスト企業と戦略の課題 ………………………………………… 235

第9章　加工・組立産業における戦略的提携
―― 企業環境の新潮流と戦略的提携の進化 ――
………………………………………………… 永池　克明 … 239

はじめに ………………………………………………………………… 239
1. 戦略的提携とその進化 ……………………………………………… 240
2. 戦略的提携を進化させた企業環境の3つの新潮流 ……………… 245
3. 我が国加工・組立産業の問題点 …………………………………… 250
4. 加工・組立産業の経営変革 ………………………………………… 254
5. 提携戦略の重要性増大の背景 ……………………………………… 256
6. 戦略的提携のメリットと動機 ……………………………………… 259
7. 提携戦略の形態別分類 ……………………………………………… 262
8. 最近の加工・組立産業の戦略提携 ………………………………… 267
9. 東アジア地域におけるアジア企業との戦略提携 ………………… 269
10. 提携成功のための条件 …………………………………………… 276
まとめ ………………………………………………………………… 278

序　　章

現代経営戦略の課題

　大きく不透明な変化の波が，あらゆる組織に押し寄せている．この変化に対応するための構造改革を迫られているのは，政府ばかりではない．企業も自らを変化の波に合わせて，大胆に構造改革を進めるほか生き残りの道はない．

　2003年9月のこと．日本の財界のリーダー（日本経済団体連合会の初代会長）であるトヨタ自動車の会長の奥田碩氏は，ついに「変えないこと，変わらないことは悪である！」とのメッセージを書に託して情報発信した[1]．世の中が変わっている，世界が構造変化している中で，自らは何もしない，変わろうとしないことは，世の中から孤立していくことが必定だからである．言うまでもなく孤立は死を意味する．人を束ね，資源を預かり，組織を運営する経営者がその任務を放棄することは許されない．企業変革や企業革命から逃避する経営者は，もはや悪人なのかも知れない．

　まことに，現代の環境は激変といわねばならない．これまでの常識は通用しなくなり，新しい常識がなければ変化を理解することはできない．マネジメントを司る経営者の企業コントロールは，あたかも乱気流の中の旅客機のように非常識な常識のコントロールが必要なのである．

　どうすればいいか．何をしたらいいのか．現代の経営者はすべて，不安の中で明日の企業像を模索している．過去の常識に頼っても，企業の置かれている

前提条件である環境自体が激変しているのであるから，過去の発想は通用しない．コントロールは変化する環境にしたがわねばならないからである．過去の成功体験に安住することはもはや許されない．

これを考える時，一歩先をいく新しい成功企業の経営モデルは，教訓（新成長の論理）になるであろう．そこには明日の経営戦略のモデルを構想するヒントが隠されているはずである．

現代経営戦略の最大の課題は，変化すること，つまり資源の固まりである組織を構造的に変革する骨太の政策の創造だと言えよう．しかし，なぜ変えなくてはならないのか，何を変えなくてはならないのかを考えなければ，必要な経営戦略の構想も構築もできないであろう．現代経営戦略の課題を提示するためには，企業の置かれている外部環境の動態的・構造的変化のパターンと根因とを探り，その上で，何をなすべきかの具体的な課題（戦略目標）を絞りこまなければならない．その具体的な大枠の戦略目標をつぎに提示しよう．

1. 経営戦略の潮流：経営戦略は，環境の変化に従う

経営戦略は，企業の生存にかかわる最も重要な政策である．経営戦略の失敗は，企業の明日を失わせ，その結果，放り出されたヒト，モノ，カネ，情報は新たな帰属先を求めてある期間浮遊しなければならない．政府には税金が入らなくなるので，政府の失敗をも招く．したがって，最高経営者の社会的責任は重い．

経営者が戦略の策定に失敗するのは，企業の外部環境の激変に適応させることができない場合である．激変とは，変化の量的・質的変化のレベルが予想を超えている場合である．例えば，売上が激減する場合，競争業者によってマーケットが奪われるならば，量的に回復可能であるから，量的変化と呼ぶことができよう．しかしながら，売上の激減が顧客ニーズの消滅であるならば，回復は困難であろう．これは質的な変化と呼ぶことができる．そこで，今日の企業を取り巻く環境が，どのような変化（潮流）なのかを考察して置くことは，現代の経営戦略の潮流を考察する上で有益であろう．

1-1 現代はグローバル経済化の時代である．グローバル戦略が求められている

　グローバル経済とは，国境の壁が崩れ，物，金，情報や人が自由に移動できるようになっていく時代のことである．かつては，国境に護られた国家が破綻することはありえないと考えられていたが，1990年前後を境として，社会主義諸国家が次々と連鎖的に崩壊し，その後も資本主義国家ですら破綻寸前までいった国家も出てきた．例えば，1990年代後半に起きたアジア経済危機では，韓国やタイ，インドネシアなどが，南米ではアルゼンチンなどの破綻が見られ，激動する世界経済の脅威に抵抗することの難しさを知った．

　もはや現代は，国家が安全な避難場所（シェルター）ではなくなっている．国境によって保護されていた多くの国家の系列企業や国内志向型企業も同じ運命に立たされている．とくに規制によって護られてきた金融機関はその典型である．金融のグローバル化は，グローバルな融資管理能力をもたない銀行などを窮地に追い込んだ．その悲劇は，かつて補助金で国家の庇護のもとに置かれ競争力を失い衰退していった農業など一次産業の悲劇を想起させるものである．

　数は少ないが健全で競争力のある企業もないことはない．それらの多くは自動車や精密，電子関連などの技術革新型企業である．貿易の自由化以来，国際市場の場で鎬を削ってきたことが，グローバルな競争力を蓄積できたからである．

　しかし現代は，貿易の自由化がさらに進んでサービスや投資の自由化にまで市場開放が進んできた．金融や小売業や建設などのサービス分野のグローバル化は加速化している．その加速化のエネルギーは，投資の自由化である．つまり国境を超えて市場に相互侵入するグローバル企業の戦略経営（Strategic Management）である．

　このようなグローバルな時代がもたらす複雑性や曖昧性か生じるコンフリクトの増大は，その戦略経営の強化を要求する．人間の価値観の相違から生じる意見の対立をいかに処理すべきか．ビジネスの与件はどうなのかを的確にとら

え新市場創造を含めて積極的に問題を解決することが重要である．

1-2 現代はローカル文化の変革時代である．企業文化・経営資源ベースの戦略が必要だ

　ローカル文化とは，企業がよって立つミクロの経営基盤のことである．企業は，その存続のためには優れた経営資源を調達・保有できる基盤がなければ，競争力を高めることができない．したがって，グローバルな経済のもとで企業が存続成長しなければならないとすれば，競争力をつけるために，よって立つ経営基盤を選ばなくてはならない．ヒト，モノ，カネ，情報は，経営資源であるが，さらにそれらを束ねる組織力（マネジメント）を含めて競争優位の観点から選択し，最適立地を絞り込まなくてはならない．

　現代は，国家もかつてのように閉鎖的ではなく，それどころか逆に，門戸を開放して，世界からグローバル企業の誘致に走っている．中国のように競争優位な企業を誘致することで，競争優位の経営基盤づくりで国家の競争力を高めている．その意味で，グローバル経済は，ローカル文化の時代でもあるのである．各国が先を争って経済の構造改革に励むのは，ローカル文化を競争優位の源泉として重視しているからにほかならない．

　とりわけ重要なのは，技術革新である．ローカル文化が，技術革新に対応しているかどうかは，ローカル文化が競争優位にあるかのメルクマールになっている．技術革新の分野で世界の先端を走っているのが米国企業であることは明らかである．米国企業の高収益の原因は，技術革新にあるといっても言い過ぎではないであろう．インターネットや携帯電話に象徴されるハイテクビジネスは，1970年代までに米国企業が軍需で蓄積してきた先端技術（知的財産）に多くを負っているからである．軍需技術の民需技術への転用は，国家予算に占める膨大な過去の軍事予算の資本回収でもあると考えなくてはならない．

　技術革新のスピードとインパクトを象徴している法則に，有名なムーアの法則がある．ムーアとは，世界のハイテク企業の代表と言ってよいインテル社の創設者の1人であるゴードン・ムーアのことである．彼の唱えた法則によれ

ば，ハイテクの典型である半導体の情報集積能力は3年で4倍になるという．このスピードに対応するには旧来のローカル文化を変革するほか道はない．かれは，少なくとも2010年までこの法則は生き続けると予測するが，いずれにせよ半導体の進化は，あらゆる産業の進化と社会変革に深い関係が出てくるはずであるから，技術革新のスピードとインパクトは，ますます高まると予想される．日本では，この半導体の進化を取り込んだデジタル家電が，明日の日本文化に適した戦略産業であると認識し，挙国一致体制で取り組み始めた．

しかしながら，ローカル文化の進化は，グローバル経済の進化と連動しなくてはならない．なぜなら，技術革新は，製品化・サービス化とそのマーケティングによって，開発投資が回収されなくてはならないからである．端的に述べれば，研究開発投資は，それに見合ったマーケティングによって最適化が図られなくてはならないのである．米国ならびに米国企業が，グローバル戦略をなぜ競争優位で推し進めるのかの根本的理由は，ここにある．ローカル文化戦略とグローバル経済戦略は，総合的に進められなくてはならないからである．

1-3 現代は危機激増の時代である．複雑系コンティンジェンシー戦略が必要である

現代ほど危機が激増している時代は少ない．しかもその危機は過去に経験した危機とはまったく異質の新しいタイプの危機なのである．

危機は企業の外部からやってくる．とくに外部環境の激変している日本企業にとってその危機のインパクトは大きい．危機の規模と構造は，外部環境の変化の量と質に関係している．外部環境の変化に企業システムが柔軟に対応してゆかれれば，危機のインパクトは小さくなる．企業システムを柔軟に設計することは，危機を吸収するために必要である．危機を管理する能力とは，外部環境の変化の本質をよく認知し，その本質にそって経営資源を柔軟に組み替え危機を吸収する能力のことである．認知によってとらえられた危機は，企業にとって脅威（Threats）として不測事態対応（コンティンジェンシー）戦略が準備される．とくに現代はネットワーク化が高度に進んでいるため危機の波及範

囲も広域化している．それゆえに複雑系コンティンジェンシー戦略が新たな課題になっている．

　グローバリゼーションの高まりは，市場規制の緩和や撤廃（デレギュレーション）を促し，外部からの脅威の侵入を容易にしている．この脅威を受けてローカリゼーションの高まりは，技術革新を促し，反面では既存技術の廃棄を容易にさせる．つまり，グローバリゼーションとローカリゼーションは，相互に刺激しあい危機を増幅させ，固定化した旧来の企業システムを根底から揺さぶることになる．この揺さぶりに対応できる柔軟なシステムに転換できない企業は，高まる大波（Great Waves）に呑み込まれてしまうことになる．

　この大波に呑み込まれる企業に共通する特徴としては，大波に抵抗し自らのシステムの安定化にこだわり続けるという保守的な文化が指摘できる．安定化の誘因は，過去の成功体験へのこだわりにある．過去に膨大なコストをかけて構築した経営資源の構造は，高い効率性を高収益に変えた．しかし，この成功体験の蓄積が，こだわりの文化を助長する．変化しないことがいいことだという信念が，変革に抵抗する力になるわけである．守りに徹することが組織全体の共通価値観になってしまった企業は，再生も難しく，大波に呑まれたまま2度と浮かび上がってくることはない．過去の好機が，明日の脅威に変わるのである．

　危機は脅威ばかりではない．別な側面として，危機は好機でもある．それは危機の本質を探ると見えてくるものである．漠然と危機を受け止めているだけでは見えてこない．なぜなら，危機は新しい企業成長分野を切り拓こうと秘密裏に戦略構想を立てて環境変化を企てる企業が引き起こしているものだからである．このように危機を正しく認識できる企業には，危機の中に好機を見分け，残りの脅威とは分離する戦略をとる．言い換えれば，脅威から逃避しない企業とは，危機の発生源の中に好機を求める企業であると言うことができる．

1-4 現代は，価値の破壊と創造の時代である．価値の創造的破壊の戦略が必要である

　以上のように危機はしばしば新しいチャンスを伴って現れる．脅威から逃避する文化の企業には，危機の中にある好機，すなわち時代の新しい価値が見えてこない．好機という要因と脅威いう要因とが混合している存在こそ，危機の本質なのである．したがって，脅威の陰で好機をつかんだ企業が新しい価値を密かに生みだし，ほとんどの企業が気づかない内に育成していく．だれもがその価値に気づいた時は，その存在（スター）を脅かすことは難しくなる．成長（市場に普及）した価値は，社会ないし消費者から支持を得ているから，その否定は不可能である．

　新しい価値の誕生は，技術革新が進んでいる時代に顕著である．携帯電話やデジタル家電商品はその典型であり，半導体の技術革新と歩調を合わせて誕生している．汎用大型コンピュータに始まり小型化したノートパソコンなどの普及を経て，やがて通信衛星やデジタル回線で情報端末がネットワーク化されたユビキタス時代といわれるような文明の進化が半世紀のうちに遂げられようとしている．技術革新のスピードは，前述したムーアの法則（Moor'Low）に見られるように，超スピードである．この情報処理速度の急速な変化に歩調を合わせて新製品が革新的に開発されているのである．

　新しい価値（製品）は，旧来の技術に基づく価値（製品）と闘ってそれを陳腐化させる．つまり価値の新旧交替は，企業間競争の結果なのである．旧来の技術に基づく製品から十分な利益を得ることができる間は，旧勢力が強いであろう．新勢力は利益がなく，R&Dやマーケティングの点で闘うに十分な軍資金が集まらないからである．しかし，旧技術に基づく製品が市場にあふれるほどの供給過剰になると利益率が低下し，旧勢力はパワーを失っていく．新勢力にとっては，旧勢力を破壊し，新しい技術に基づく製品を普及させていくチャンス到来である．旧勢力を説得し，新勢力に参加させることで，新勢力は勢いに乗っていくのである．これが創造的破壊のプロセスなのである．

　この創造的破壊の時代には，ガバナンスが問題になる．旧式の価値から新し

い価値に転換が起きる時，企業内部では，旧式の価値に連鎖するヒトやモノやカネが余剰化するから，ここに「廃棄ロス」が発生するし，新しい価値に転換する時期が遅れれば「機会ロス」が発生するからである．これらのロスを最少にする経営が行われればいいが，それができない経営者の場合，責任が問われなくてはならない．企業統治が正しく行われていないからである．旧式の価値に関連する法律や慣行（ルール）は撤廃され，新しい価値に関連するルールが創造されていくとき，価値転換にともなう混乱（カオス）が発生する．企業は，乱気流に呑み込まれるわけである．企業内部では非効率，緊張の弛緩，不正が多発する．社会的には精神的荒廃が顕著になり，犯罪も多発する．国際的にはテロ攻撃という抵抗勢力の活動に備えなくてはならなくなる．政府の夜警国家的役割が改めて強調されることはいうまでもない．そこで創造的破壊時代に適した新しいガバナンス制度が必要になるのである．

1-5 現代は，価値評価尺度の激変時代である．企業の価値観とガバナンスの変革が必要だ

　新しい時代には，新しい革袋が必要である．旧来の価値評価尺度は，取得原価主義に基づくものであった．しかしこの取得原価主義という価値尺度は，今日では急速に効用を失っている．代わりに期待され登場してきたのが，時価主義に基づく価値尺度である．現実には，過去に取得した資産が，将来にわたってその取得時の価値を維持し続けるかどうか，ますます疑問になってきたからである．

　将来にわたって成長を続ける企業は，環境の求める適応能力を創造し続ける企業である．こうした成長企業は，人間が常に血液を浄化しているように，投下する経営資源を環境のニーズに合わせて浄化している．過去に必要があって取得した資産が，将来も必要なのか，その浄化の装置は考えるであろう．バランスシート上の資産だけが経営資源ではない．浄化されなければならないのは，人的資源，金融資源，情報資源も同じである．企業は，これらのヒト，モノ，カネ，情報を環境のニーズに合わせて収集し，活用し，ニーズがなくなっ

た時には，浄化しなければならない．浄化の装置は，経営資源の投入から引き上げまでの全過程にわたって有効性をもち続けなければならない．

　この浄化の装置は，生きるということと必然的に結び付いている生存の条件なのである．しかるに，従来のバランスシートはこの点において浄化装置をもっていなかった．企業の純資産価値は，過去の取得時点での歴史的価格にすぎず，企業の現在の価値を正しく表しているわけではない．また，従来のバランスシートの欠陥は，資産（モノ）と資本（カネ）についてのみ価値表現しているものの，ヒトや情報については価値表明をしてこなかった点にも見られる．旧来のガバナンスを見直す必要がここにある．浄化装置は，すべての投下経営資源について，浄化機能が発揮されなくてはならないのである．

　企業という存在が社会から認められるのであれば，少なくとも現在において企業が存在価値をもたなければならないであろう．たとえ名門企業であったとしても現有経営資源の活用によって，将来どのような価値をどのような期間にわたって獲得可能か，その結果，企業は将来も引き続いて存在する価値があるのかが問われなくてはならない．存在価値がないとすれば，現有する経営資源をすべて社会に返還しなければならない．継続的資源保有の理由がないからである．

　時価主義という価値基準は，こうした企業の現在価値を価値の本質と考えるのである．現有経営資源を経営戦略にしたがって活用し，将来どのような規模のキャッシュフローをどのような期間にわたって得ることができるか，すなわち将来にわたる企業の環境適応能力を評価するのである．これをキャッシュフロー・マネジメントと呼び，それを導く経営戦略はもっとも価値ある機能的存在でなければならない．

　このように現代は，価値評価基準の大転換が起きている．過去の価格を価値基準にすることを排し，将来に創造する価値を基準にして現在の存在証明に変えるのであるから，これは単なる転換ではなく大転換と言わねばならない．

　この時価主義は，国際会計基準として世界的に普及してきた．もちろん，これに対する反論はなくもない．将来のキャッシュフローを見積もりその現在価

値の計算を求める時価主義会計は，どこまで客観的に計測できるか不透明な部分をつねに残すからである．しかしながら，逆の反論が従来の会計基準に向けられることは以上述べてきたことからも明らかであろう．この辺の理論付けについては，つぎに述べる経営戦略論の潮流で明らかにしたい．

2. 経営戦略の理論の潮流：「ポーター対バーニー」を超えて

環境の変化や時代の転換は，経営戦略の進化に大いに影響を与えてきた．経営戦略が進化すれば，経営資源を束ねている組織にも変化が起きて，企業は外見的にもはっきりとした進化を遂げることになる．このような経営戦略の進化は，学術的にも独自の研究領域として発展し，他の社会科学領域にも影響を及ぼすほどになってきた．従来の会計基準にたいし時価主義を提言するのも，従来の会計基準である取得原価主義が，企業の存在価値を決定付ける経営戦略に情報貢献するところが少なくなっているからである．

経営戦略の研究が，はっきりした形をとって現れたのは，1970年代の終わりから1980年代初頭のことである．それ以前には，退職した著名な経営者やスペシャリストが，経験から得た法則をのべる形でビジネススクールで講義されていた．しかし，企業の環境変化が複雑化し，スピードも速くなるにしたがって，実業界からのニーズも高くなり，経営者教育の科学化の一環として，経営戦略の理論研究熱は高まり，今日では，米国経営学会のなかでも最も研究者数の多い研究領域となっている．

その研究者のなかでも対照的かつ著名な学者は，M. ポーターとJ. B. バーニーであろう．この二人は，経営戦略の理論的潮流の代表者でもあるからである．

ポーターは[2]，競争優位の経営戦略が，外部環境によって規定されるということから，競争環境のタイプを意味する競争的ポジションの選択が高収益の条件として重要であると主張する．そこで，このような戦略論は産業組織論の流れを反映する戦略論（ポジショニング・スクール）と呼ばれている．

これに対して，バーニーは，競争優位をもたらす経営戦略は，優れた経営資

源にあると主張する．企業が持続的に競争優位を獲得し，高収益を得るには，他社とは差別化された模倣の困難な経営資源を活用しなければならないという考え方である．これをリソース・ベースト・ビュー（経営資源基盤説）と呼んでいる．

　ポーターかバーニーかどちらの戦略論が有効かと言う議論は，本書の目的ではないが，本書では，両者の主張のいずれをも統合した総合戦略論こそが求めねばならない経営戦略論の方向であると考えている．なぜなら，経営戦略が企業に求められている根本理由が，企業の生存を脅かす環境変化に経営者は，いかなる政策によって環境適応を実現するべきかにあるからである．環境変化は，脅威ではあるが，同時に好機をもたらしてくれる．従って，ポーターの言う好機をもたらしてくれる環境ポジションの選択は重要である．脅威となる環境からは素早く脱出する必要がある．しかし，脅威を退け，好機を組織に取り込まない限り，好機は高収益に転化するものではないことも確かである．組織に取り込んで，競争に打ち勝たなければならないとすると，優れた競争優位の経営資源が競争の場で決定的な要因になってくる．そのような経営資源をいかに調達し活用するかは，組織のパターンを決定する組織戦略の設計にかかってくるのであるから，バーニーの主張する経営資源ベースの戦略論は，現実的には重要である．そうした意味で，本書では，ポジショニング型の戦略論と資源ベースの戦略論は，相互に補完し合う戦略論であると位置付けている．別の表現をすれば，前者は環境選択の戦略論，後者は環境適応の戦略論という点に特徴があり，両者は統合されなければ競争優位は生まれないと考えられるのである．

　以上のように，経営戦略論の潮流は，外部環境要因を重視する学派と内部環境要因を重視する学派が対立しているように見えるものの，統合する方向に進んでいることを指摘したい[3]．

まとめ

　以上，経営戦略の課題として，現代という現実の本質を探り，それに対応し

た経営戦略の潮流とコンテンツ（現実）を解明した．その上で，経営戦略を研究対象とする学術の世界での潮流（実学）を考察した．最後にまとめておきたい．

　まず，グローバルな現実に直面する企業戦略についてであるが，今後，企業はますます市場範囲の拡大化と経営資源の多様化に直面して，逆にその活動範囲を限定しなければならなくなるであろう．このことは，グローバル戦略がドメイン（事業領域）の絞り込みを求めることになるというグローバル・パラドックスを意味している．このパラドックスを解決するには，企業グループ全体での経営資源を再構築し，特色のある企業群に創り変えるための重点投資をするグループ戦略と，それに関連するアライアンス戦略，アウトソーシング戦略およびM&A戦略を迅速に展開できなければならない．さらに，企業文化がグローバル経済に対応できるように挑戦の文化に変革されることが求められるのである．

　つぎに，グローバリゼーションに対応したローカリゼーションとしては，ローカル戦略が必要になるだろう．なぜなら，現実の企業活動は，ローカルな経営資源基盤に基礎をおくものだからである．このためローカル戦略の特徴としては，各国政府との協調戦略を重視しなければならない．政府を動かして広域経済圏（例えば，東アジア経済圏など）の構築に向かわせるような政治戦略も考えなければ競争力は高まらないのである．

　さらに重視しなければならない企業戦略の課題は，危機管理である．グローバル戦略とローカル戦略の相乗効果は，世界経済秩序を激動に陥れるからである．この激動の時空間は，新旧勢力の交替期でもある．お互い生存をかけた壮絶な闘争が展開される．この時の秩序は本来秩序に不可欠な緊張が弛緩し，管理のエアポケットとよばれる空白状態が生まれる．ここにコンプライアンスやコーポレート・ガバナンス上の問題が多発し，その解決が求められる．いずれにせよ，予期せぬ事態の勃発に備えて，複雑系コンティンジェンシー戦略（不測事態対応の戦略）が準備されていなければならない．

　また，新しい価値の創造戦略は，旧価値との連鎖を破壊する戦略と並行し

て，重要な課題になる．これは技術革新の波が，今後とも続くことが予想されているからである．これは世界の諸文明間に情報および発展格差をもたらし，ハンチントンのいう「文明の衝突」を引き起こす可能性を高めるであろう．しかし，企業家精神に導かれた企業間の競争優位の戦略を止めることはできない．企業は新たな価値連鎖の創造を求めて企業や政府との緊密な戦略提携が求められてこよう．

最後に，価値評価基準の変更であるが，今後ますます未来に比重を置いた時価主義（収益還元価値）が重要になるだろう．過去志向の原価主義は，正しく企業価値を表現し，経営戦略を導くことができないからである．

以上のように時代が企業に求める戦略は，断絶した時代に対応して，リストラクチャリング（事業構造改革）やリエンジニアリング（業務構造改革）をコンテンツとして組み込んでなければならないであろう．

最後のまとめとして，経営戦略を研究対象とする経営戦略論について，時代の潮流と課題を展望しておこう．

経営戦略論は，経営学の中でも最も新しい学問であることは周知の事実であるが，なぜ新しいのか，言い換えればなぜ他の経営学の領域に対し遅れて登場することになったのかを問題にしなければならないであろう．バーニーは，この戦略論が遅れて登場した理由をつぎのように説明しているが，それが戦略論の潮流と課題を的確に表現しているものと考えられる．

「企業戦略論が学問として未成熟であるのには，多くの理由がある．まず第1に，企業戦略とは本来的に，さまざまな機能領域間の相互作用である点だ．すなわちマネジャーは異なる機能分野のスキルや専門知識を持ち寄って初めて，戦略を認識したり実行したりしている．かくて企業戦略論の研究とは，生来的に「学際的」性質を帯びている．従って学問領域として真に成熟した地位に到達するためには，戦略論の研究者がその基礎とする各専門領域群にすでに成熟していることが前提となる．その結果，他の経営関連諸学が真に学術的で研究を主体とした学問領域として成立するまで，企業戦略論の進化が遅れることになったのである．しかし，遅れてやってきた企業戦略論の成熟過程は確実

に進行中である.」[4]

　ここでバーニーが，企業戦略論とよんでいるものと，われわれが経営戦略論とよんでいるものとは同じである．実にバーニーは見事に，経営戦略論の潮流と課題を的確に述べていると考える．経営戦略論は，実に学際性・総合性の要求される学問領域なのである．

　もう1点，経営戦略論について注意したいことがある．それは現代社会が経営戦略論に対し即用性，実利主義を求めるという風潮が高まっている点である．たしかに経営戦略論は，実用の学として発展してきたものではあるが，それにしても近年の性急な即用性・実利主義を求める風潮には疑問を挟まざるをえない．逆に，宗教やドグマに一方的に支配された戦略論では合理性に欠ける．真に求められるのは，経験主義や実証主義に裏付けられた科学的・体系的な研究である．それは同時に，覚える（知識の）経営戦略論から「考える（知恵の）経営戦略論」への進化が求められていることを意味している．人類の幸福から離れて学問の発展はないからである．

1) 奥田碩『人間を幸福にする経済』PHP新書，2003年．
2) *COMPETITIVE STRATEGY*, 1980. 邦訳『競争の戦略』．
3) 実に最近のバーニーは，MBAのテキストとしての企業戦略論として，ポーターの説も取り込んだ学際的な戦略論が時代の潮流になってきたことを明言し，競争優位の構築と持続をめざす「総合的戦略論」を提唱している．Jay B.Barney, *GAINING AND SUSTAINING COMPETITIVE ADVANTAGE*, Second Edition, 2002. 邦訳『企業戦略論』岡田正大訳，ダイヤモンド社，2003年．
4) J. B. Barney, 前掲邦訳書，6ページ．

第1部　現代経営戦略の基礎
――競争優位の探究――

第 1 章

競争優位と研究開発戦略

はじめに

　ハイテク不況といわれる中，電子業界ではシャープが液晶の低迷にもかかわらず収益力を高めているという[1,2]．これは液晶，半導体等電子部品部門の収益は伸び悩むが，液晶カラーテレビ，液晶モニターなどの商品部門が増益基調のためである．この理由はシャープが液晶ディスプレイ（LCD）を同社第一の戦略商品として位置付け，その開発に優先的に経営資源を投入し，コストリーダーシップ戦略をとり，組織的にLCDの応用商品開発努力を続けて来たからである．

　同様に自動車部品業界ではデンソーが好決算をあげている[2]．元来トヨタの部品子会社として生まれたデンソーであるが，「トヨタとの枠組みの中でのみ生きる必要はない」，「デンソーの売り上げの半分はトヨタ以外から」といわれているように[3]，トヨタグループ内最大の世界的優良企業として，あるいは良い意味でのトヨタのコンペティターとして，自らのコアコンピタンスを高めさらに成長発展することが，戦略的子会社としての役割であると自社を位置付けているからである．

　さらにアサヒビールが1987年，コクとキレをうたった「スーパードライ」の上市によって，キリンのラガービールをひっくり返して事業躍進した話は有

名であるが[4)5)]，2002年2月また発泡酒「本生」を発売し，わずか3ヶ月でキリンの「生絞り」を抜いて一躍トップになったという．これは全く同じ成功パターンであり，その原因は自社の研究成果を，組織をあげて市場化したという，巧みな研究開発とマーケティングとの連動戦略が功を奏したからである．

　これら3社に共通的にいえることは，研究開発戦略が優れて明確であることである．企業戦略の重要性は経営書などにもかかれ，いろいろ議論されているが，研究開発戦略についての議論は少ない．本来研究開発戦略は経営戦略と密接にリンクして策定されるべきである．ドッグイヤーといわれ，短サイクル化しめまぐるしく変化しているIT社会環境下では，なおさらしっかりした研究開発戦略を策定して経営資源を有効に配分し，研究をマネジメントすることは，これからの企業としては非常に重要である．そこで改めて研究開発戦略のあり方を整理し，統合することとした．

1. 研究開発の特異性

　研究開発の目的が新製品，新製法に基づく，差別化戦略あるいはコストリーダーシップ戦略による競争優位の確立にあることは言うまでもない．

　一般に本格的な研究開発は10年ワンサイクルであると言われている．これは研究開発を完成させるのに約5年間かかり，研究成果を新製品として市場に投入して，研究コストを回収して累積ベースで利益を出せるようになるまでにさらに5年と，足掛け約10年かかるのである．企業が経営予算として意思決定する予算の3大項目は，研究開発費，設備投資，広告費である．設備投資と広告費は比較的短期間に成果が現れるのに対して，研究開発費の成果が現れるには，この様に5年以上の月日がかかる．したがって研究開発の実施に当たっては長期経営戦略を明確に設定し，それに基づいた研究戦略を策定して研究者，研究費などの経営資源の割り当てを行うことが重要となる．

　筆者の研究[6)]によれば研究開発のパフォーマンスとしての研究開発効率は次の式で定義されている．

　　研究開発効率：＝研究効率＊事業化効率

= (研究成果／研究開発費) ＊ (事業化成果／研究成果)

= 事業化成果／研究開発費

= 累積利益／研究開発費

= 累積利益額／総研究開発

図1-1 研究開発とその成果の関係

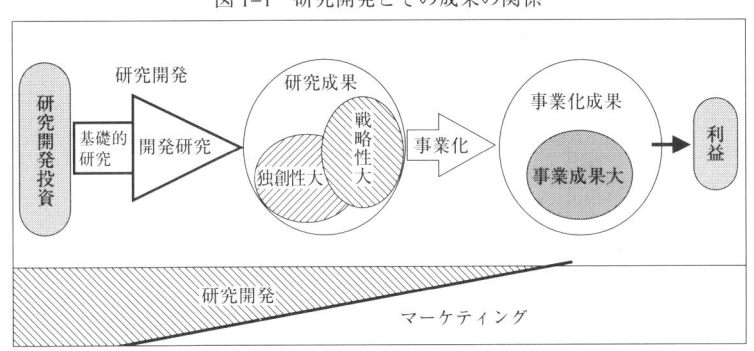

ここで研究開発効率向上に最も効果があるのは，研究開発期間の短縮と事業化生産化への時間短縮であることは，図1-1の研究開発とその成果の事業化との関係からもあきらかである[5]．研究投資から資金回収までの時間を短縮するために，コンカレント・エンジニアリングではないが，研究の目処がついてきたら，できるだけ早い時期からマーケティング計画を開始し，短期間にPRしていく戦略が必要である．できた研究成果を早期に事業化することが重要である．このためには開発研究開始段階から事業化までの間での，研究者とマーケティング担当者との緊密な協力によるプロジェクト体制が必要である．この意味から最新のITを利用して，計画から製品化までの期間のスケジュール管理をプロジェクトチームで共有化して，組織的に期間短縮に努めることにより，研究開発の生産性を上げることは容易に理解できるうまい方法である．

2. シャープ

2-1 シャープの業績

最近のシャープ社の業績を図1-2に示す．1989年以来売上高，経常利益共

に確実に増えていることが分かる．特に経常利益の増加が著しい．

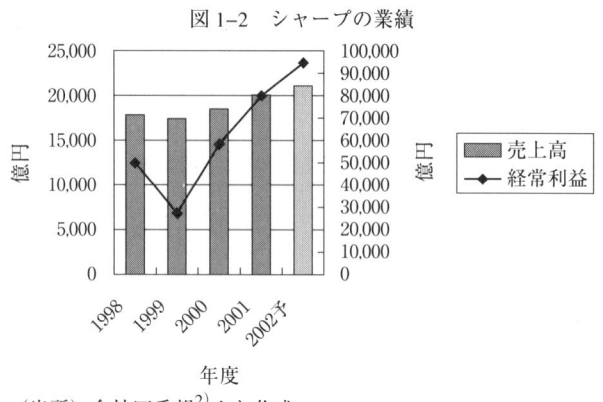

図 1-2　シャープの業績

年度

（出所）会社四季報[2]より作成．

2-2 シャープの経営戦略

　シャープの連結ベースの業績は電子部品業界が不況をかこつ中，1999年以降順調に伸びており，来期も増収増益が期待されている[2]．これはシャープの経営理念が，シャープペンシルの発明者である創業者早川徳次の言う「よそから真似されるような商品を作れ」，2代目社長佐伯旭の言う「他社と同じ物を作っていたのでは，メーカーとして社会に貢献したことにはならない」，また前社長の辻晴雄の言う「お客様の目線」，「質を量に転化するものづくり」，「技術のスパイラル展開」，「創知産業」，「協創戦略」などの言葉に貫かれているように，「自社独自のコア技術の確立と，それを軸とした技術・商品展開」，ということであると考えられる[4)7)]．事実シャープの商品開発戦略は，①客の目線にあわせる，②基幹技術を伴った商品，③適正な価格，の下に進められてきた．過去50年間のシャープの商品開発を見てくると，常に顧客ニーズから出発し，技術的問題点を解決しながら競争力ある商品開発に成功し，その新技術を自社のコア技術として積み上げていくというパターンの繰り返しである．C・MOS・IC，フラッシュメモリー，半導体レーザー，液晶デバイス（LCD），太陽電池などいずれも研究開始時点ではニッチを狙う差別化戦略的な技術であった．

2-3 シャープの研究開発戦略

シャープの研究戦略は，前項でも述べたように徹底した差別化集中戦略である．総合電気メーカーや通信関連メーカーがDRAMなどのメモリー開発に専心する中，これまで同社は自社の製品開発に必要な新しい要素技術開発に経営資源を集中して来た．その中で例外的に戦略的に取り上げたのがLCDである．同社は1985年他社に先駆けて，active matrixによるTFT方式のLCD開発の方針を意思決定し，このため全社から優秀な技術者を引き抜いて，金バッジ組という特別のプロジェクトチームを作り，一気に膨大な研究開発費と設備投資を行うなど，経営資源を集中したことは余りにも有名な話である[4)7)8)]．当時TFT-LCDは原理的には公知で，如何に歩留まりを上げコストダウンできるかが勝負であった．その中で同社のトップが，一気にコストリーダーシップ戦略を意思決定して大型投資に踏み切り，次々と大型LCDの開発に成功し，常にチャンピオンデータを更新していった．そして図1-3に示すように，液晶ビュウカム，液晶プロジェクター，ザウルス，ラップトップPC，液晶壁掛テレビ，携帯電話など次々とLCD利用の新製品を世に送り出し，LCD文化を世界に広め，品質コストと共にLCD世界No.1の座を確立したことは有名な事実である．このように，シャープの研究開発の特徴は，差別化戦略に基づいて新しい基盤技術を開発し，ついでその基盤技術の上に，次々と利用研究を行っ

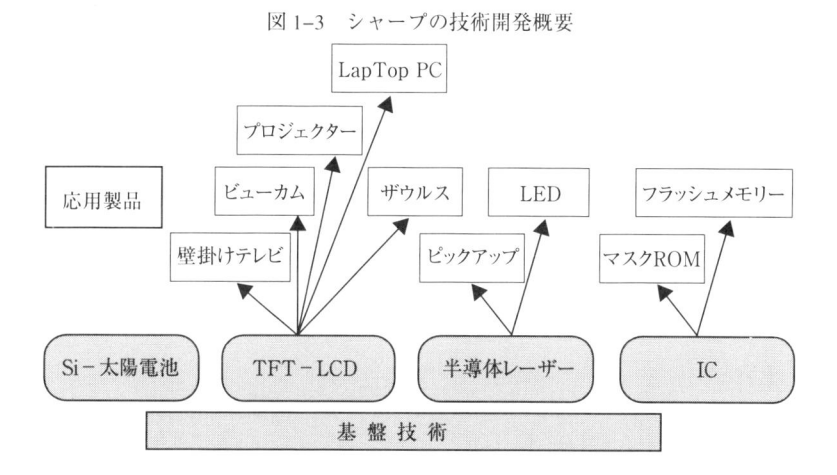

図1-3 シャープの技術開発概要

て用途開発的な新製品を生み出していくという戦略である．

このような研究戦略は太陽電池用のアモルファスSiの開発にも適用され，現在エネルギー変換効率，生産量共に世界でトップである．このように同社の研究開発戦略は，本質的にはニッチ狙いの差別化戦略であるが，これはと言う中心的な次世代新技術に対しては，集中的に経営資源を投入して，コストリーダーシップ戦略に出るのが特徴である．

創業者早川徳次の言う「よそから真似されるような商品を作れ」というのは[4]，筆者流の言い方をすれば，新文化創造の可能性の高い新製品開発ということであり，また2代目社長佐伯旭の言う「他社と同じ物を作っていたのでは，メーカーとして社会に貢献したことにはならない」というのは[7]，ニッチを狙った研究開発戦略であり，どちらの精神もよく現代にまで継承され守られていると言えよう．

3. デンソー

3-1 デンソーの成長

デンソー社のアニュアルレポート2000によれば，1999年度の売上高は連結ベースで1兆8,834億円（単独1兆3,869億円）である．これは自動車メーカーに当てはめるとほぼマツダの規模に相当し，わが国トップ，世界第3位の自動

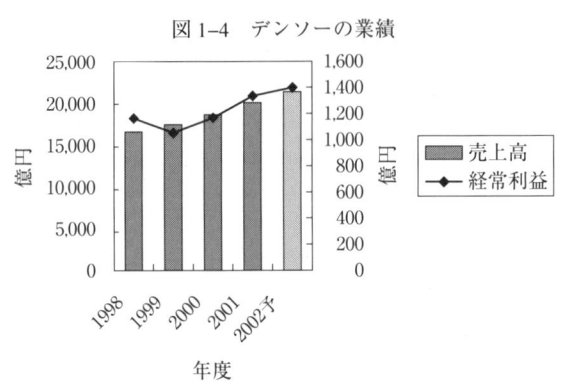

図1-4　デンソーの業績

(出所) デンソー社アニュアル・レポート及び会社四季報[2]より作成．

車部品メーカーである．図1-4は最近5年間の売上高の推移であるが，この経済不況下においても年率約7％と確実に売上高を伸ばしていることは注目に値する．

図1-5にデンソー社の各製品分野別売上高分類を示すが，注目すべきはその中にわずか8％に過ぎないが，携帯電話，電子部品，制御システムなどの新事業を含むことである．

デンソーが1964年にスタートした当時は，トヨタ向けスパークプラグ，ディストリビューター，セルモーター，発電機などの自動車用電気部品とヒーター，クーラーおよびラジエーターなどの冷却器関連品だけの生産で，売上高も約10億円と小さかったが，トヨタの成長とともに製品群の拡大，トヨタ以外にも日産を除く他社への販売，および自動車以外の新製品開発により大きく成長した．

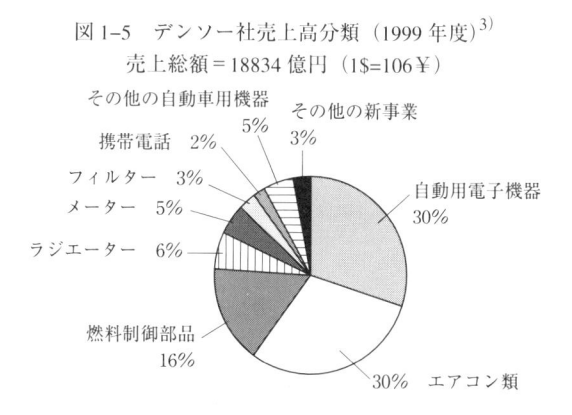

図1-5 デンソー社売上高分類（1999年度）[3]
売上総額＝18834億円（1$=106¥）

その他の自動車用機器 5%
その他の新事業 3%
携帯電話 2%
フィルター 3%
メーター 5%
ラジエーター 6%
燃料制御部品 16%
自動用電子機器 30%
エアコン類 30%

デンソーの技術開発は，最初1953年の西独ロバート・ボッシュ社と技術援助契約を締結し，1950年噴射ポンプ，1956年スパークプラグのライセンス生産を始めたことにはじまる．以後1954年カーヒータ，1959年カーエアコンと新製品を開発し，空調機器分野ではトップメーカーとなった．

この間初代林虎雄社長はボッシュ社との提携から，「起業は人なり」との観点にたち，将来のデンソーを担う技能者を自前で育てるべく技能者養成所を設立した．このようにして全社をあげ高品質の追求のための生産技術の向上に努

め，1961年10月にはデミング賞を受賞した．またこの間自らロボット開発など，独自のファクトリー・オートメーション技術を開発して行った[9)10)11)12)]．

こうしてデンソーの技術展開は，新製品開発力と高度の生産技術力の両輪がうまく回りだし，自動車用電子部品のトヨタにおけるレパートリーを広げるとともに，その高性能・高品質からトヨタ以外の他社販売によりシェアを拡大し，わが国自動車部品トップメーカーの道を歩んで行ったのである．

わが国電子技術の進歩は，自動車部品にも大きな影響を与えた．昔はディストリビュータの接点不良から自動車のエンジンがかからなくなって道端にエンコしている光景をよく見かけたが，トランジスタを使用した無接点リレイに代わって故障率が著しく低下した．デンソーもいちはやく自動車部品の電子化に挑戦した．1970年代始め当時電子噴射装置制御用のICチップは，自動車のような過酷な振動条件下での使用に耐えうるものは，どの電子ディバイスメーカーに問い合わせても，ノーの答えしかえられなかった．そこで自らの開発に踏切り，半導体製造プラントまで作って多くの苦難を乗り越えて自社製のICチップを開発した．この経験が同社の電子技術のレベルアップに大いに役立ち，後に各電子メーカーが聞きに来たという．この技術を活用して，POS端末を始めとし，液晶ディスプレイ，ELディスプレイ，バーコードスキャナー，100倍の情報量を有するQRコード，非接触式ICカード，携帯電話などに至るまで情報関連機器の開発にもつながっている．特に携帯電話については，1998年にアメリカはカリフォルニア州に専門の製造会社を作ってまでの力の入れようであった．

もう1つの展開はカーエアコンに始まる空調設備およびその制御システムである．これは自動車の室内を快適に保つ制御システムの活用である．また自社のFA技術の他社への応用など，自社技術を活用した新事業開発に展開している．このように90年代以降はカーエレクトロニクスで培った技術や経験を生かして非自動車分野へ展開しており，前述したように合計約8％の新事業に成長してきている．

3-2 デンソーの研究開発戦略

同社は1997年に長期経営指針「Denso Vision 2005」を策定し，次のように経営戦略を定めている[13]．

1) 新たな発想で事業領域拡大
2) 環境変化に即応できる収益体質の確立
3) グローバルなマネージメント体制の構築
4) オープンでフェアな企業風土造り

この中で，今後も自動車部品事業が中心であることには変わりないが，さらに新規分野として非自動車分野の

1) 交通システムを含むITS事業
2) 宇宙・航空，鉄道，マリンなどの輸送用機器事業
3) 通信・情報機器事業

への進出をあげており，新規事業の売上比率を2005年までに20%とする長期目標を掲げている．

2000年同社アニュアルレポートによると研究開発戦略として

1) 研究開発に売上高の9% 約1600億円を投資
2) 技術資源の活用によるR&D生産性の向上
3) 非自動車分野新事業への技術展開
4) 環境技術の開発
5) 自動車使用環境向上のための情報技術の開発

を打ち出している．

（1）研究開発費の絶対額が1,600億円というのもさることながら，対売上高比約9%というのは，自動車関連企業平均値4%に比べ約2倍で，ほぼ電子通信関連企業のそれに匹敵する高い数字である[14]．この事実からも同社が単なる自動車部品メーカーというよりも，その実態は電子機器メーカーであるといえる．

（2）技術資源の活用によるR&D生産性の向上というのは研究開発効率の向上である．それは同社アニュアルレポートの冒頭にも，「創造性はマネージで

きる．良い経営とはR&Dおよび生産性を向上させることである．情報技術を活用して顧客のために新しい価値の創造をマネージする方法を確立した．」とある．また「ITにより新技術の計画，開発，評価およびその製品化における生産性を著しく向上させた．」とある．これらの重要性は既に1に述べたとおりであり，容易に理解できるうまい方法である．

具体的には同社では，自動車用ソフトウエア開発には業界標準となっているCACSD（computer-aided control system design）を採用して効率を上げている．研究開発効率向上のために試作用ソフトウエアを活用し，短期間での電子制御機器新製品のソフトウエア性能向上に努めている．またハードウエアの開発では製品計画から生産技術までの製品開発工程関連をコンピュータ上に統合化した．開発の初期段階でシミュレーション評価により，物理的試作を最終確認のみに行うことにより，開発時間および開発コスト低減を行った．3次元レンダリングを使用することにより，製品，鋳型，工具のシミュレーションが簡単にできるようになり，一度に共通のディジタル仕様がつくられる．

（3）非自動車分野新事業への技術展開は，経営戦略の①新たな発想で事業領域拡大，②環境変化に即応できる収益体質の確立，を受けているまさに同社研究開発戦略の最も戦略的な部分である．世界の自動車市場の成熟化がいわれて久しい．世界第3位，わが国トップメーカーであるトヨタグループの一員として，非自動車分野への展開を真剣に考えていることは特筆に値する．その目標は2005年までに売上高の20％である．

情報処理と環境制御，この2つが同社新事業展開の中心技術である．具体的には1つは無線通信技術で，これからの自動車と高速道路システムでは電話通信がコア技術となることが予測されているので，自動車用無線電話での世界トップメーカーとなることを目指しており，昨年は日本およびアメリカで1.7百万台の携帯電話を販売した．次世代携帯電話のW-CDMAおよびナビゲーション・システムも現在開発中である．

もう1つの情報処理分野は工業用ロボットで，プログラミングされた無線操縦による移動式小型アッセンブル・ロボットが評価されている．また2次元

QRコード用携帯スキャナー，ICカードなどがある．

　環境制御分野としてはカーエアコンとして蓄積されたコア技術を活用して，非自動車用分野であるレストランなどの空調設備や通信設備用冷却器等に用途拡張している．

（4）環境技術の開発は自動車などの環境への害を減少させるための技術開発である．各種環境対策用センサーなど自動車分野での省資源・排ガス対策技術をベースに環境危機分野にも進出しているが，単発的でパイロット事業段階と言えよう．また工場埋立廃棄物ゼロ化を北九州製作所で達成し，2003年までに国内全12工場での達成実現を目指した．

（5）自動車使用環境向上のための情報技術の開発は，最先端の情報通信技術などを用いて人と道路と車両とを一体のシステムとして構築するもので，これまでの要素技術のシステム化集大成であり，これまでのデンソーの研究開発戦略とはアプローチのし方が異なり，システム開発型である．車載情報システム（MIUT），ノンストップ自動料金収受システム（ETC），知的駐車場管理システム（IPS），車両運行管理システム（AVOS），自動運転支援システム（AHS）等を開発中あるいは完成している．これらはいずれもITS関連5省庁が1996年7月に発表した「ITS推進に関する全体構想」に沿ったものである．

3-3　デンソーの戦略転換

　このように同社は豊富な人材・資金力を生かしてこれまで積極的な多角化事業展開を推進してきたが，ここへ来て事業整理等の戦略転換が見られる．すなわち同社は，2001年春に図1–6のような戦略転換を発表し［日経01／5／12，01／5／16］，生産効率を高めるため，携帯電話やコンプレッサーなどこれまで自社生産していた一部製品の生産を生産委託し，規模のメリットを追求し，コスト競争力をつけることとした．これは1つにはトヨタグループ戦略としての収益性の向上，部品複合化への対応，グループ内事業重複化の解消，に沿うものであると同時に，自社経営資源を将来の高度道路交通システム（IST）など自動車に関連する分野に集中し，自社のコアコンピタンスを高めるという競争

優位戦略に基づくものである．これまでどちらかというと，その経営資源力にもの言わせて，将来への布石という形で次々と新分野への進出を行ってきたデンソーが，次世代を目指した先端技術の確立戦略と，今後の国際競争力を目指した差別化集中戦略に転換した証左であるといえよう．

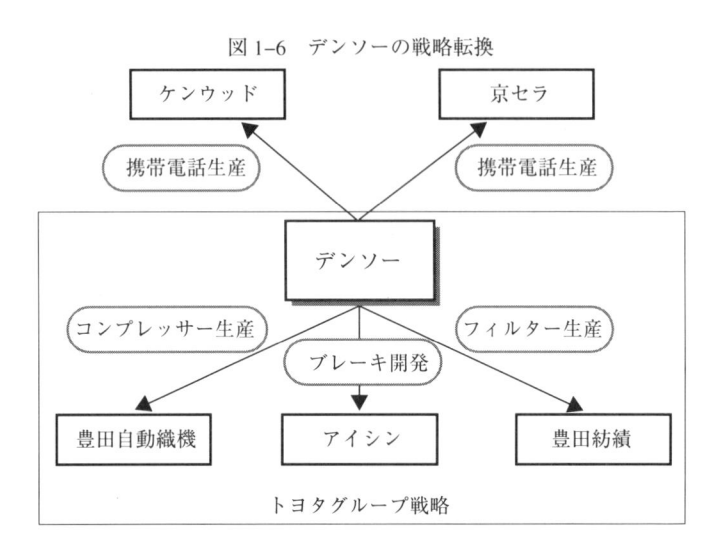

図 1-6　デンソーの戦略転換

4．アサヒビール

4-1 アサヒビールの業績

最近のアサヒビールの業績は図 1-7 のようであり，利益は別として売上は

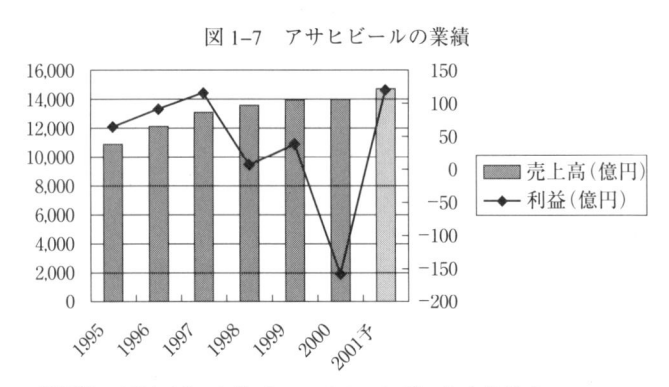

図 1-7　アサヒビールの業績

（出所）アサヒビール社アニュアル・レポートより作成．

順調に増加している．

予想によれば2001年2月の発泡酒「本生」上市により，さらなる躍進が予測されており，これは発売後6ヶ月で2,200万箱に達したことにより，成功裏に達成できる模様である．

アサヒビールは戦後1949年，GHQの占領政策により旧大日本麦酒が分割され，日本麦酒とに別れて出来た．当時の市場シェアは兄弟会社の日本麦酒と並んで30%以上のトップグループであったが，1953年に麒麟麦酒に抜かれて以来毎年低下し，1985年にはついに9.6%と後発のサントリーと変わらないくらいに落ち込んでいた．翌1986年に「コク・キレ」，続いて「スーパードライ」の成功により，一気にシェアを回復して，1998年にはキリンを抜き返してトップシェアを回復した．この経緯は，図1-8 ビール5社の市場シェア推移から明らかである．

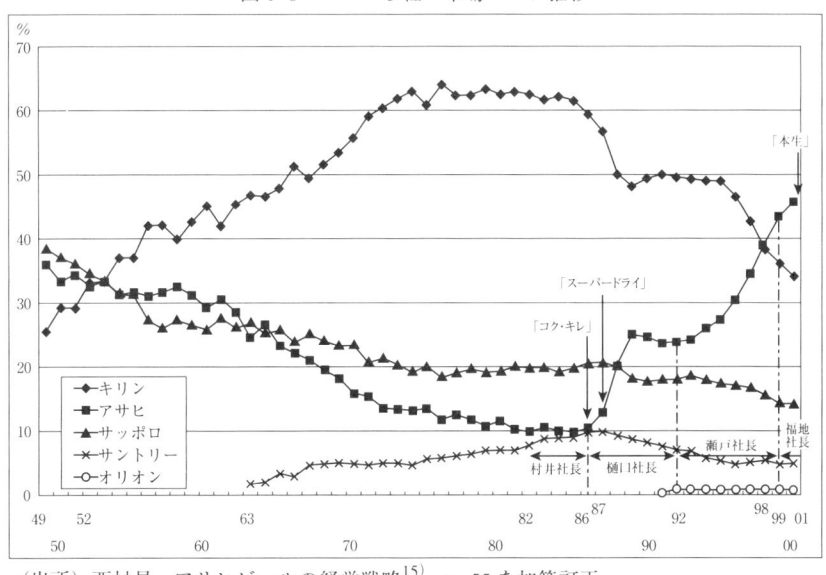

図1-8 ビール5社の市場シェア推移

(出所) 西村晃，アサヒビールの経営戦略[15]，p. 55を加筆訂正．

4-2 アサヒビールの復活

アサヒビール奇跡の復活の原因についてはいろいろ言われているが，筆者は

最大の原因は村井勉社長が行った組織活性化の成功にあると考えている．東洋工業再建に成功した村井が住友銀行からやってきて最初にやったことは，これまでなにを言っても取り上げてくれない組織風土，消極的なトップの姿勢を変えるべく，各部署を回り社員の話を聞く努力をし，ミドルを中心とする意識改革を行ったことである．部長会メンバーに経営理念を明確に定めさせ，その具体的内容として，①消費者志向，②品質志向，③人間性尊重，④労使協調，⑤共存共栄，⑥社会的責任，の6項目を挙げ，意識改革，風土改革を行う為に「CIの導入」と「TQCの導入」を推進した．そしてトップが組織から上がってくる提案を積極的に取り入れ，これまでのビール業界の常識を覆して新製品としてコクとキレのある生ビール「コク・キレ」を1986年1月，つづけて1987年3月「スーパードライ」を世に送り出し，わが国ビールの多品種文化を作り出すのに貢献したことはあまりにも有名である[4)5)15)]．これによりアサヒビールの大躍進がはじまり，さらに今年2001年2月には発泡酒「本生」の上市でも成功して，キリンのトップの座を逆転したことは記憶に新しい．

　これら一連の成功の原因はいろいろ言われており，もちろん後任の樋口広太郎社長による「フレッシュ・アップ作戦」による積極策，さらに瀬戸雄三社長の「フレッシュマネージメント」によるさらなる鮮度アップ戦略も，大きな要因である事は間違いないが，筆者としてはアサヒビールがこのように成功した最大の原因は組織の活性化にあると考えている．トップの提示する戦略を研究所，生産部門，営業部門が全社一体となって，自分達のものとしてプロジェクトを推進していく，燃える組織に変えたという意味で，村井社長の貢献は大きい．

4-3 アサヒの研究開発戦略

　活性化されたアサヒビールの一員としての研究所のあり方は，トップの示す戦略目標に向かって新製品を開発することである．当時の顧客はビールの味はわからないという業界常識に反して，顧客はビールの味がわかるという大仮説に基づいて5,000人調査を行った[4)5)]．結果は顧客の好みは，「口に含んだ時の

味わい」と「すっきりとした喉ごしのよさ」, すなわち「コク」と「キレ」のあるビールの開発という研究テーマが課せられた.「コク」と「キレ」という矛盾する要請を同時に満たす開発は難航したが, 幸い研究所内に保存されていた508号酵母をその候補として見つけ出し, 試作改良を繰り返して, 新ビール「コク・キレ」が開発された. この後さらに大ヒット商品といわれている味にこだわった商品,「スーパードライ」の開発につながっていったのである. 続く発泡酒「本生」の研究開発も6年間に渉る同様の経緯で開発されてきた.「スーパードライ」開発成功後も,「フレッシュマネージメント」戦略, 開発廃棄物ゼロ化, 国際戦略など, アサヒの経営戦略に沿って, 研究開発部門も協力し成果を上げてきた[15].

このように同社の研究開発戦略は完全にトップの経営戦略に基づき, それを実行するために全力投球していく経営戦略追求型の研究開発スタイルである. この流れは, 同社の経営がマーケティングの基本に基づいて顧客満足を追求しようとするもので, 組織の一環としての研究開発のあり方を明確に示すものである. このような研究開発戦略がとられ, それが全て成功しているのは, 同社の製品が,「スーパードライ」の売上比率が95%と, ビールに特化していることに起因しており[16], この研究開発戦略がそのまま他社にも適応できるとは言えない. しかし少なくとも経営戦略を明確に打ち出し, それに組織の一環としての研究所が100%協力するという構図は, 研究開発効率を高める要因であることは間違いない.

5. 組織活性化「経営丸」モデル

これまでに述べた業績の上がっている3社に共通していることは, いずれもデンソーの燃料噴射装置, シャープの液晶テレビ, アサヒビールのスーパードライなど, その好業績の原因は自社開発の新製品の好調に起因している. その新製品開発は一発的短期的なものでなく長期に持続して進められていることが特徴である. これは単に研究戦略の問題として捉えるだけでなく, その企業のもつ活性化された組織風土の問題として捉えるべきであると考える.

図 1-9 組織活性化経営丸モデル

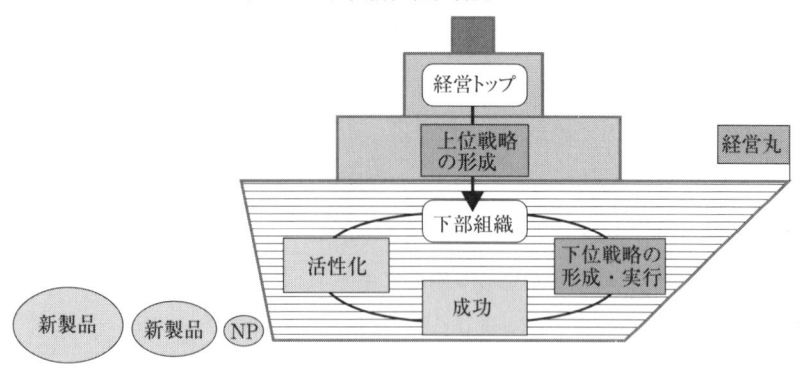

　組織の活性化については，筆者はかねてより図 1-9 で示すような経営丸モデルで説明している．経営トップはいわば船の舵取りをする船長およびそのスタッフであり，目的地すなわち経営目標に向けて最適航路すなわち経営戦略を明確に提示することが大切である．この目標及び戦略は，環境情勢の変化に対応して変更されることは当然である．ミドル以下の社員達は船倉にあって，それぞれの部署でそれぞれの業務を最大限に実行していくのであるが，原則として環境変化や経営に関する情報は，直接は入手できない．それらはトップを通してのみ入手可能である．したがって社員はトップの流す情報に基づいて自分達で考え，組織内での議論を通じてそれぞれの組織目標を明確に定め，その実現のための組織戦略をたて業務を実行していく過程を繰り返していく．河合は，これをスパイラルモデルを使って説明しているが[4)5)]，筆者はこれをさらに簡略化して図 1-9 経営丸モデルにまとめた．この中で特にミドルの役割を強調したい．組織におけるミドルの役割は，トップと社員の間にあって，トップの提示した上位戦略を自分達の実践的業務役割に適合させて解釈し，自分達の下位戦略を作成し，それを実行させることである．これは単に下位戦略形成にとどまらず，活性化された組織では新たな戦略を計画しそれをトップに上申して，上位戦略として採用してもらうことが重要となる．このためには単に船倉にとどまらず，社会環境の中で企業の置かれた状況を明確に把握しておかねばならず，そのために日頃からのトップとのコミュニケーション，およびトッ

プからの外界状況説明などの情報収集が重要となる．

　研究者にとって最大の喜びは，自分の研究成果が自社の新製品となって世に出て社業に貢献した時である．したがって彼らは常にトップの流す経営目標，戦略，情報に注目しており，基礎研究といえども，それにしたがって自分の研究を軌道修正していることは，筆者の研究結果[14]からも明らかである．このような理由からも，ミドルの適切なアドバイスや指導力が，研究組織においても組織活性化のための非常に重要なファクターとなる．

　開発研究の方はもっとはっきりしており，元来経営戦略にしたがって多くの経営資源を投入しプロジェクト的に実施しているので，トップの意向が直接反映されるのは当然である．シャープにおける金バッジをつけた緊急開発プロジェクト組織が[7)8)]，非常に有効に機能したことも容易に理解できる．アサヒビールの研究者達が必死になって新しい酵母を開発し，最終的に新製品スーパードライや本生に結びつけたことは，単に同じパターンということで片付ける[16]以上に，コリンズとポラリス[18]やレスター[19]の言うように[18]，上記経営丸モデルによる組織のプロセスと構造が定着し，活性化されていることを物語っているといえよう．この現象は研究部門だけではなく，「本生」発売に当たっての全社的な販促協力活動[15)16)]においても明らかである．

　もちろんこれらの議論は，これまでの研究開発について言われてきた自由に研究する環境議論とは，やや趣を異とする物である．しかし研究者をただ自由な環境に置いておけば良い成果が得られるという考え方は間違っており，それは過去1960年代からの中央研究所ブームが，あまり良い成果を発揮できなかったことにより証明済みである．とにかく研究開発においても組織の活性化は重要なポイントであり，十分な技術知識のあるマネジメント能力のある中間管理職の役割が非常に重要であることは，上記経営丸モデルからもよく理解できよう．

6. 感覚的研究開発マネジメント

　現代は物余りの時代と言われている．先進国の生活者は大抵の物はそろえて

おり，取り敢えず特に必要とする物はあまり無い．このような中で顧客に買ってもらえそうな競争優位な新製品を開発していくのは並大抵のことではない．しかし生活者は何か物足りなさを感じていて，それが具体的に何かはわからないというのが現代の状況である．生活者が持っている具体的な顕在化した欲求がニーズであり，これを解決することは目標が明確であるため比較的容易であり，論理的な研究開発プロセスが有効である．これに対して，生活者の有するこの何かよく分らないもやっとした不満，筆者はこれを潜在的な欲求すなわちウオンツと称しているが，このウオンツを探り当てそれを解決する新製品を開発することが，これからの新製品開発に要求されることであり，それが新製品成功への道である．このような新製品の成功事例としては，ソニーのウォークマンやアサヒビールのスーパードライが最も有名であるが，生活者のウオンツを探り当てるために，研究者としての感性を要求され，感覚的なマネジメントが要求される．大抵の場合，このようなアイディアは，たとえ研究者が提案をしても，マネジメント段階で一笑に付され，なかなか新製品として実現されていない．この有名な例としては，ゼロックス社のパロアルト研究所で開発されながら自社では製品化されず，アップル社のMacintoshによって製品化され，新しい世界的な文化となったマウス，アイコンGUI，およびLAN等のPC関連技術がある．

　一般的にこのような感覚的研究開発マネジメントは，こうすれば良いという決め手が無く困難であるが，筆者はかねてより文化論的研究開発マネジメントを主張しており[18)20)]，この方法を活用すれば，感覚的研究開発マネジメントにもある程度方向性をもたらせる物と考えている．

7. 文化論的研究開発マネジメント

　倉林靖によると，「文化とは人間の快楽を満足させるためのものである」という[21)]．これは文化の目的関数に人間の快楽をとり上げており，筆者の考え方に当てはめると，「顧客のウオンツを満たすような新技術・新製品が新しい文化をつくりあげる」ということになる．逆もまた真なりで，「顧客のウオン

ツを満たすような新しい文化性のある新製品を開発すれば成功する」という命題が成り立ち，製品の文化性を研究開発マネジメントの指標として使用できる．

文化性とは新文化を形成する可能性であり，次の
1) 顧客のウオンツやニーズを満足させうるか？
2) 新しいライフスタイルを形成しうるか？
3) デファクトスタンダードになりうるか？
4) コストパフォーマンスはいいか？

によって，その文化度が評価される．

この総合評価の戦略的意味は，最高レベルの文化度5の世界的に新文化を確実に形成しそうな研究の場合，本当にその研究開発が成功すれば，世界的に使われて新文化を形成される確率が高い．このため，企業戦略，研究開発戦略，マーケティング戦略を作り替え，社運をかけてでも実現しようとするマネジメントが必要となる．

これまでの文化の形成過程を見ると，新しい技術製品が出てそれが新ライフスタイルとして定着するには，一定のブレークスルーが必要であり，文化はある臨界点を超えた時，全面的に広がる．

筆者の提唱する文化戦略論に従えば，新文化としての新製品は活性化エネルギーが上昇し臨界点を超えると，化学反応でいえば1次反応が進みだし，細菌でいえばたとえばO157菌がどんどん増殖し出すように，文化形成ではその文化が急速に広まり出す．臨界点を超えやすくし，文化の形成を促進するためには，理論的には2つの方法が考えられる．1つは臨界点の高さを下げることであり，もう1つは活性化エネルギーを高めることである．

このような一定の臨界点を超えると文化が形成されるプロセスは，ちょうど1次化学反応と同じ活性化モデルで表現できる．

x：その新製品を使用する人の数
t：時間

とすると，

文化形成速度は

dx／dt＝kx

　k：拡散係数

という形の1次の微分方程式で表わされる．
これを解くと，

ln（x）＝kt

または

x＝exp（kt）

と，新製品を使用する人の数xは，時間tに対して，指数関数で表わされる．これは半対数メモリで表示すると直線的に増大する指数関数となる．

ここでkは，拡散係数であり，その製品のもつ本質的・潜在的な文化性能すなわち文化度である．

化学反応の場合このkは，絶対温度Tの逆数に比例し，この比例係数△Hが活性化エネルギーである．

k＝△H／T

文化の場合は，この絶対温度Tは何に当たるのか？

文化形成にもこの活性化モデルを当てはめると，図1-10のように考えられる．

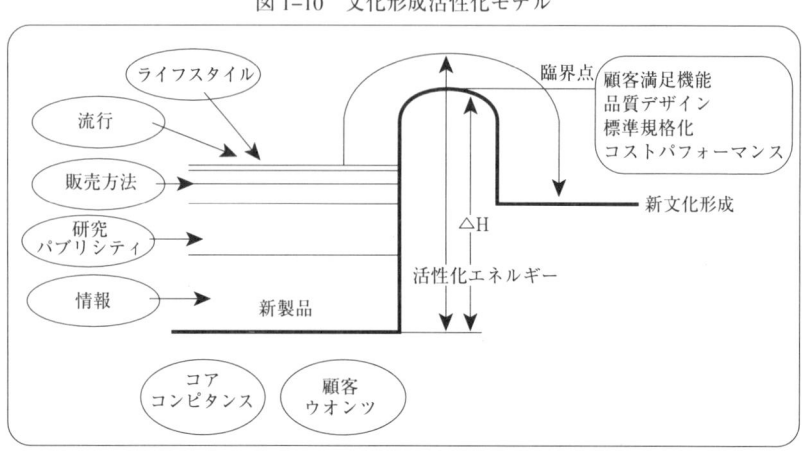

図1-10　文化形成活性化モデル

活性化エネルギーが上昇し臨界点を超えると，化学反応でいえば1次反応が進みだし，細菌でいえばたとえばO 157菌がどんどん増殖し出すように，文化形成ではその文化が急速に広まり出す．臨界点を超えやすくし，文化の形成を促進するためには，理論的には2つの方法が考えられる．1つは臨界点の高さを下げることであり，もう1つは活性化エネルギーを高めることである．

臨界点を下げるということは，商品のコストパフォーマンスを高めることである．このためにその商品に；
1) 顧客のニーズ，ウオンツを満たす新機能をもり込む
2) 品質・デザインを魅力的にする
3) 機能を標準規格化する
4) 価格を低くめに設定する

すなわち商品のもつ固有の文化度を高めることにほかならない．

活性化エネルギーを高めるということは，その商品の話題性を高めることである．このためには；
1) 新機能をよく説明する
2) オピニオンリーダーに認知してもらう
3) パブリシティに訴え，新しい商品・ライフスタイルをPRする
4) 販売政策を実施しその商品を入手しやすくする．

すなわちその商品に関する情報量を高めることである．この情報量が化学反応の場合の絶対温度に相当する．

以上をトータルに同時平行的に進めれば，比較的容易に新文化が形成され新製品普及に成功する．

8. 競争優位のための研究開発戦略

これからの国際化時代を生き抜くための競争優位を狙う研究開発戦略をまとめると
1) 組織の活性化
2) 感覚的研究開発マネジメントの導入

3）経営資源の重点配分による研究開発の効率化

4）技術動向の的確な予測と先行的研究開発の実施

（1）これからの研究開発では，1個人の力だけで大きな成果を生むことはありえない．組織としての総合力発揮の重要性は言うまでもない．特に研究所のような厳選された少数精鋭社員の構成する組織において，各研究者がヴェクトルを合わせて，企業戦略達成に努力するためには，常に研究者のモラールが高くないと実現できない．この意味で研究開発においても組織の活性化が重要なことは，4．にも述べたとおりであるが，国際化を迎えて，絶えず外部の顕在的および潜在的競合者との位置付けをにらみながら研究をマネージしていくことが，これまで以上に重要となる．これは研究開発ミドルの重要な役割である．

（2）感覚的研究開発マネジメントが重要なことは第6節で述べたとおりであるが，だからと言って従来どおりの論理的マネジメントが必要ないということではない．やはり研究開発戦略に従って論理的にマネジメントしていくことが重要であり，特に目標が明確に定まっている開発研究段階では重要である．要は経営トップがこのバランスをうまく保ってマネジメントしていくことである．

（3）経営資源の重点配分による研究開発の効率化を図ることが，研究開発成果をいち早く実用化し成功に導くことができるのは，これまでの例でも明らかである．一般に大企業になればなるほど総花的な経営資源配分となり，結局どっちつかずの成果しか得られないことは，いろいろな例からも明らかである．ITによるグローバル化は，企業競争の土俵を1つにしたことになる．これからの企業優位は世界の土俵で確立されなければならない．これはまさに「Time is Money」の世界である．如何に早く研究開発を完成させ，研究開発資金の回収を図るかが問題であり，開発に遅れるともう技術が陳腐化して市場参画の資格すらなくなるのである．

（4）技術革新の時代，技術動向の的確な予測と先行的研究開発の実施が重要なことは言うまでもない．研究開発に遅れをとることは，特許競争で遅れをと

ることになり，莫大なペナリティを負担しなければならなくなる．常に競争相手企業の動向を見ながら先端研究開発を行い，これはというタイミングを見て重点的投資をして，一気に業界トップに躍り出て相手を出し抜く様は，まさにマラソン競争と同じである．この成功例はシャープの LCD に見られるとおりであり，如何にトップの経営判断が重要かは言うまでもない．極端ないい方をすると，これからの先端企業においては，技術の分らない経営者はトップになる資格が無いとすら言える．

　研究開発期間短縮の 1 方法として，同じテーマでの研究を，日本，ヨーロッパ，アメリカの 3 極で実施することが考えられる．それぞれの地点で約 8 時間ずつの時差があるので，研究開発を 3 直体制で行ったことになり，翌朝出勤したときにはそれぞれの他地点で実施した結果がえられており，理論的に研究スピードが 3 倍になったことになる．

　今年 7 月に米ポートランドで開かれた PICMET'01 での，ドイツ・ブランデンブルグ応用科学大学のギド・レガーによる世界における研究開発費用トップ 209 社の調査報告によると[22]，

1) R&D における外部資源の導入傾向が増えている．外部協力者としては顧客，供給者，大学などで．この傾向は北米で特に顕著である．
2) R&D の国際化が，大企業にとって戦略的に重要となってきている．しかし日本はこの点で遅れをとっており，相変わらず中央研究所中心で，長期的な大研究に捉われている．
3) 研究の国際化は 3 極体制の推進にある．特にヨーロッパではこれを centers of excellence と捉えているのに対し，日本，北米では未だ技術サポートや新製品の市場サービスとの捉え方が強い．

ということで，今後世界 3 極体制による R&D のスピードアップが大企業の研究開発の重要な課題となることは間違いないし，そのための技術提携，共同研究が企業間で盛んに行われるようになるであろう．

　技術動向の予測を誤ったために，一気に競争戦線から脱落していった例は枚挙に暇がない．これからの先端技術競争時代において，競争優位を確保するた

めにはトップの役割は非常に重要である．戦略を誤ることは，経営丸の沈没につながる．正しいトップの戦略判断が競争優位につながった成功例は，これまでにあげたシャープ，デンソー，アサヒビールでも明らかである．研究は経営に従うという考え方が，今ほど重要なことはない．

1) 日経紙，2001. 6. 19
2) 『会社四季報』，2001年第3，4集，東洋経済新報社
3) デンソー『会社案内』(2000)
4) 河合忠彦『戦略的組織改革』有斐閣 (1996)
5) 河合忠彦『複雑適応系リーダーシップ』有斐閣 (1999)
6) 宗澤拓郎『戦略性・独創性を2軸とする研究開発ポートフォリオ・マネージメント方式の提唱』研究・技術計画，Vol. 11, No. 1／2, pp. 124-136，(1996)
7) 宮本淳夫『躍進シャープ』日本能率協会マネージメントセンター (1996)
8) 平林千春『シャープの液晶革命』，ダイヤモンド社 (1994)
9) 山脇正雄『技能の世界に光を』日刊工業新聞社 (1998)
10) S. D. トゥーリー，J. F. ヘティンジャー／竹内英男訳，『デンソーと小さな町バトルクリークの挑戦』日本能率協会マネージメントセンター (1998)
11) 中沢孝夫，赤池学『トヨタを知るということ』講談社 (2000)
12) 佐藤義信『トヨタ・マネージメント』ダイヤモンド社 (1996)
13) デンソー社『Denso Technology 2000』(2000)
14) 宗澤拓郎『研究開発マネージメント方法論の提唱』研究・技術計画，vol. 11, No. 3／4, p. 222-236，(1996)
15) 西村晃『アサヒビールの経営戦略』たちばな出版 (1999)
16) 日経ビジネス，2001年5月7日号，pp. 42-48
17) ジェームズ C. コリンズ，ジェリー I. ポラス／山岡洋一訳『ビジョナリー・カンパニー』日経BP (1995)
18) Takuro MUNEZAWA, "Proposal of 'Culturability', as an index of R&D Management", *PICMET* '99, (1999).
19) リチャード K. レスター／田辺孝二他訳『競争力』生産性出版 (2000)
20) 宗澤拓郎『新製品がつくる新文化』新潟国際情報大学情報文化学部紀要，第3巻, pp. 145-157 (1999)
21) 倉林靖『超・文化論』p. 14，日本経済新聞社 (1992)
22) Guido Reger, "Strategic Management of Technology in a Global Perspective : Difference between European, Japanese and US Companies", *PICMET* '01, p. 797, (2001).

第 2 章

コンフリクト・マネジメント戦略

はじめに

　先般筆者はフランスで開催された「国際コンフリクト学会」に出席するために英国，フランス，スイスに出張した．今回の海外旅行では本稿のコンフリクト・マネジメントの基本に関係する2つの興味深い体験をした．1つはロンドンの空港で「オーバーブッキング」のため筆者の予約した座席はないと言われたことと，2つはチューリッヒ空港で預けていた旅行カバンが行方不明になったことである．いずれも筆者と航空会社とのコンフリクト関係である．初めての経験であり大変困惑した．とくに後者の場合，研究調査に訪問する会社の資料が入っており，しかも，約束の時間は迫っていて一刻の猶予もない状況であった．

　結果としては，後述するコンフリクト・マネジメントの基本的な理論を応用することによりコンフリクトを解決することができた．すなわち，ロンドンでは別のキャンセル座席を確保し，また，チューリッヒ空港では無事旅行カバンを入手して，約束の時間にその会社を訪問することができた（詳細は後述のコンフリクト解決事例参照）．

　本稿のコンフリクト・マネジメント戦略は，ビジネスで発生するコンフリクトをいかに解決するかという実践理論の研究である．一般にコンフリクトは人

間と人間の係わり合いの中で起る．例えば，筆者が海外旅行で体験した前述の事例のように，いかなる場所や場面でも起りうる．したがって，コンフリクト・マネジメント戦略を研究することは，われわれが毎日の問題をいかに処理するかという，人間の生き方にも関係する奥の深い研究課題と言うことができる．

1. コンフリクト・マネジメント

　コンフリクトとは考え方や価値観の相違から生じる「意見の対立関係」を意味する．21世紀の激動する環境変化のもとで，ビジネスに関するコンフリクトをどのように解決するかという課題について研究するのがコンフリクト・マネジメント（Conflict Management）である．それはコンフリクトを避けるのではなく，むしろ，コンフリクトをビジネスの与件として捉え，それを積極的に解決する．すなわち，まず，第1に，コンフリクトの原因となる複雑な因果関係をコントロールの可能な最小限の変数要因に絞り込む．そして，第2に，関係者双方が満足できる内容で解決する．第3に，その結果それを新たなビジネス関係に発展させる仕組みである．要約すれば，コンフリクト・マネジメントは関係者の間に信頼関係を創造する基本的な経営スキルであるということができる．ここで言う信頼関係とは，「安心して本音で話し合える関係」を意味し，それはビジネスを成立させる不可欠な条件である．

　コンフリクトに関係する変数については，一般的に，(1) それに関係する人数（Number），(2) 複雑性（Complexity），(3) 曖昧性（Ambiguity），(4) スピード（Speed）の4つに分けられ，次の関係式として表すことができる．

$$コンフリクト・マネジメント = F(N \times C \times A \times S)$$

　この関係式の変数関係は，次の通り説明される．

　(1) 関係する人数（N）：コンフリクトに関係する人数が増えれば増えるほど，その利害関係者も増えるのでその調整が難しくなる．したがって，利害関係者をグルーピングすることによりその代表者を決め，関係者の人数を最小限

にする．

(2) 複雑性（C）：コンフリクトの内容が複雑であればあるほど，そこにみられる利害関係は複雑になる．したがって，コンフリクトの因果関係を整理することにより，それを最小限に単純化する．

(3) 曖昧性（A）：ここでいう曖昧性（ambiguity）とは，コンフリクトの原因を白か黒か明確に区別できない状況を意味する．つまり，コンフリクトの関係者の利害関係が明確に識別できないばかりか，それが時間の経過と共に変化する状況を意味する．したがって，それをある固定化した状況のもとに落とし込み，最小限に単純化する．

(4) スピード（S）：コンフリクトの因果関係は時間の経過と共に複雑に変化するため，ますます利害関係の調整は難しくなる．したがって，コンフリクトは可能な限り速い解決が必要とされる．

　コンフリクト・マネジメントは1）以上の4つの変数関係をコントロール可能な最小限の状況に落とし込み，そして，2）リスクを最小限に調整することにより，関係者の利害関係を解決することを目的とする．具体的には，第1に，利害関係者の人数をグルーピングにより数を絞る．第2に，その複雑な因果関係を特定の仮説のもとに内容を単純化し，基本的な条件を図式化する．第3に，曖昧性を明確にするために，利害関係をある特定の枠組みに落とし込むことにより，単純化し内容を分析できるようにする．さらに，第4に，コンフリクトの初期の段階でスピード性のある解決を行う．

　これまでの説明で明らかなように，コンフリクト・マネジメントはリスク管理の1つの手法であると言うことができる．

2.　21世紀の日本企業環境の変化

コンフリクト・マネジメント戦略の具体的な内容について考察する．

2-1　市場環境の変化とコンフリクト

日本企業を取り巻く環境変化をマクロの視点からみると，グローバル化の進

展，そのスピード，少子化・高齢化という大きな動きに要約できる．それらが企業経営にあたえる影響を簡単にまとめると，まず，1) グローバル化の進展は，企業間の競争の激化を意味する．すでに自動車産業に見られるように，日本企業がその生産拠点を海外に移し，生産や販売活動が海外を含めてさらに拡大する．そのような国際経営においては価値観や文化・宗教の違う，いわゆる異文化との対立が常に起こる．それが異文化コンフリクトである．異文化コンフリクトでは，関連する変数が予測不可能 (uncontrollable) の場合が多く極めて難しい．例えば，イスラム教の国々では，従業員用の礼拝堂を工場の一隅に設置する等の問題は，交渉すべき事項ではなく，むしろ，経営与件として交渉外の承諾事項となる．グローバルビジネスの拡大につれて，異文化コンフリクトを含めたコンフリクト・マネジメント戦略は国際経営の基本的課題の1つということができる．

また，2) 変化のスピードは意思決定の変革をうながす．それは意思決定のメカニズムを変えると同時に，組織自体をピラミッド型からフラット型への変革をもたらす．このことは組織員の間で意見や考え方の対立が起るということである．それが組織内コンフリクトである．最後の3) 少子化・高齢化は日本社会の基盤を支える労働人口の減少を意味し，ビジネスの考え方や運営方法の変革が必要となる．例えば，すでに流通業界で起きているように，正社員とパート従業員が同じ組織内で働くことが行われる．さらに，例えば，外国人労働者の受け入れ問題に代表されるように，社会のあり方をめぐり社会構成員間の対立が起る．それが世代間のコンフリクトである．

2-2 組織の「個の自立」とコンフリクト

日本企業の環境変化をミクロの視点からみると，組織における「個の自立」問題がある．20世紀の日本企業を発展させた担い手は「会社人間モデル」の考え方が中心であった．つまり，会社の価値観が個人のそれより優先し，「会社のためなら個人や家族を犠牲にしてもがんばる」というタイプの人間像であった．しかし，それは21世紀では否定され，「社会人間モデル」の考え方が

中心となる．個人は「組織から自立した個人」となる．つまり，個人の価値観が会社のそれよりも優先し，会社は個人の生きる目的を実現する手段であるとされる．したがって，よりよい働き甲斐のある会社を求めて動くことになる．そこでは組織と組織員の価値観や意見の対立，すなわち，前述の組織内コンフリクトが起こる．

組織内コンフリクト事例は，最近の企業において数多く発生している．例えば，歴史と伝統のある企業内で起きている不祥事と言われる数々の事例である．それらは内部の従業員の情報リークが発端となっている．つまり，情報をリークした組織員は「その人の所属組織の企業行動がその人の価値観，すなわち，人間としての信条から見て許すことのできないこと」であるため，その是正を社会に訴えたという図式になる．

このようなコンフリクトはこれから日常茶飯事のこととして頻繁に起こる．むしろ，人間の在るところ，コンフリクトは起きてあたりまえである．例えば，前述の不祥事においても，外部に情報をリークした本人は，まず，組織内で同僚や上司に対して，「会社の方針は納得できないので，是正するよう」働きかけたはずである．しかし，それがまったく無視されたとき，彼自身は組織に対してコンフリクト関係を認識し，そして，それを解決する手段として，社会正義に訴える（外部監督機関に対する情報リーク）こと以外にそれを解決する手段がなかった状況が考えられる．

2-3 組織運営と上司の問題解決スキル

前述のように，最近の日本企業の不祥事は，組織運営において，とくに「上司と部下関係」の問題解決がうまく行われない場合，それがコンフリクトの原因になる．すなわち，日本企業の上司が部下との間で生じる日常の問題を，部下も満足できるように解決できるかというコンフリクト・マネジメントの問題である．組織運営において「できる上司」とはコンフリクト・マネジメント・スキルを備えた「問題解決型上司」と言うことができる（佐久間，2001，2003）．

その問題について，筆者の最近の研究から具体的にみてみると，筆者は日本

企業の上司の経営スキルの1つとして，上司の問題解決スキルが部下からどのように評価されているかについて調査を行った．すなわち，全体が137項目からなる質問票の中で，「あなたの上司は部下も満足できるような問題解決をしてくれますか」という質問を行い，それに対する回答結果が図2-1である．

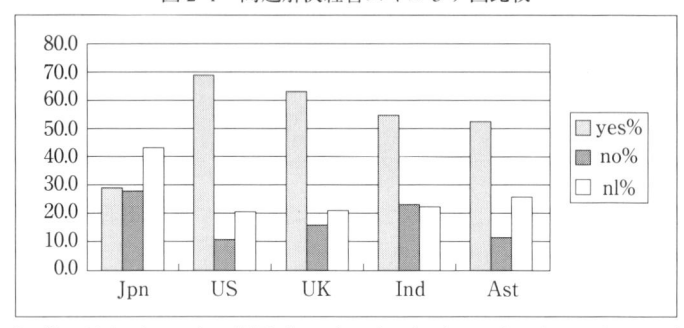

図2-1　問題解決経営スキル5ケ国比較

サンプル数：日本（n=642），英国（n=95），インド（n=198），オーストリア（n=97）

図2-1は日本，米国，英国，オーストリア，インドの5ケ国間の比較研究である．図2-1に示されるように，日本企業の上司の問題解決スキルは5ケ国中最も低い．その理由としては，後述するような日本社会の特質を含めた根の深い原因が考えられる．

本稿ではこれらの日本企業の現状を理解した上で，コンフリクトをどのように解決するかという問題，すなわち，コンフリクト・マネジメントについて研究する．

3. コンフリクトの基本

コンフリクトを解決する基本として，コンテクスト，エンジニアリング，そしてネゴシエーションがある．

3-1 コンテクスト（Context）関係について

コンテクストは，ものごとの背後に存在する因果関係を意味する．コンフリクトには当然のことながら，それが発生した原因がある．したがって，その解

決にあたり，その背後にあるコンテクスト関係を調べ，関係者の間に存在する因果関係を理解することが最初の問題となる．前述したコンフリクト・マネジメントの4つの変数のうちで，複雑性（C）と曖昧性（A）を解明する1つの方法として，コンテクスト関係を分析することがあげられる．

その場合に注意が必要なのは，その因果関係要因を初期の段階から現在にいたるまで，時系列的に捉えることである．例えば，横軸に時間（日）をとり，縦軸に原因とされる要因（できごと＝event）をまとめる．それは一種のマトリックス表（event flow chart）として，コンフリクトの発生にどのような要因（原因）がどのように関係しているかを時系列的にみることができる．

同時にそれは次のエンジニアリングとネゴシエーションを効率的に進めるための基本的な資料となる．言い換えると，そのコンテクスト関係をマトリックス表に正確にまとめることができれば，コンテクストの50％は解決できたということができる．

3-2 エンジニアリング（engineering）

もともとエンジニアリングという言葉は技術系の言葉であり「要素技術の組み合わせ」を意味する．一般には xx プラント・エンジニアリング会社というように社名の前につけられる場合が多い．例えば，石油プラントの場合でみると，プラントは複雑な機器類とそれを連結するパイプの組み合わせにより構成される．したがって，その機器類とパイプ類の組み合わせの優劣により，プラントの採算性がきまる．

コンフリクトの解決には①関係者の利害関係とその背後にある②コンテクスト関係の最適な組み合わせを考えることが必要となる．例えば，横軸に関係者を，縦軸に利害関係を表示し，全体の関係をみる．その組み合わせを一覧表にしたのがエンジニアリング表（engineering chart）である．

前述のコンフリクト・マネジメントの4つの変数のうちで，関係者の人数（N）とスピード（S）を解明する1つの方法として，このエンジニアリング表を分析することがあげられる．このエンジニアリング表は前述のマトリック

ス表と共に，後述のネゴシエーションの基本的資料となる．

3-3 ネゴシエーション (negotiation)

ネゴシエーションはコンフリクト・マネジメントの中心として最も重要な要素である．すなわち，コンフリクトを実際に解決するアクション・リアクションの優劣，つまり，ネゴシエーションの優劣により，コンフリクト・マネジメントの成果が決まる．コンフリクト・マネジメントはネゴシエーションと裏表の関係にあると言うことができる．

4. ネゴシエーション

4-1 日本社会の特質——交渉は「駆け引き」か

ネゴシエーションとは，取引をすることで，簡単に言えば「話し合いにより，互の合意点 (mutual gain) に到達する」こと，つまりビジネスそのものを意味している．このようなネゴシエーションの本来の意味が，日本ではもっと狭い概念として捉えられている．日本では，一般にはネゴシエーションは交渉と訳され，しかも交渉は「駆け引き」と理解されている．さらに，「駆け引き」はマイナスの意味に捉えられ，その結果日本ではネゴシエーションが，ネガティブに理解されている．例えば，「彼は駆け引きの強い人である」というと，彼には「うっかりすると，騙される，用心しないといけない」と誤った意味にとらえられる場合もある．ここに日本人が，国際社会で誤解を受けやすい基本的な側面がある．

このような誤解は，われわれが21世紀に向けたグローバルビジネスの問題点の1つである．日本人が交渉を駆け引きとして，ネガティブな概念に捉えやすい原因には日本人の特質として，個人（共同体）と社会（ビジネス）の関係に根ざした本質的な問題がふくまれている．

欧米においてはビジネス社会と共同体（例えば，家族）は別々の原理（ルール）で動いている．すなわち，ビジネスの原理は資本の論理（利益が善，損失は悪）が基本である．それに対して，共同体は「愛」の論理で運営される．両

者は別々の社会として意識されている．例えば，ビジネス社会では，金銭の貸借には金利が伴う．しかし，一般に家族内の金銭貸借には金利はつかない．このような両者の関係から，ネゴシエーションを見ると，それはビジネス社会における当然の行為である．しかし，家族の間では普通にはなじまない行為となる．

前述のように，日本においてネゴシエーションがネガティブに捉えられることは，日本ではビジネスと共同体が渾然一体として存在し，両者の分離が行われていない状況であることを意味している．つまり，共同体とビジネスの論理が同心円のように重なり，しかも，共同体の方が前面に位置し，ビジネス社会が裏側に存在している図式である．したがって，ビジネスの原理であるネゴシエーションは，あたかも共同体の論理には合わない概念として否定されることになる．このように日本において，ビジネス社会と共同体の論理が分離されず，渾然一体となっている状況は，別の側面から見ると，個人が自立した「個」としてビジネス組織から独立していない関係にあると言うこともできる．

このことに関連して，例えば，「世間」と言う概念から，西欧の個人と日本人の考える個人の観念の相違を解明された阿部謹也教授は，次のような興味深い考察をされている．「わが国においては，個人は「世間」という枠の中に捉えられており，自由な個人とはいまだになっていない．そしてその事実に気づいていない個人が多い……いまだにわが国の個人の概念がヨーロッパの個人の概念と同じだと思っているのである」（阿部，2001，中略筆者）．阿部教授の指摘された日本における個人の概念の違いは，前述したビジネスと共同体の論理が未分離のまま並存している日本社会の特質を，別の側面からみた1つの事例と考えられる．

われわれが再度確認したいのは，ビジネスは資本の論理で動き，そして，ネゴシエーションは組織から自立した個人により行われる．すなわち，その個人であるが故に，自己の組織と相手方双方の利害関係を客観的に分析することが可能になり，そして，前述したコンテクスト関係やエンジニアリング関係を的確に捉えることができるからである．

一般にこのような日本の特質からすると，日本ではコンフリクト自体が好まれない．しかし，これからのグローバル経営においては，当然コンフリクト関係（意見や利害の対立）の管理，すなわち，異なった考え方をもつ従業員をいかに使うかということが，基本的な経営スキルになる．それが前述のようなコンフリクト・マネジメントである．

また，異なる意見や対立する主張を認めながら問題解決を行うことは，ネゴシエーションそのものであり，それはまたグローバル経営には必要不可欠な経営スキルとなっている．まさに21世紀はネゴシエーションの時代である．

前述のように，ネゴシエーションはビジネスそのものを意味し，ネゴシエーションの研究はビジネスを研究することと同じである．つまりビジネスが人間によって営まれる以上，ネゴシエーションを研究することは，結局人間そのものを研究することになる．例えば，ある相手とネゴシエーションを行う場合，その相手の考え方の研究が十分でなくて，つまり，ネゴシエーションに関する準備が十分でない状況のもとでは，的確なネゴシエーションを行うことができないからである．

4-2 ネゴシエーションの意味

図2-2は，円がネゴシエーションを意味している．その一部の斜線の部分が，「駆け引き」である．日本でいう「駆け引き」は，ネゴシエーションの一部分に過ぎないのことがわかる．また，図2-2で示されているように，ネゴシエーションの中には，「駆け引き」の他に，「議論（デベート）」等も含まれる．

ネゴシエーションとは当事者（例えば，売り手と買い手）がお互いに協力して，パイを大きくする目的で努力するプロセス（課程）全体を意味する．このようなネゴシエーションに関する正確な概念を理解した上で，その内容について分析する．

例えば，ある問題について顧客と議論した場合を仮定してみる．議論の過程で顧客を完全に打ち負かした場合，顧客はどんな反応をするのであろうか．もし，負かされた顧客が第三者と同席しているような場合には，「恥をかかされ

た」と映るかもしれない．だとしたらこの顧客から「注文をもらえる＝ビジネス」の可能性は低い．なぜなら，不愉快な相手とはビジネスをしたくないというのが一般的な考え方だからである．

図 2-2　ネゴシエーションの意味

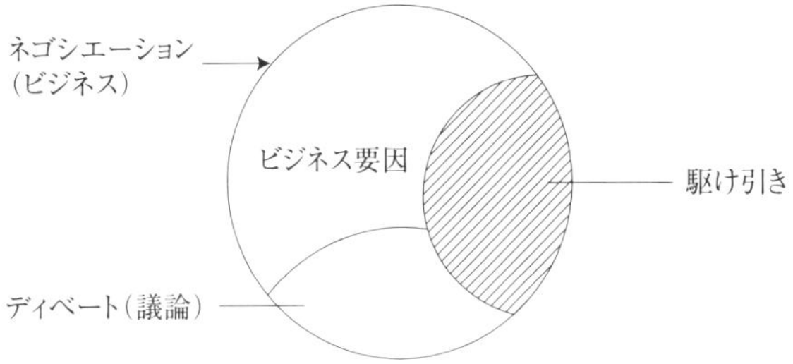

ネゴシエーション（ビジネス）
ビジネス要因
駆け引き
ディベート（議論）

　この事例では，ネゴシエーションを広くビジネスとして捉えると，「議論」で負けても，顧客から注文をもらうことができれば，ネゴシエーション（ビジネス）で成功したことになる．このようにある部分で相手に譲っても，全体として目的を達成することが重要なのである．これがネゴシエーション戦略であり，ネゴシエーションの基本となる．

　一般的に日本人は外国人との会話で，ネゴシエーションという言葉が出てくると，急に緊張する場合がある．つまり，彼らは日本人とビジネスをしようとしたのに，日本人はネゴシエーション＝駆け引きと捉え，「うっかりすると騙される．どうしよう．困った」と考えるからである．これが誤解であることは，これまで説明した通りである．以後本稿で使用する「交渉」という言葉は，ネゴシエーションと同じビジネスを行うという意味である．

　一般に，あるビジネスが行われる場合，当事者は協力して取引内容を決める．取引は簡単なものから，複雑な内容のものまで多肢にわたる．そこに見られる「ネゴシエーション」も，簡単なものから，実に複雑な内容にまで多様化する．しかし，一見複雑に見えるビジネスネ交渉も，基本的には「売り手と買い手」に分けられる．むしろ，複雑なネゴシエーションも「売り手Xと買い手Y」という関係に分けてみて，はじめて問題の基本的な因果関係が明らかになる．もし，「売り手と買い手」という図式に分けられない場合には，その交

渉の成功する可能性は小さくなる．

　一般的には，売り手と買い手の関係は，「交渉者Xと交渉者Y」という関係になる．すなわち，交渉者Xと交渉者Yという関係に一般化してみて，初めて「ネゴシエーションを行う関係」が明らかになる．同時にそのコンテクスト関係が明確になり，その結果，相手の交渉者との関係を総合的に考えるネゴシエーション戦略の重要性が理解される．

5. コンフリクトを解決するメカニズム

　交渉力　コンフリクトを解決するメカニズムの中心はネゴシエーションであり，それを推進する力関係が交渉力である．交渉力とは交渉者が他方の交渉者に対して「保持する力関係」，つまり，相手に対して保有する「優位性」である．そして，交渉力は交渉条件と時間の関係により変化する．つまり，交渉者XのYに対する「交渉力」は交渉のしかたにより，強くもなるし，逆に弱くもなるのである．したがって，交渉者は自分の「交渉力」をできるだけ①強く，しかも，②長い時間保持することが必要である．このことは，とりもなおさず，「交渉力戦略」を意味している．すなわち，交渉者（X）の「交渉力」を他方の交渉者（Y）との関係において考え，自分の交渉力を最大限に発揮できるように，あらゆる条件を整えることが必要になる．例えば，相撲の例で考えてみる．相撲では体が大きくて力の強い力士が常に勝つとは限らず，時には体が小さくて，力も見るからに弱そうな力士に負けるときもある．その原因にはいろいろあり一口に断定はできない．しかし，1つ言えることは強い力士の保持している「力」が，相手に通用しない．つまり，持てる力を生かすことができなかったことである．交渉力にもこの相撲の例のように，交渉者がもっている「力＝条件的な優位性」が，他方の交渉者に対して「交渉力」として発揮されるのには，それなりの交渉の手順を追った交渉のしかたが必要となる．

　欧米のビジネスの世界では，このようなネゴシエーション戦略の問題が日常茶飯事のこととして行われている．例えば，米国人が日本の会社とビジネスを行う場合には，事前にネゴシエーション戦略を十分用意して交渉に臨む．つま

り，米国側／日本側双方の強いところと弱いところを分析し，味方の強いところはより強く，弱いところはそれを補うような交渉計画を用意する．一方，日本側ははたしてどれだけ交渉力戦略を準備するのであろうか．例えば，「米国側の出方を見てから」日本側の出方を考えるというようなケースがみられ，ネゴシエーション戦略という考え方は，まだ一般化してはいないことが心配される．これからのビジネスでは，「交渉力」開発とその応用がビジネスの中心課題の1つであり，グローバル時代の経営では，それが経営の優劣を決める1つの経営スキルとなる．

6. コンフリクト解決交渉の内容

交渉力戦略はネゴシエーション戦略と同一である．前述のように交渉力は，数々の交渉要件によって変化する．時には味方に有利になり，また，あるときには不利にもなる．したがって，交渉力を自分の有利なように保持していくことが，交渉の基本的条件となる．

このようにいかにして自分の優位性を交渉力として発揮できるかを考えるのが交渉力戦略である．例えば，前述の顧客と議論に勝ってもそれが原因で注文をもらえない事例では，交渉戦略のない典型的な例といえる．顧客から「注文をもらう」にはどうするかという交渉力戦略が理解されている場合には，議論で負けたとしても，それはまったく取るに足らないことになる．むしろ，顧客が議論を好きならば，顧客の得意とする議題で議論を交わし，わざと負けることも交渉力戦略の1つの条件である．

6-1 ネゴシエーションの目的――コンフリクトの解決

交渉はコンフリクトの解決を目的とする．したがって，そのコンフリクトの解決により当事者の利害の一致（mutual gain）が必要となる．それが実現したとき，その交渉は成功しコンフリクトは解決する．つまり，その交渉を契機として，コンフリクト当事者の信頼関係は復元され，さらに，それを基点に両者の信頼関係は一層発展する．このようなコンフリクト関係を解決することによ

る双方の利益の拡大がネゴシエーションの目的である．

6-2 ゼロサム状況の解決

コンフリクトの背景には必ず当事者間のゼロサム関係がある．ゼロサムとはある一定のパイを一方が多く取得すれば，他方は反対に少なくなる関係（X+Y＝1）を意味する．すなわち，コンフリクトはその少ない取り分の人が，多く取得した人に対する不満を原因として起る．したがって，ネゴシエーションを行うことにより，そのゼロサム関係が解決されない限り，コンフリクトを解消することはできない．

図2–3は，コンフリクト関係のもとで，交渉者Xが交渉者Yの領分を奪うことにより，より多くのパイ（利益）を得る状況を示している．当然Xは満足であり，反対にYは不満足の関係になる．

一般に，ビジネスに関連するコンフリクトは，ほとんどこのような分け前獲得をめぐる利害の対立関係が背後に存在する場合が多い．したがって，前述のコンテクスト関係やエンジニアリングの段階では，まず，コンフリクト関係の背後にあるゼロサム関係を明らかにし，当事者の利害関係を明確にすることが分析の基本となる．

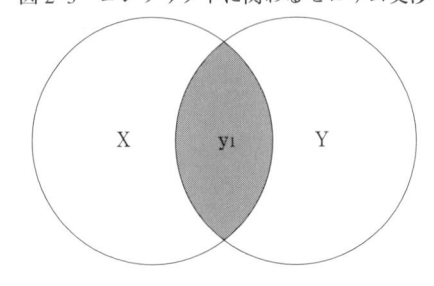

図2–3　コンフリクトに関わるゼロサム交渉

X　y_1　Y

コンフリクトに関わるゼロサム関係が明確になり，関係者がそれを十分認識できた段階に到達できれば，次にはそれを解決するプラス・サム交渉となる．一般に当事者間でゼロサム関係が確認できない場合には，それが可能になるまで，単なる話し合い（インフォーマル交渉）を続けることが必要となる．

6-3 プラス・サム交渉

プラス・サム交渉は，コンフリクト解決交渉である．すなわち，まず，①交渉当事者がお互いに相手の問題点（コンフリクト関係）の背後にあるゼロサム関係を認識した上で，次に，②双方に利益になる条件（mutual gain）を積極的に創造する努力を行う交渉である．この関係はこの下に示される．

図 2-4 コンフリクト解決のプラス・サム交渉　代替案によるパイの拡大

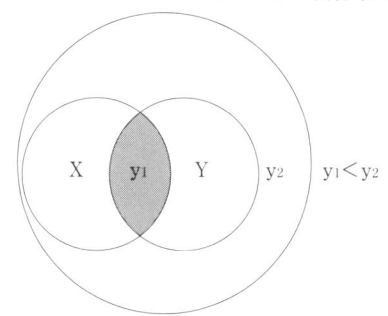

図 2-4 では，一見すると，X と Y との関係は X 満足・Y 不満足のゼロ・サム関係にみえる．しかし，Y は y_1 を譲歩し，その分だけ分け前は少ないにもかかわらず，満足する．その理由は，Y が y_1 を譲歩することにより，将来 y_2 という y_1 より大きい取り分が得られるからである．言い換えると，Y は y_2 というより有利な条件が得られるという見通しが立てば，X の要求に応じて y_1 を譲歩する．このようにゼロサム交渉をプラス・サム交渉に転換するということは，y_2 という補完条件を Y が獲得できるよう，X と Y が協力するプロセスを意味している．

6-4 ウイン・ウイン交渉——もっとも優れた代替案（BATNA）

前項のプラス・サム交渉は当事者の X も満足（ウイン）であり，また，Y も満足（ウイン）という関係が新たに創りだされた関係を意味している．それがウイン・ウイン交渉である．そのウイン・ウイン交渉は交渉当事者の双方が協力して，お互いにプラスになる代替案を積極的に開示し合うことによって実現できる．そして，その結果としてコンフリクト状況は解決する．すなわち，

その解決に到達するためには，お互いにもっとも優れた代替案を提示し合う．それを BATNA（Best Alternative To a Negotiated Agreement）と言う．

このようなウイン・ウイン交渉は，交渉当事者の間で代替案を相互に提案することにより信頼関係を確立することを基本としている．前述したように，信頼関係とは「安心して本音で話すことができる関係」である．すなわち，過去にその当事者の間でウイン・ウイン型の問題解決が行われた経験があるために，信頼関係が成立しているのである．

これまでの説明で明らかなように，一般にコンフリクトを解決する交渉は，交渉者が相互に協力し，代替案を提示し合い，より優れた内容の解決策を創造しようとする努力のプロセスの中から生まれる．その努力が大きければ大きいほど，相互の利益を獲得する可能性もまた大きくなる．それがネゴシエーション戦略の基本的な問題である．

6-5 コンフリクト解決の4つのステップ

これまでの説明を要約すると，コンフリクトを解決する4つのステップにまとめることができる．それが図2-5のコンフリクト・マネジメントの基本過程である．

ステップⅠ：まず，対立点の分析である．コンフリクト状況には関係者の人数や複雑性，曖昧性が含まれているため，それを関係者の対立要因という側面より整理してみる．それにより関係者間の相互不信感の因果関係も解明される．

ステップⅡ：そして，関係者の利害関係の問題点をしぼりこむ．すなわち，長期的な視点からみた利害の対立関係（ゼロサム条件）を峻別する．

ステップⅢ：ゼロサム条件がわかれば，それを解決する補完条件を創造することが可能となる．つまり，その補完条件により，ゼロサムをプラス・サムに転換することができるからである．

ステップⅣ：ゼロサムをプラスサムに転換することにより，コンフリクトを関係者双方が満足するウイン・ウイン型に解決することができる．それにより

信頼関係が確立し新しいビジネスが展開し，さらに，新しいビジネスモデルが生まれる．

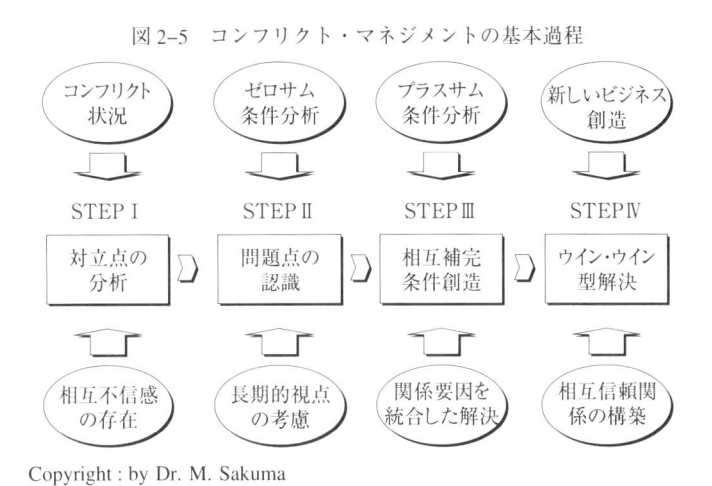

図 2-5　コンフリクト・マネジメントの基本過程

```
 コンフリクト    ゼロサム       プラスサム      新しいビジネス
   状況        条件分析       条件分析         創造
    ↓           ↓            ↓              ↓
 STEP I       STEP II       STEP III        STEP IV
 対立点の      問題点の       相互補完        ウイン・ウイン
   分析        認識         条件創造         型解決
    ↑           ↑            ↑              ↑
 相互不信感    長期的視点     関係要因を      相互信頼関
  の存在       の考慮        統合した解決     係の構築
```

Copyright : by Dr. M. Sakuma

7. コンフリクト解決の交渉戦略

7-1 交渉戦略マトリックス

交渉者がどのように異なる交渉戦略を選択するかについて，交渉成果をより重視する立場（ヨコ軸）と，交渉相手との相互関係をより重視する立場（タテ軸）とで分けて分析する．それには，図 2-6 に示されるように，4 つの交渉戦略がある（ここでは，交渉者は相手の状況を考慮しないで，自分だけの利害のみを考えて選択する場合に限定）．

（1）協調戦略

交渉成果と顧客関係の双方が必要な場合，協調戦略が選択される．交渉者は顧客と協調して交渉成果を獲得し，相互の関係を維持発展させる交渉を行う戦略である．交渉者双方が交渉成果を獲得することができるので，契約関係が成立する．これはウイン・ウインの関係となるため，両者は長期的な発展関係を維持することができる．

図 2-6　交渉戦略マトリックス

		成果重視の視点	
		yes	no
顧客重視の視点	yes	a 1 協 調 戦 略	b 1 譲 歩 戦 略
	no	c 1 競 合 戦 略	d 1 現状維持戦略

(2) 譲 歩 戦 略

　顧客関係，例えば，顧客との長期的な関係が，交渉成果そのものを犠牲にしてもより重要視されている場合，譲歩戦略が行われる．例えば，これまでコンペチターに独占されていた顧客と今回初めて交渉するような場合には，長期的な顧客との相互関係がより重要視されるので，顧客の要求に譲歩することにより，顧客との関係を長期的に維持し発展する関係を選択する．この戦略では，例えば，交渉者 X（買手）Y（売手）関係でみると，Yが譲歩して，Xの要求を受け入れる．従って，X ウイン・Y ルーズの関係に見える．しかし，その背景には，Yは長期的な補完条件を得られる見通しがあるので，Yは譲歩する．両者の関係は，長期的にはYもウインとなり，ウイン・ウイン関係となる．

(3) 競 合 戦 略

　交渉成果が顧客関係よりも優先される場合，顧客関係を犠牲にした競合戦略がとられる．つまり，交渉者の一方に，相手に対する不信感があり，お互いに信頼関係が薄い場合の交渉戦略である．この競合戦略では，例えば，交渉成果が得られたとしても，それはウイン・ルーズの交渉のゼロサム交渉となる．したがって，ルーズ（損の立場）の人との間の信頼関係が失われ，長期的なビジネス関係を維持発展することが困難となる．

(4) 現状維持戦略

　交渉成果と相互関係への重要度が共に小さい場合には，現状維持戦略がとられる．そこでは現状を変えないことが基本となるため，時には相手の話し合いさえも断る場合も起こる．しばらく相手の分析を重ねることにより，はたして

信頼できる相手であるかを判断することが必要となる.

7-2 交渉戦略のプロセス

交渉プロセスにおいては,①交渉が決裂する要因（対立関係）と,②それを解決し交渉を継続させる要因（協力関係）とが複雑に発生する.そして,その錯綜する因果関係を解決させる方向に向けるためには,交渉戦略に基づく根気良い努力が必要となる.その対立要因と協力要因が複雑に交錯する.その関係が図2-7に示される.

図2-7は,ある交渉プロセスにおいて,交渉が「妥結か決裂か」という二度の大きな段階に直面した状況を示している.例えば,交渉がある交渉段階において,一度は成功し合意の直前まで到達したかに見えた（図の①のポイント）が,対立要因②により決裂の方向に動いた.しかし,交渉者の努力により,協力要因③が作動して,交渉が妥結する方向に向かった（④のポイント）.ところが,再び新たな対立要因⑤と協力要因⑥とが複雑に交錯した長い交渉プロセスを経て,結局,妥結が実現する過程を表している（⑦のポイント）.このように交渉プロセスでは,交渉当事者の利害関係が複雑に関係するために,交渉目的にとってプラス要因とマイナス要因とが絶えず変化する.

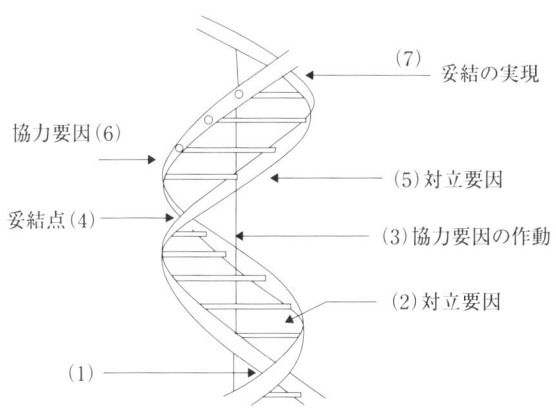

図2-7 対立要因と協力要因が交錯する関係

- (7) 妥結の実現
- 協力要因(6)
- (5) 対立要因
- 妥結点(4)
- (3) 協力要因の作動
- (2) 対立要因
- (1)

Lewicki（1993）p. 19を参考にしている

7-3 交渉戦略展開の8変数

交渉戦略を進める場合，交渉前の変数として，交渉戦略，交渉計画，事前準備の3つの変数がある．また，交渉中の要件として，コミュニケーション，プレゼンテーション，説得力，忍耐力，交渉者の資質という5つの変数がある．それらの合計8変数は表2-1に示される．

表2-1　交渉戦略展開8変数

交渉前の要件	1. 交　渉　戦　略	当該交渉に関する基本的枠組み
	2. 交　渉　計　画	交渉を展開する具体的手続き
	3. 事　前　準　備	情報・資料の入手と組織化
交渉中の要件	4. コミュニケーション	正確な情報伝達力
	5. プレゼンテーション	矛盾のない論理的説明
	6. 説　得　力	問題解決交渉を推進する力
	7. 忍　耐　力	交渉力をバランス良く発揮する力
	8. 交渉者の資質	問題解決に挑戦できる積極的な人間性

7-4 コンフリクト解決交渉の事前変数

(1) 交渉計画 (Negotiation Planning)

交渉計画は，交渉の席において，交渉力を最大限に発揮するために交渉資源（人，情報，時間）を効率的に運用する計画を意味する．まず①交渉を行うチームの組織作りである．すなわち，交渉の現場に臨むチームとそれを支援するチームを組織し，そして，両チーム間の，コミュニケーション体制を確立する．次に②交渉案を立案して交渉の場を想定する．さらに，いくつかの仮説を立て，それに対する交渉案と代替案を準備する．そして③交渉要件は時間と共に変化するため，それに対応する情報管理を行う体制が必要となる．例えば，情報ファイルを2通り用意し，両チーム間の情報交換をフィードバックできるような機能を整える等がある．

交渉目的を達成するために，①味方の長所を最大限に生かしながら，相手の短所を攻める計画，②味方の短所を守るための代替案を用意する．この場合，注意すべきことは，相手の短所を攻めることに終始するのではなく，③相手の短所を救済するような，代替案を用意することが重要となる．この代替案が多

ければ多いほど，交渉が成功する確率は高くなる．それがないと，交渉当事者の間で自己主張が交錯し合い，単なる対立のみに終始する恐れが生じる．そこでは時間だけが無意味に過ぎて，建設的な成果は生まれにくい．代替案を積極的に提案することは，交渉を早く妥結に導くための交渉戦略の基本である．

(2) 事前準備（Preparation）

事前準備において最も重要な必要条件は，交渉に関する全ての情報を組織的にファイルし，交渉の過程で必要な時にいつでも敏速に取り出して使えるような情報整理である．交渉の現場においては，交渉要件が時間の経過につれて刻一刻と変化する．そのような交渉要因の変化に対応して意思決定を機動的に，しかも，正確に行わなければならい．そのためには，各種の情報を手元において，たえずチェックする必要がある．それが整わないと，いくら優れた交渉計画を立てたとしても，それは実際には使い物にならない．

7-5 コンフリクト解決交渉の変数

(1) コミュニケーション（Communication）

交渉の場においては，「対立する利害関係を対話を通じて解決する」ことが目的であり，この対話がコミュニケーションである．従って，コミュニケーションは双方の考え方を伝達する手段として，最も重要な交渉条件となる．コミュニケーションは，言葉を通してある情報を伝える手段であり，情報が相手に正確に伝わることが基本となる．その問題点は，コミュニケーション・ギャップ，コンセプチュアル・ギャップの2点に要約される．

1) コミュニケーション・ギャップ（Communication gap）

これは言葉による情報の伝達で，その人数が増えれば増えるほど，最初の人と最後の人との情報が異なる内容に変化する．このようにコミュニケーションの過程で起こる情報の理解度の違い（ギャップ）が，コミュニケーション・ギャップである．そのため交渉においては，提案は書類の形で交換することが必要となる．

2) コンセプチュアル・ギャップ（Conceptual gap）

コミュニケーションは交渉者の価値観，過去の経験や知識（情報）と密接な関係を持つため，同じ言葉で表現されても，それを受け取る異なる概念として理解される．例えば，「雪だるま」(snowman) を日本人は大小2つの円の雪だるまを描く，米国人では大中小の3つの円による雪だるまを描く人がいる．これがコンセプチュアル・ギャップでる．つまり，単なる雪だるまでさえも，日本人と米人との頭に浮かぶ形が違う場合があるため，正確なコミュニケーションを行うためには，例えば，伝えたい情報内容を文章や絵に描いて表現することも必要となる．

(2) プレゼンテーション（Presentation）

交渉の席におけるプレゼンテーションは問題解決型（normative）で行われる．それは次の4つの段階により行われる．①まず，解決すべき問題点（issue）を明確にする．②次に，その問題点を解決するための代替案（alternatives）を可能な限り用意する．③そして，それぞれの代替案について，長所（pro）と短所（con）を分析し説明する．④代替案の中から，問題点を解決する最適案を選び，それを結論とし，その理由を説明する．

(3) 説得力（Persuasion）

説明と説得では基本的に異なる．説明では，情報の送り手AはBに，Aの一方的な判断により選択された情報を送る．一方，説得では，AはBの関心のある内容に合致するようにAの情報を加工した上で送る．それは野球の例でみれば，相手のストライクゾーンに，ボールを投げるのに似ている．そうして初めて相手の納得を得ることができる．それが説得の基本となる．その情報の加工は交渉戦略の内容にしたがい行われる．

(4) 忍耐力（Patience）

交渉者にとって必要な条件は，交渉課程の全体を把握し，交渉問題を総合的にとらえ，交渉要件の優劣を分析しながら必要な意思決定を行う．そのためには，常に冷静な判断が必要となる．忍耐力は交渉者を冷静にする．それは，単に交渉者自身をコントロールするだけではなく，相手の攻撃や挑発に耐え，事

態を冷静に分析し，処理する力となる．

(5) 交渉者の資質（Integrity）

交渉者の資質は交渉者の人間性の問題であり，それは，交渉を成功させる「要」となる．つまり，交渉は人間対人間のかかわり合いの場である以上，交渉者の人間性が交渉の進展にあたえる影響は極めて重要となる．それは相手に与える影響のみならず，味方チーム内部に与える影響が大きいからである．その具体的な内容は，例えば，前述の①戦略的な考え方ができること，②コミュニケーション能力に優れていること，そして，③忍耐強いことの3点に要約される．

8. コンフリクト解決事例研究

これまで説明したコンフリクト解決理論の1つの応用問題として，筆者が海外でコンフリクトに直面し，それを解決した事例を中心にしてコンフリクト戦略の具体的内容を考察する．

8-1 ロンドン空港の英国航空（BA）事例

(1) コンフリクト状況

前述したように，筆者はパリ郊外で開催された「国際コンフリクト学会」に出席するために渡欧した．最初ロンドンで所用を済ませた後，パリに移動するためにヒースロウ空港のBAチェックインカウンターに並んでいた．筆者の番になり航空券を見せると，係りの男性は「オーバー・ブッキング」のため筆者の座席はないと言う．そこで筆者はそれまで経験したことのない，初めてのコンフリクトを経験したのである．当然詳しい情報を得ようとしたが，係員は「私にもよく分からない，上からの指示に従っているだけだ」と言う主張を繰り返した後，次の2つのオファーが提示された．

(2) BAが提示したBATNA

その1つはキャンセル待ちにするか，2つは次の便にすれば，60ポンド（約1.2万円）を支払うと言う．筆者は事情もよく分からないままに，指定された

サービスカウンターに移動した．そこにはもうすでに7人程度の乗客が並んでおり，先頭の人（男性）は係りの女性と声高に話していた．その声は大きく，話と言うよりは，むしろ「けんか腰」の態度であった．その男性の威嚇的態度と比較して，係員はきわめて冷静で，ただ淡々と必要な質問をして書類を作成していた．1人の書類が完了すると，次の番の乗客が同様な手続きを済ませていく．どの客もBAの無責任な処置に対する批難を声高に浴びせていた．筆者は自身の番になる前に，どちらを選ぶかを決めなければならなかった．

(3) BA案に対する評価

当日筆者は午後2時頃パリ空港に到着する予定で，それに合わせた航空券を購入していた．BAから提示された1便遅れ（2時間遅れ）を選んでも，現地到着が遅れるだけであり，特に不都合はなかった．つまり，BA案を受け入れ次の便に乗れば，筆者にとってコンフリクト関係は解決する．しかし，筆者はキャンセル待ちの案を選択した．

その理由は筆者がコンフリクト・マネジメント理論の研究者として，筆者の理論をBAとのコンフリクト解決に応用してみようと考えたからである．すなわち，それを解決することができれば，筆者の理論の正当性が証明できることになり，もし，解決に失敗した場合には，その失敗の理由を分析して新たな理論を研究する資料にしようと考えたのである．

そこで筆者は次のようなネゴシエーション戦略により，BAサービスカウンターの係員との交渉に臨んだ．

(4) 筆者のネゴシエーション戦略

まず，筆者の交渉戦略のマトリックスは，協調戦略か譲歩戦略である．すなわち，BA係員から新たなBATNA（＝キャンセル航空券の入手）を得るためには，その係員と共同で問題可決を行う協調的態度を示すことが基本的な条件である．それに反して，筆者より前の乗客達は，前述のように最初から「けんか腰」，つまり，競合戦略をとった．それはBA係員を不快感に陥れる結果になり，その係員からの「新たな代替案＝キャンセル切符取得」を得ることは難しいことが予測された．

(5) コンテクスト関係とエンジニアリング

コンフリクト・マネジメントの4つの変数に即して考えると，まず，関係者の数（N）は私とBAの2人であり，また，複雑性（C）キャンセル航空券を入手できるか否か（yes or no）の二者択一であり，比較的簡単である．しかし，問題は曖昧性（A）であり，コンテクスト関係とエンジニアリングにより，その曖昧性をできるだけ小さくする．

一般に航空会社のオーバー・ブッキング問題は予想されることであるとすると，どうして私がそのキャンセル待ち顧客に選ばれたかである．その理由は私のティケットは「割安航空券」であるため，私はBAからみて貢献度の低い顧客とみなされたからである．

次に，キャンセル待ちの場合，一般論として大体何枚ぐらいが用意されるかが問題となる．そこで筆者は順番待ちの間に，近くに居たBA係員に事情を話し，オーバー・ブッキングが起きた背景（コンテクスト関係）とキャンセル切符が提示される条件（エンジニアリング）について情報を集めた．その結果2つのことが分かった．まず，オーバー・ブッキングについては，当時は6月末の夏休みが始まる時期であり，ロンドンからパリへの旅行客を集める英国内キャンペーンが行われ，国内旅行社が集めた乗客が優先されたこと．つまり，筆者のような割引航空券の乗客は後順位にされること．次に，キャンセル切符の数はその時々の状況で変わるため，何とも言えない．しかし，一般には3-5枚程度が普通であり，それを誰に提示するかは担当係員に任せられていること等が判明した．

(6) プラス・サム交渉

BA係員とのネゴシエーションを行う目的は，係員と争うことではなく，その係員からキャンセル切符を入手することである．すなわち，多くの客の中から，筆者が切符を受け取るために選ばれる条件をその係員に提示し，それが係員をして「なるほど」と納得させることができる十分な情報であることが必要となる．その情報とは何か．

筆者の航空券の職業欄には英語でProfessor（教授）と記載されていた．BA

にとっては，日本からの乗客を獲得して，売上を増やすのが重要な要件である．すなわち，筆者の BA 係員に対する「交渉力」は，「筆者が BA に学生の乗客を提供できる立場にあること」を証明することにより得られるはずである．それは図 2-4 のプラス・サム交渉で示した y 2 の条件にあたり，筆者の BA に対する BATNA である．

筆者は BA 係員に対して，前述の協調戦略と譲歩戦略のもと，穏やかな態度でロンドン大学の友人の教授から筆者宛の英文書面を提示しながら，「筆者は毎年 2 回ヨーロッパに出張してきており，しかも，大学のインターンプログラム等により，イギリスの企業に学生を派遣する立場にある」ことを強調し，さらに，「今回日本で予約していた座席がキャンされることは，今後 BA を学生に推薦するのに不都合である」ことを顔に笑いを浮かべながら説明した．

(7) BA 係員の好意的な反応

このような協調戦略と譲歩戦略に基づき，代替案（BATNA）を用意した筆者の問題解決型の説明に対して，BA 係員（女性）からはすばやい反応（reaction）があった．まず，それまでの乗客にたいして，彼女は顧客の顔を見ないで事務的な対応をしていた彼女は顔を上げて筆者を真正面から見たのである．ということは彼女とのコミュニケーションが成立していることを意味している．そして，筆者がロンドン大学の卒業生であるという追加の説明に対して，彼女は「分かりました（Oh, I see.）」と回答したのである．

結局筆者はシートを入手し，予定のフライトでパリに到着することができた．

8-2 チュウリッヒ空港のスイス航空事例

(1) コンフリクト状況

筆者がパリから乗ったスイス航空フライトは定刻の午後 3 時にチュウリッヒ空港へ到着した．筆者はパリでチェックインした旅行カバンが荷物室の回転テーブルの奥から出てくるのを待っていた．しかし，最後になっても筆者のカバンは現れず，係員から奥にあるスイス航空のサービスカウンターに出向くよ

うに指示された．筆者の前にはすでに4人の乗客が居て，順番を待っていた．彼らはロンドン空港の時と同様にスイス航空の係員（女性）に「けんか腰」の強い言葉を投げかけていた．

　調査研究に訪問する企業との予約時間までは1.5時間の余裕があった．しかし，困惑したのは訪問予定の会社資料が一切カバンの中にあり，それがなければ調査に訪問する効果は半減する．しかも，もっと困ったのは旅行カバンを入手できないと，その翌日ロンドン経由日本に帰国することができないことであった．どうしても旅行カバンを当日中に入手しなければならなかった．

（2）筆者のネゴシエーション戦略

　まず，交渉の目的は，ロンドンの場合と同様に係員を声高に批難することではなく，彼女に協力してカバンを探し出すことである．当然交渉戦略のマトリックスは強調戦略か譲歩戦略である．

（3）プラスサム交渉

　筆者の順番が来た時，まず筆者は顔に笑みを浮かべて「こんにちは（How are you？）」と係員に話しかけた．当然彼女もそれに「こんにちは（fine thank you）」と笑顔で応えた後，筆者に対して書類を見せながらスイス滞在中の連絡場所と日本の自宅の住所を記入するように言った．彼女のその態度は友好的で，筆者とのコミュニケーションが成立していることを示していた．

　まず，筆者はパリから直行便でチュウリッヒ空港にきたので，カバンはパリに積み残したか，チュウリッヒ空港のいずれかに在るはずである．筆者の考えではカバンはすでにチュウリッヒ空港に到着していて，空港のどこかに紛れ込んでいる可能性が高い．もう一度探してほしいと懇請すると同時に，調査研究に訪問する会社（世界的に有名な多国籍企業）の手紙を見せながら，筆者は年に1度か2度同社を訪問する度にスイス航空を利用していることを強調した．

　それに対して彼女は好意的な態度を示しながら，2つの質問をした．1つは筆者のカバンの形状について簡単なスケッチ絵を描くことと，2つはパリからの搭乗客の中に筆者以外の日本人客が居たかどうかという質問であった．彼女の質問を聞きながら，筆者は同じフライトに20名程度の日本人グループが同

乗していたことを思い出した．そして，筆者のカバンにも彼らと同様側面にベルトがしてあるため，誤って彼らの荷物に紛れ込んでいる可能性が高い．すぐ電話をして調べて欲しい旨強く要求した．彼女が電話したことろ「乗り換え室に在ったので，すぐとどける」という回答があり，間もなく筆者はカバンを入手することができた．

まとめ

　今回の海外旅行で筆者が体験した２つのコンフリクト解決事例から学ぶ教訓を基にしてコンフリクト・マネジメント戦略の基本的な点は次の通りまとめられる．

　第１に，コンフリクトの解決にあたり，まず，コンフリクト・マネジメントの４つの変数関係をコントロール可能な最小限にする．とくに，コンフリクト関係の背後にある因果関係（コンテクスト）を調べ，その情報を問題解決の代替案の組み合わせ（エンジニアリング）に応用することが必要となる．例えば，ロンドン空港でのオーバー・ブッキングが起きた理由を調べ，しかも，キャンセル待ち座席を乗客に提供する優先順位が，担当係員によって決められることが判明したので，その係員に対して筆者の優位性を効果的に説明できたことである．

　第２に，ネゴシエーションの目的を明確に理解することが必要である．コンフリクト関係の解決においては，交渉する相手から，①何を，②どのように得ることができるのかという条件を理解する．すなわち，２つの事例のように目的は係員の責任を追及することではなく，航空券や失われた旅行カバンを入手することを念頭に交渉戦略を考えたことが局面を打開することに繋がったのである．

　第３に，交渉にあたっては，相手とのコミュニケーションを成立させることが基本となる．それは信頼関係をつくる必要条件となるからである．前述の２つの事例のように，航空会社の係員を批難することはコミュニケーションを妨げることになり，「けんか腰」の態度からは，コンフリクト関係を解決する代

替案は何も創造されないことを示している．

　第4に，一般にビジネス上のコンフリクトとはゼロサム状況から起こる．また，コンフリクトはこれからの組織運営の与件となっている．したがって，それをプラスサムに転換し，コンフリクト関係者の双方がメリットを得られるような解決，すなわち，ウイン・ウイン交渉が必要である．2つの事例では，筆者が航空会社にとって将来得られるであろう利益を代替案（BATNA）の形で係員に提示し，それを納得させたことが最終的にコンフリクト関係を解決する基本的条件となったのである．

　第5に，これまで考察したようにコンフリクトは人間対人間の間で引き起こされる．例えば，企業の組織を職場における「上司と部下関係」という側面より見た場合，上司が日常の問題を部下も満足できるように解決することにより，部下の上司に対する信頼関係が生まれる．すなわち，それが職場の信頼関係を確立する基本的な要件となる．したがって，その解決を目的とするコンフリクト・マネジメント戦略は，これからの組織リーダーの不可欠な経営スキルである．そして，これからの経営にとっては，経営戦略の内容と同時に，それを実現する戦略推進者，すなわち，コンフリクト・マネジメント・スキルを備えた「問題解決型上司」の育成が，最も効率的な経営戦略の1つであることが理解される（佐久間 2003）．

Bazerman, M. H. ed., *Negotiating in Orgnaization,* Sage Publications 1983.
Brett, J. M., *Negotiating Globally,* Jossey-Bass 2001.
Calero, H. H., *Negotiate The Deal You Want,* Dodd Mead 1983.
Cohen, H., *You can negotiate anything,* Lyle Stuart 1980.
Deutsch, M. & Coleman, P. ed., *The Handbook of Conflict Resolution,* Jossey-Bass 2000.
Fisher, R., *Getting to Yes,* Houghton Mifflin 1981.
Gordon, F. S., *Creative Negotiating,* CBI Publishing 1983.
Harris, C. E., *Business Negotiating Power,* Van Norstrand 1983.
Jandt, F. E., *Win-win Negotiating,* John Wiley 1985.
Kennedy G., *Managing Negotiations,* Business Books 1981.
　　　　Everything is Negotiable, Business Books 1982.

Kennedy on Negotiation, Gower 1998.
Hall, Lavinia, *Negotiation : Strategy for Mutual Gain,* SAGE Publ. 1993.
Lewicki, R. J. &Litter, J. A., *Negotiation,* Irwin 1993.
Lax, D. A. & Sebenius, J. K., *The Manager as Negotiator,* Irwin 1990.
Mastenbroek, W., *Negotiate,* Basil Blackwell 1989.
Nierenberg, G., *Fundamentals of Negotiating,* Howthorn Books 1973.
Olson, R. W., *The Art of Creative Thinking,* Harper&Row 1980.
Posses, F., *The Art of International Negotiation,* Business Books 1978.
Raiffa, H., *The Art & Science of Negotiation,* Harvard Univ. Press 1982.
Scott, B., *The skills of Negotiating,* Gower Publishing 1981.
佐久間　賢著『交渉の戦略』実務教育出版　1987
佐久間　賢著『国際ビジネスと交渉力』NHK Books　1994
佐久間　賢著『現地経営の変革』日本経済新聞社　1993
佐久間　賢著『交渉戦略の実際』日経文庫　1998
佐久間　賢著『交渉力入門』日経文庫　2000
佐久間　賢著『上司と部下関係の国際比較研究』中央大学政策文化総合研究所年報3号　2000
佐久間　賢著『グローバル経営スキル開発の基本的課題』国際ビジネス研究学会年報　2001
佐久間　賢著『問題解決型幹部の育成』日経新聞経済教室　2001. 10. 25
佐久間　賢著『問題解決型リーダーシップ』講談社現代新書　2003
佐久間　賢編著『経済戦略』中央経済社　2003

第 3 章

パラダイム転換とコーポレート・ガバナンス戦略
——新たな代替的価値とガバナンス改革に関連して——

はじめに

　目下，日本企業では競争力の回復をめざして，さまざまな改革が試みられている．これは，事業の見直し（不採算部門からの撤退，事業重複の解消，有力事業への重点的投資），本社のスリム化と強化，米国型企業統治の導入（社外取締役，執行役員の導入，監査役制度の廃止，指名・報酬・監査委員会の設置），純粋持ち株会社の導入，株式持ち合いの解消，系列の解体などを含む，企業の存亡をかけた大改革である．

　こうした相互に密接に関連した改革が米国型経営への転換と受け止められ，それに対する過剰なまでの期待が寄せられている．もちろん，米国型経営が無批判に導入され，賞賛されているわけではない．例えば，産業界でもキヤノンの御手洗富士夫社長に代表されるように米国型企業統治に対する根強い慎重論もある．この米国型企業統治形態と純粋持ち株会社の導入という2つがセットになって急速に普及しようとしている日本の現状に対して，本稿ではとりあえず「株主価値型コーポレート・ガバナンス」から「ステークホルダー型コーポレート・ガバナンス」への移行に，理論上どのような問題が伏在しているかを明らかにする．その作業の前提として，まずコーポレート・ガバナンスのコントロール・メカニズムを取り上げ，ガバナンス機能の強化，回復にあたってど

のような改革が必要とされることになるのかを示唆する．

引き続いて，コーポレート・ガバナンスをトップ・マネジメント組織，会社法をはじめとした法制度と緊密に結びついた会社の統治機構とした上で，これが株主価値型とステークホルダー型に類型化され，極めて特徴的な指導原理とメカニズムを組み込んでいることについて言及する．その際，株主価値型経営とステークホルダー型経営について，それぞれの意義と限界という視点から，両者の主張を比較し，「株主価値」パラダイム転換の必要性さえもとめられている今日のガバナンス改革の方向性を示唆する．

わが国の企業改革を検討していくにあたって，アングロ・サクソン型経営，大陸ヨーロッパ型ないしはライン・アルペン型経営と日本型経営という3つの座標軸で比較していくことで，多くの示唆が得られる．例えば，本稿では直接触れない「純粋持ち株会社」をめぐる問題が，ドイツのコンツェルン企業に端的に見いだされるもので，これはドイツ固有の企業統治機構と結びついている．今，日本企業が進めている大改革は，「複数事業部制組織から本社の純粋持ち株会社化と事業部の従属会社化への移行」というドイツ・コンツェルンを志向しつつ，トップ・マネジメント組織である本社機構の米国型企業統治化をはかったものと表現できる．それがどのような問題を伏在させているかを認識することは極めて重要なことである．

この形で改革が進んだ場合，一方的にアメリカ型の「株主価値の最大化」行動が強化され，過度な株主重視という結果に陥る可能性もある．また，株主利益にそった経営を目指したストック・オプション制度の持つ逆機能に目を塞いだまま，これを無批判的に導入することは日本の企業の将来に禍根を残す結果になるかも知れない．ストック・オプションが不正な株価操作によってオプションを行使する経営者達の私欲を肥やす道具にされたことは，忌まわしいエンロン事件を見てもわかる．これを受けて，アメリカで市場原理に逸脱した不正な行動を抑止するための法改正や機構改革が，極めて短期間のうちに精力的に検討され，実施に移されていることは，一連の不正問題が資本主義の根幹に触れる深刻なものを含んでいるからに他ならない．

ややもすると，アメリカ型の経営に転換することが今日の日本企業の閉塞状況を打開する唯一の方法であるがごとき受け止め方がされている．皮肉にも，今回のアメリカを揺るがした一連の事件が，決してそうではないことを物語っている．したがって，ステークホルダー型経営の改革議論は，一方的な株主価値型経営への転換ではなく，第三の道も含めて真剣に模索される必要があろう．これを本稿では，パラダイム転換戦略と呼び，その基礎的作業を行ったものである．

1. コーポレート・ガバナンス改革と2つの価値

1-1 経営革新としてのコーポレート・ガバナンス改革

経営改革は時間を要し，抵抗を伴い，時として意図せざる結果を引き起こし，改革が失敗に終わることは決して珍しいことではない．ここで言う経営改革は，「非連続的，構造的（質的）変化」を伴う経営全般に及ぶ「根本的な経営革新」のことであり，コーポレート・ガバナンス改革もその例外ではない．しかし，その実施にあたっては，予想以上の時間と困難がつきまとう．何故，そうした改革の達成が難しいかについては直感的には理解されているものの，必ずしも理論的に十分な解明はなされずにいた．そうしたなかで，組織の計画的変更を「再組織の科学」として取り上げ，企業の持続的，長期的成功の鍵は，「根本的変更」（再組織）と連続的な「発展段階」（進化）との適切な接合にあるというプロセス的視点からドイツで行われた壮大な理論的，実証的研究にもとめることができる[1]．この研究成果から多くの知見が導き出され，その後の研究に多大な貢献を果たしてきたことは疑い得ない．

今般，経営改革で目下，各国で注目され，「ホットな話題」を提供しているのが，コーポレート・ガバナンス改革（corporate governance reform）である．コーポレート・ガバナンスは企業統治とも訳され，「会社が指揮され，統制される法的システムならびに実際のシステムによって明らかにできる」[2]もので，選択される法形態にコーポレート・ガバナンスは大きく影響されることが指摘されているように[3]，コーポレート・ガバナンス改革には法制度改革が付

随することが多い．というのも，会社制度は会社法をはじめとした法制度によって基礎づけられており，例えばドイツで共同決定法によって監査役会への従業員の参加が義務づけられ，その監査役会会長に兼任で取引銀行から頭取ないし副頭取クラスが派遣されて，ドイツ固有のコーポレート・ガバナンスを形作っている．アメリカの幾つかの法は，合衆国の銀行が合衆国の会社の統治に係わることを禁止しているという法制度上の問題がある[4]．

これに加え，文化的要因もコーポレート・ガバナンスを基礎づけているものとして注目される．例えば，後述するアングロ・サクソン型の経営では，モニタリング機能，チェック機能がコーポレート・ガバナンス機構に組み込まれ，それが十分に機能しているかどうかが最大の関心事であった．なぜなら，こうしたアメリカのコーポレート・ガバナンス機構には，多分に文化圏で差異が認められる機会主義の発生を抑止することに狙いがあったからである．他方，信頼関係が機能してきたところでは，そうした機能の重要性はアメリカほど高くはない．

それがここにきてアメリカ型のコーポレート・ガバナンスへの改革の動きが強まってきている．ステークホルダー価値から株主価値への転換とも言える現象である．日本やドイツでのそうした動きと同時に現れた反対の動きにも触れ，企業の競争優位がステークホルダー価値を追求するなかでこそ可能であるという見解も含め，ガバナンス改革を捉え直している．もっとも，この「ステークホルダー」(stakeholder) という用語については，それが用いられた当初と今日ではすっかり意味するところが変わってしまっているというスターンバーク (E. Sternberg) の興味深い指摘もある[5]．それによれば，ステークホルダーという用語は最初，「経営者が受託者義務を負っている唯一のグループである株主」という概念を一般化したもので，こうしたステークホルダーと呼ばれる株主の支援なくしては，組織そのものの存在が失われるものであった．それが，今では組織目的の達成に影響を及ぼす，あるいは影響される組織内のすべてのグループあるいは個人，という具合にその範囲は一挙に拡大したのである[6]．このように，組織の存続と表裏一体をなすものから，組織に利害関係を

有するものすべてをもってステークホルダーとされ，会社という組織でみれば彼らの存在は株主に比べはるかに後退するに至った．今日，このステークホルダーを重視した経営なのか，それとも株主を重視した経営なのかのいずれかに分けることが出来る．両者の理論上の問題点については後述する．

さて，コーポレート・ガバナンスのコントロール・メカニズムに目を向けた場合，まずコーポレート・ガバナンスを直接支える「直接的コントロール」とこれらを補完する「間接的コントロール」の2つがある．コーポレート・ガバナンスを直接支える直接的コントロールとして，法的システム，組織構造，会計システムを想定し，これらを補完する間接的コントロールとして経営者の報酬システム等をあげることができよう．これにくわえて，株式の所有構造や銀行貸出市場と社債市場での負債といった企業の資金調達手段による規律づけによってコーポレート・ガバナンスが十分機能することになる事は言うまでもない[7]．したがって，コーポレート・ガバナンス改革の議論はかなり広範な範囲に亘ることになるし，研究アプローチもまちまちである．

日本の場合であれば，ここで法的システムとは法改正やあらたな立法措置をさし，組織構造とはトップ・マネジメント組織を構成する商法上の必置機関や任意機関（取締役会，常務会，執行役員会，監査役会等）である制度的機構を直接指す．また，会計システムとしては，投資家保護のため情報開示が徹底し，一般に認められた会計基準（GAAP）であるFederal Accounting Standards Board：FASBの会計基準を採用するか，あるいは従来の会計基準によるかである．また，分散型所有構造企業（firms with dispersed ownership）か集中型所有構造企業（firms with concentrated ownership）かという株式所有構造はもとより，株式市場からの自己資本に拠るか，それとも銀行貸出市場，社債市場での負債に拠るのかという資金調達手段の如何もコーポレート・ガバナンス改革に含まれる[8]．こうした諸制度の変更が一筋縄でいかないのは，これらが「制度的補完性」[9]（institutional complementarities）を持ちながら，その国の歴史的，社会的，経済的環境のなかで，その適合性を得てきたからである．その意味で今日，機能不全に陥ったり，非合理的なものとして批判にさらされているもの

も経済的合理性を持ち得てきたのである．その改革にあたっては，マクロそしてミクロ・レベルで相互に依存し合い，制度的補完関係にある諸制度への配慮も必要となる．

したがって，コーポレート・ガバナンス改革にあたっては，他のシステムの計画的変更を射程に入れ，トップマネジメント組織，報酬システムの再設計を行う必要がある．その際，再組織の科学の成果を活用することで，望ましいコーポレート・ガバナンスの導入が効率的に実施できるはずである．しかし何が望ましい，あるいは理想的なコーポレート・ガバナンスであるかについては必ずしも十分議論は尽くされていない．その結果，望ましくないコーポレート・ガバナンスが成功裏に導入される危険性すら否定できない．そこで，さしあたってアメリカ，ドイツ，そして日本という3極を念頭にコーポレート・ガバナンスを捉えなおし，新しいコーポレート・ガバナンスのデザインを模索していくことにする．そうすることで，最近のグローバリズムの進展によっていわゆるアメリカ流のコーポレート・ガバナンス，すなわちアングロ・サクソン型企業経営をグローバルスタンダードとみなし，それに近づける経営改革がどのような問題をはらんでいるかを明らかにすることが期待できるからである．

1-2 株主価値とステークホルダー価値との拮抗

最近のコーポレート・ガバナンス（corporate governance）論議の高まりは，実に驚くほどであり，経営学，経済学，法学，政治学はもとより社会学などの分野からも積極的に研究が進められている．コーポレート・ガバナンスの先進国と言われているアメリカを始めとし，イギリス，フランス，ドイツそして日本などでのコーポレート・ガバナンス改革をめぐる討議ばかりでなく，北欧，ロシア，中国，韓国，東南アジア諸国のコーポレート・ガバナンスについても活発な議論や研究が進められている[10]．こうした世界的な広がりを見せているコーポレート・ガバナンスであるが，それが何をもとめているかはかなり違っている．社会主義国が市場原理の導入に伴い株式会社制度やそれに類似した制度を効率的に運営していく上で，アメリカ型コーポレート・ガバナンスの

部分的導入が必要になってきたことや，中進国と呼ばれてきた国々が経済発展をさらに進めた結果，より先進的な経営スタイルに移行する必要性が増大してきたことなど，さまざまな理由からである．

　ここでは，コーポレート・ガバナンスの先進国であるアメリカ，同じく先進国でありながらそれとは対照的なドイツ，日本でのコーポレート・ガバナンス改革に焦点が置かれる．等しく先進資本主義国であるこれらの国々は，歴史的，社会的，文化的背景を異にしながら経済発展を遂げ，今日に至っている．しかし，資本主義の制度的疲労とも言える現象が目立ち始め，ミクロ・レベルではコーポレート・ガバナンスの旧態化により急速に進展したグローバリゼーションからの立ち遅れが起きており，それを是正，強化することを意図したコーポレート・ガバナンス改革がこれらの国々において例外なく進められている訳である．

　アメリカは株式会社を中心とした資本主義，いわゆる株式会社資本主義によって特徴づけられ，株主利益の擁護，株主価値の最大化が最優先課題として取り扱われてきた．この株主価値の最大化を唱える「株主価値パラダイム」は，18世紀以来の伝統を持ち，今なおアングロ・サクソン型経営の要諦をなしていることに変わりはない．このパライダイムにあって，経済学者が強調してきたのは会社の株主に対する会社の責任であった．他方，会社規模が大きくなり，影響力が強まれば，私的な会社制度が公的な性格を帯びることは当然のことで，それにともない，会社の社会的責任は会社との契約関係にない利害関係者の利益をも擁護するものでなければならなくなる．にもかかわらず，アメリカ型経営の実態は，株主主権を象徴するものでしかない．

　アメリカのコーポレート・ガバナンスもそれと軌を一にしている．株式会社制度に深く根ざしたアメリカのコーポレート・ガバナンスの研究が，経済学，経営学，法学分野を中心に発展してきたのも至極当然で，所有と経営の分離に関するかの記念碑的な著作[11]のバーリとミーンズの専門分野もそれと照応しているのも偶然ではない．非所有者である専門経営者が支配権を手に収めれば，必然的に株主の利益が毀損される危険性は高まり，それを抑制する監視，

統制のメカニズムがアングロ・サクソンのコーポレート・ガバナンス機構には潤沢に組み込まれているわけである．

まさしく，ティロル（Jean Tirole）[12]が指摘しているように，コーポレート・ガバナンスの標準的な定義は，株主利益の擁護を中心に，所有（ownership）と経営（control）の分離以来，エージェント（agent）である経営者によるプリンシパル（principal）である株主利益の毀損という危惧と密接に関連している．この両者の関係から引き起こされるエージェンシー問題（逆選択，モラルハザード問題）を解消する仕組みがコーポレート・ガバナンスにもとめられたのである．その意味からも，「良いコーポレート・ガバナンスは，よくできる経営者の選任と，彼らに投資家（株主）に対する責任を負わさせるものでなければならない」というのが株主の利益擁護に立つ人々から広く受け入れられてきたコーポレート・ガバナンスである．しかし，このように株主だけを擁護するという狭隘な見方に立つコーポレート・ガバナンスで事足りた時代は，過ぎ去ってしまっている．それでも経済学はいまだに株主価値の最大化を強調し，株主以外のステークホルダー（利害関係者）の利益を軽視ないし度外視している．こうした行き方に対して，ティロルはコーポレート・ガバナンスを株主利益に加え，これまで外部化されたままであったステークホルダーの利益の内部化がはかられるように経営者を誘因づけ，強制づけるコントロール構造（control structure）のデザイン，すなわち制度設計（institution design）の必要性を提示したのである．

また，株主以外のステークホルダーとも緊密な繋がりを付けることで競争優位を獲得していこうとする「ステークホルダー統合」（stakeholder integration）を積極的に提唱する研究者達もいる[13]．これは，「用具的ステークホルダー論」（instrumental stake holder theory）と呼ばれるもので[14]，多様な利害関係者間での「一連の契約」（multilateral contracts）を，位置（locus）と方法（modus）という2つの次元を用いてステークホルダーの統合メカニズムを類型化することで，4つのタイプのステークホルダー統合を識別し，それぞれの便益も明らかにしている．そうすることで，競争優位の獲得に向けたステークホルダー統

合への確かな一歩も記されている.

　また，こうしたステークホルダーとの良好な関係を築き上げるという「ステークホルダー・マネジメント」が，競争優位の源泉となり得る無形の価値資産（intangible, valuable assets）を活用することで株主厚生の増大がもたらされるという注目すべき分析結果を示していたのが，ヒルマン（Amy J. Hillman）等の研究である[15]. このように，ステークホルダーをめぐる研究蓄積が世界的に見ても進んできてはいるが[16]，そうした動きが必ずしも大勢を占めているわけではなく，残念ながら人々に十分に知られるところともなっていない. ややもすると，株主価値の最大化こそが唯一正しく，それに比べステークホルダー価値の追求は旧く，前者に取って代わられるべきだという考え方がまかり通るのが現実である. 日本も，決してその例外ではない.

　たしかに，これまでは株主価値の正当性について議論されることなく，株主価値が受け入れられ，その最大化が追求されてきた. ここにきて，そうしたことに疑念が生じてきている，とティロルは指摘していた. 彼自身その代表的な１人として，株主の個人的利益ではなく「ステークホルダー社会」（stakeholder society）を前提に，「社会的利益」（social interest）を積極的に擁護するコーポレート・ガバナンスを提唱しており[17]，コーポレート・ガバナンス改革の中心的課題を株主価値の強化に求めていこうとする動きに対して警鐘を鳴らすものとして注目される. 他方，長年，ステークホルダーの研究に身を投じてきたクラークソン（Max B. E. Clarkson）は，「ステークホルダー・グループ」（stakeholder groups）と「社会全体」（society as a whole）とを区別した上で，「ステークホルダー・マネジメント」（stakeholder management）にあたって，主要なステークホルダーに限定されるべきことを示唆していた. ここでいう主要なステークホルダーとは，従業員，顧客，取引先，地域社会であり，後述する本来のステークホルダーないし狭義のステークホルダーに該当する. ちなみに，企業の経済的および社会的目的は，より多くの厚生と価値を産出し，主要なステークホルダーに公正かつバランス良くこれを配分していくことである，というのが彼の立場を鮮明にあらわしており，このステークホルダー・マネジ

メントを基礎にすることで，企業の「社会的パフォーマンス」（corporate social performance : CSP）もより効果的に分析されることになる[18]．

さまざまな形で，ステークホルダー擁護論が展開されているなかで，ティロルは株主価値に①必要とされる資金不足の充足，②経営者に明確な焦点と鋭敏な刺激の提供，③コントロールを分割しないことで，意思決定に際しての行き詰まりを回避，という利点を認めながらも，株主価値は偏向した選択をもたらし，いまだに重要な外部性を排除したまま，幾つかの不快な内容も含まれている[19]，と強力に異議を唱えている．

しかし，ステークホルダー型のコーポレート・ガバナンスへの移行には，①「広範な経営者の使命」（broad mission of management）②「ステークホルダーによるコントロールの分担」（sharing of control by stakeholder）という2つの面から大きな障壁がある，ことが指摘されていた．①は「経営者は様々なステークホルダーが受け取る残余部分の総計の最大化を追求する」ことにある．ここでのステークホルダーは広義のステークホルダーである「デザインされたステークホルダー」（stakeholder by design）である．これは，「従業員，顧客，取引先，地域住民など企業と必ずしも契約関係にあるわけではないものを含む，本質的な関係にあるステークホルダー」，すなわち「本来のステークホルダー」（natural stakeholder）と呼ばれる狭義のステークホルダーと「株主」からなる．これまで外部化されていた狭義のステークホルダーの利得を内部化し，その上で広義のステークホルダー，すなわち「デザインされたステークホルダー」の効用を最大化すると言っても，「合計された効用の測定可能性」に問題が残る．裏返せば多様な利害関係者の多元的な効用を最大化するという経営者の使命は，「ファージーな使命」（fuzzy mission）であり，彼の受託義務および成果達成を不明瞭にしている．その結果，成果達成に，「経営者のインセンティブ」（managerial incentive）機能をリンクした経営者報酬の意義は薄れざるを得ない．

このことはアングロ・サクソンより遙かにステークホルダー型社会に近い日本や大陸ヨーロッパのドイツ，フランスでの経営者報酬に反映されている．成

果主義，すなわち成果ベースの報酬形態をとるアメリカに比べ，日本，ドイツ，フランスの場合，報酬は固定的で，「フラットな，経営者報酬」（flat managerial compensation）となっているのは，経営成果と経営者のインセンティブ機能が切断されているからである．

　また，「コントロール機構」（control structure）の問題である「ステークホルダーによるコントロールの分担」については，必ずしも企業との契約関係にない多様なステークホルダーを経営にどう係わらせていくかである．これは前述した所有と経営の分離に伴う株主と専門経営者の二極構造に，「本来のステークホルダー」の1つである従業員の経営参加をくわえるドイツ型の経営に端的に見て取ることが出来る．しかし，これは「社会的利益」を追求する「ステークホルダー社会」という点からは十分なものではない．従業員以外の「本来のステークホルダー」，なかでも債権者が欠落しているからである[20]．

　彼のように株主価値に強力に異議を唱えてきた研究者グループは決して少なくない．しかし，それとは逆に，ステークホルダー理論に対する手厳しい批判が存在することも看過できない．その急先鋒の1人スターンバーク（E. Sternberk）は，「ステークホルダー理論は，良好なコーポレート・ガバナンスとは相いれない」[21]とまで言いきったのである．前述したように，今日意味するステークホルダーは組織目的の達成に影響を及ぼす，あるいは影響される組織内のすべてのグループあるいは個人組織にかかわるすべてが対象になっている．そのような，「すべての人に責任を負う組織というものは，実際には誰にも責任を負わない」[22]ことになる．その根本は，すべてのステークホルダーに均等に責任を負うという教義は，経営者の所有者に対する優先的な義務の履行に反すると見ているからである．また，株主価値の最大化に代えて，すべての個々のステークホルダーについて便益をバランスさせ，多様な利害関係者の多元的な効用の最大化を追求するステークホルダー理論は，実行可能性が無いとも批判されている．と言うのは，このさまざまなステークホルダーの便益をバランスさせることが，①ステークホルダーの範囲の無限定性，②個々のステークホルダーに関する便益の不特定性，③便益をバランスさせるやり方の不明瞭性，

という3つの点から実行不可能と見られたからである[23]．この実行可能性の問題はさておき，ステークホルダーの範囲をどこまで広げるか，広げた上ですべてのステークホルダーに対し均等な責任を負う，逆に言えば共通の権限を付与するといういわゆる民主的なステークホルダー社会には，次のような問題がある．

ステークホルダー社会を擁護する人々からすれば，民主的であるためには，すべてのステークホルダーは他のステークホルダーの究極目的（ends）の単なる手段であることは許されず，それ故すべてのステークホルダーに対する均等な責任を負うべきであるということになる．しかし，ステークホルダーを究極目的の単なる手段として扱うことを排除するこうした主張に対し，それは①実質的な目的を達成するのを非効率にしてしまう．また，②ステークホルダーの究極目的に対する手段視は道徳に悪いという批判にも拘わらず，ステークホルダーの究極目的化は他のステークホルダーの究極目的に仕える用具的人間を排除するには至らない，という結論を導き出していた[24]．

以上のように，ステークホルダー理論がビジネス，コーポレートガバナンスと両立しないという指摘は，ステークホルダー志向に転換することで，新しい競争優位の源泉が得られるという見方に水を差すものであった．そればかりか，ステークホルダー理論は資本主義の根幹である①私有財産（権）（private property），②受託義務（duties）を毀損するものだ，という痛烈な批判も投げかけられていた．つまり，ステークホルダー理論では所有者が自分の財産がどのように使われるのかを決定する権限が否定されているというのである．そうであれば，資本主義制度の根幹をなす私的所有権の実質的否定であり，結局のところ資本主義制度の否定に通ずる．また，プリンシパル・エージェント関係を貫通する受託義務が否定されている．というのは，ステークホルダー理論では組織のエージェントはすべてのステークホルダーに等しく責任を負うのであって，プリンシパルに特定の義務は負わないからである[25]．

このようにステークホルダー理論に向けられた批判は，その擁護論に立つ人々もある程度予想していたものであったことは，ステークホルダー社会を前

提にした上記のティロルの理論からもわかる．特にステークホルダー理論に向けられた効用の測定不可能性をはじめとする技術的批判については，将来的にクリアー可能であるとしても，私有財産（権），受託義務を否定するものであるという批判にいたっては，なお十分な理論的並びに実証的分析に委ねられる必要があろう．スターンバークがステークホルダー理論の主張に株主の利益，すなわち私的所有権の侵害，喪失を見て取り，危機感を募らせていたのに対し，ティロルらは株主価値的視点によってもたらされる弊害の深刻さに目を向け，警鐘を鳴らし，ステークホルダー社会的視点に基づくコーポレート・ガバナンスを提示したのである．スターンバークは長期的な所有者価値の創出に関係する範囲でステークホルダーを取り込むことには反対しているわけではない．ただし，それは極めて限定的なもので，決してステークホルダー理論を容認したものではなく，「ステークホルダーという観念は，気休めになるか，それとも支離滅裂なもの」[26]のいずれかにすぎない．

また，ステークホルダー社会的視点に立つティロルの場合，ステークホルダーの範囲を限定した上で，株主価値を「社会的利益」に統合することで，株主価値による選択の偏向を回避しようとしていた．これは，古典派的な株主価値の最大化，プリンシパル・エージェンシー理論に基づくコーポレート・ガバナンスの設計が行き詰まってきているなかで，パラダイム転換への橋渡しの役目を果たしているとも言える[27]．

それにしても，ティロル達の主張にしても，理論的にそうした株主価値の最大化が持つ問題点が明らかにされることと，現実にステークホルダー・サイドから異論が唱えられることとが一致しているという保証はない．実際，株主価値が受け入れられているアメリカで，それにともなう従業員の外部性が大きければ，株主価値の最大化からステークホルダー価値への転換圧力が生じるはずである．それが目下のところ，必ずしも大きくないということについてはティロルも認めている．とすれば，それが何に起因しているか，そしてそのメカニズムを解明することこそ株主価値に異議を唱えるにあたって必要であったと言えよう．

2. 2つの経営類型とそのガバナンス改革

2-1 アングロ・サクソン型経営のコーポレート・ガバナンス改革

　株主を絶対視し，株価至上主義を錦の御旗にしたアングロ・サクソン型経営に特殊性ではなく，一般性をもとめることは，アメリカ国内でも無理があることに注意が向けられる必要があろう．例えば，アメリカ製造業の源流の地，アメリカ中西部五大湖ミシシッピ周辺では東西両海岸のアングロ・サクソン型とは違い，ライン・アルペン型の勤勉な労働を尊ぶ価値観が根強く残っているからである[28]．ところが，アングロ・サクソン型のコーポレート・ガバナンスの導入が，日本型企業経営やライン・アルペン型と呼ばれるドイツ，フランスでも一時盛んに行われ，さながら流行現象の感があった．

　企業統治の問題はさまざまな問題関心から，それぞれの研究アプローチによって取り上げられてきている．われわれの関心は競争力を失った日本企業の再生に向けた経営機構改革，企業統治機構の改革に大きな影響を与えているアメリカのコーポレート・ガバナンスの意義と限界を見極めることにある[29]．バブル崩壊以降，日本企業は長い不況を脱せず業績の低迷にあえぎ，世界の市場においてもライバルとの熾烈な競争に敗退するという悪循環に陥っている．そうした状況下で，とりわけ，ミクロ的視点からは，いかにして競争力を回復させるかが焦眉の問題となっている．

　もちろん，競争力には様々な要因が作用するものの，アメリカでは取締役会による最高経営者に対する監督機能の不全が注目される．例えば，かつてアメリカの産業が衰退し，最高経営者が企業家精神を喪失し，企業が国際競争力を失った．しかし，取締役会が無機能化せず，最高経営者を監督できていればそうした事態を回避できたはずであるというのがアメリカでの一般的な受け止め方である[30]．

　そこでは，コーポレート・ガバナンスは，機関投資家，経営幹部（最高経営責任者 CEO を中心とした）それに取締役会という3つの関係に集約され，情報の共有による3者のグループの参画的意思決定によってはじめて機能するという考え方が背後にある[31]．

しかし,この3つのうち,最高経営責任者に権限が集中し,「経営者中心の階層的意思決定プロセス」[32] (manager-centered, hierarchical process of decision making) が,株式会社の発展に伴う株式の分散による経営者支配が出現して以来,続いてきた.そのような強大な権力を手にした最高経営責任者といえども,企業の所有者ではない.企業は株主とりわけ制度的株主(institutional investor)とよばれる機関投資家のものであるという前提のもと,その株主の利益にそうよう企業の事業展開と業務遂行がなされるように監視する義務を受託した取締役会とその監視を受ける最高経営責任者という関係に,簡略的に図式化されるのがアメリカの場合である.

表3-1 プリンシパル・エージェント関係

株 主 →	取 締 役 会 →	最 高 経 営 者
プリンシパル →	エージェント	
	プリンシパル →	エージェント

ここに示されているように,取締役会が置かれた状況によっては,エージェントであると同時に,プリンシパルとなる.資本の所有者であると同時に経営者であったものが資本の所有者である株主と非所有者である専門経営者に分離していったことから,プリンシパル・エージェント関係は出現する.したがって,そのルーツはバーリ(A. A. Berle)とミーンズ(G. C. Means)によって言及された資本と経営の分離にともなう専門経営者の出現と専門経営者による会社の支配すなわち経営者支配(management control)にまで遡ることができる[33].それでも,今日の最高経営者はバーリらが想定していたような経営者支配を手にした専門経営者と比べ,その行動は厳しい監視やさまざまな規制のもとに置かれており,支配力は遙かに後退していると言わざるを得ない.しかし,コーポレート・ガバナンスがいかに厳しい監視機構を備えていたとしても,それが機能不全になっていれば何の役にも立たない.時として,最高経営責任者が厳しいはずである監視の目をくぐり抜けて株主の利益を大きく毀損し,会社を危機におとしめることが再々起こるのは,こうしたことと決して無縁ではない.とすれば,それはどうすれば回避できるのか.

こうした問題に対し，エージェンシー理論による分析が有力な示唆を提供している．すなわち，プリンシパルとエージェントの関係が示すように，両者の間には情報量および情報の質において，非対称性，不均一性，不平等性が存在し，対称性，均一性，平等性を回復する統治機構が設計・導入されるなら，そうした経営責任者の行動は抑止されることになる[34]．しかし，日本企業を想定した場合，文化間の差異が認められる機会主義 (opportunism) と取引の少数性が情報の偏在性を介して結びつくことによって機会主義的行動 (opportunistic behavior) が発生することより，むしろ，限定された合理性と不確実性・複雑性の増大が情報の偏在性を介して結びつくところから出てくる問題の方が深刻であろう．日本のケースに当て嵌める場合，この点を慎重に配慮しておく必要がある[35]．

　もっとも，対称化，均一化，平等化の実現可能性，実施に伴うコスト負担の受容可能性をここでは問わないでおいて，情報の偏在性が解消され対称性，均一性，平等性の回復がはかられたとしても，機会主義の発生が抑止されるだけで，経営責任者を成果の拡大に向けてただちに動機づけることにはならない．そのため，インセンティブ機能として経営者報酬，CEOへの昇進競争などが内部的な間接的コントロールとしてある．特に，経営者報酬は，最高経営責任者を含む経営幹部達が株主価値の最大化に向けた行動をとるようにインセンティブ機能を高めるため，ストック・オプション制度の導入が広範になされている．しかし，ストック・オプション制度を用いた経営者報酬が異常に大きく膨らみ，財政を圧迫するばかりでなく，いまや経営者による不正の温床と化し，コーポレート・ガバナンスの内部的な間接的コントロールとしては必ずしも十分機能していない．次章で取り上げるように，このストック・オプション絡みでエンロンやワールドコムにしても，あのような経営幹部達の企業犯罪が引き起されたのであり，この一点をもってしてもストック・オプションが決して全能であるわけではないことがわかる．

　そこで残された，内部コントロール・メカニズムによる直接コントロールである取締役会の構成，社外取締役制度，取締役会内各種委員会制度の改革など

によるコーポレート・ガバナンスの強化である．統治機構に期待されるのは，取締役会による最高経営責任者に対する十分な監視によって，株主価値の最大化に向けた経営の確保である．しかし，こうした取締役会の監視機能は最高経営責任者の行動を抑止し得ても，企業業績の向上に直接結びつくものではない．くわえて，取締役会の構成メンバーの大半は，社外取締役であり，それらが株主の利益を代弁し，最高経営責任者の実績を評価するという形式的な構図にはなっている．しかし，それがどこまで，戦略の妥当性なり，重要な意思決定の妥当性といった企業業績を直接左右する部分にまで立ち入ることができるのかには疑問が残る．というのは，アメリカの社外取締役制度がそもそも「株主代表訴訟における法的責任からのいわば"防弾チョッキ"」[36]にすぎなかったというのが実態であったからである．

　このように監視機構の成立の歴史的背景から見ると，その形式的かつ表向きの理由と実態とがかなりかけ離れていることが少なくない．導入された後から，その形式につじつまをあわせるようなことで，どれだけ実効性のあるものとなるかは疑問が残る．実際，外部取締役，取締役会内各種委員会がセレモニーにすぎないといった批判やメンバーの独立性に対する懐疑が再々指摘されてきた[37]．今回，アメリカ史上最大の破産と最悪の不祥事に象徴されるエンロン事件をはじめとする一連のスキャンダルは，監査委員会の独立性がいかに無力で意味をなさないか，そして監査法人までもが独立性を捨て利己的経営者の不正に荷担することがあることをさらけ出した．これに対する，サーベインズ＆オックスレイ法（Sarbanes–Oxlay Act）の制定，その細則にあたる SEC（Securities and Exchange Commission）の新規則の作成など一連の対応は，エージェンシー理論の枠組みから一歩も出るものではない．

　あくまでもプリンシパルである株主の利益の擁護を最大の目的とした，そのためエージェンシーである取締役会の監視機能を強化し，あわせて監査業務にあたる会計事務所（監査法人）を監督する新しい監督機関 PCAOB（Public Company Accounting Oversight Board）の設置である．法や規則に反する者の罰則が一段と強まり，他方インセンティブ機能のかなりの部分を負っていたストッ

ク・オプションの見直しが急速に広がってきている．こうした動きにもかかわらず，アメリカのコーポレート・ガバナンスが，株主を絶対視し，株価至上主義に立つ「株主価値イデオロギー」(shareholder value ideology) に支配されたままである限り，本質的になんにも変わらないことを意味している．注目すべきは，長期的関係が社会的契約によって最も効率的に統治されるのに対し，エージェンシー理論に立つ仮定は「短期主義」(short-termism) に陥りやすいという点と，エージェンシー理論を基礎にした経営者報酬が今回のスキャンダラスな事件の大きな要因になっているという指摘である[38]．批判的検討を加えることなく，無批判的にエージェンシー理論を利用し，株主価値パラダイムに賛同することが，アメリカでは最もスマートなやり方だとしてもである．

したがってコーポレート・ガバナンス改革がこのように直接コントロールに対応するコーポレート・ガバナンス機構の改革と間接的コントロールに相当するインセンティブ報酬システムの改革が，株主価値パラダイムからの転換を伴わないとすれば，多くは期待出来ないことになる．すなわち，株主価値からステークホルダー価値への転換，それはまた株主の短期主義からステークホルダーのより長期的な観点への移行，株主価値から従業員，顧客，地域住民といったステークホルダー価値，すなわち良い会社市民 (good corporate citizenship) として存続していくための存続価値 (sustainable value) への転換といったパラダイム転換がむしろアメリカで真剣に問われるべきなのである[39]．

2-2 ライン・アルペン型経営のコーポレート・ガバナンス改革

グローバリゼーションが急速に進むなかで，アメリカ以外の国々でもストック・オプションを含めアメリカの諸制度を無批判に導入する動きが見られた．しかし，ライン・アルペン型と呼ばれるドイツ，フランスなどヨーロッパの国々とアングロ・サクソンとでは企業制度ばかりでなく，それを取り巻く諸制度がことごとく異なる．例えば，株式の所有構造 1 つ取り上げてみても，ドイツ，フランスではアメリカに見られる株式の制度的所有の集中 (institutional ownership of stock) すなわち年金基金，投資信託，保険会社などの機関株主で

はなく，銀行，大規模会社，そして創業者一族などからなるブロックホルダー（blockholder）に象徴される所有の集中（ownership concentration）が際立っている．所有と言っても，実際には下図からもわかるように寄託議決権株を活用することで議決権を集中させるもので，フランスでは政府や創業者一族が大企業の大株主として名を連ね，ドイツの場合，大規模並びに中堅企業100社でこうした株主の占める割合は68％にも達している[40]．

表3-2　GM, Daimler-Benz, Toyota の5大制度的議決権ブロック

Daimler-Benz		Toyota		General Motors	
制度的マネージャー	占有率	制度的マネージャー	占有率	制度的マネージャー	占有率
ドイツ銀行	41.80	さくら銀行	4.9	Mich. St. Treas.	1.42
ドレスナー銀行	18.78	三和銀行	4.9	Bernstein Stanford	1.28
コメルツ銀行	12.24	東海銀行	4.9	Wells Fargo	1.20
その他のクレジット銀行	4.41	日本生命	3.8	CREF	0.96
バイエリッシュL銀行	1.16	長期信用銀行	3.1	Bankers Trust NY	0.88
トップ5株主	78.39		21.6		5.74
トップ25株主	回答なし		回答なし		13.93

(Mark J. Roe, Some Differences in Corporate Structure in Germany, Japan, and the United States, *The Yale Law Journal*, Vol. 102 No. 8, Jun 1993, p. 1938 より引用）

　さらに，創業者一族による同族経営さらには労使共同思想に基づく監査役会への労働側の参加，取締役会と監査役会の2つからなる2層制のシステム（two-tire board system），そして，大規模な有限会社の存在などによって特徴づけられるドイツの場合，株主価値原理ではなく，ステークホルダー原理に基づいて運営されてきたこともあり，ここにきて両者のバランスをいかにとるかといったことを含めアメリカ型経営への転換が様々な形で試みられている．ドイツ企業の活動が国際化し，外国人株主が増大したということ以外に，1990年代半ばドイツのコーポレート・ガバナンスに対する改革圧力が株主地位の強化という形で高まった時期でもあった．その結果，株主地位を強化するような立法措置がとられた．というのは，1990年代に起きた有力企業の経営危機，経営の失策に端を発し，これに法制度上対応するために1998年に「コントロールならびに明瞭性に関する法」（Control and Tranparency Act : KonTraG）が制

定されたのである[41]．また，FASB 等に比べ，もともと情報開示をそれ程求めてこなかったドイツ商法典（German handelsgesetzbuch : HGB）に従うドイツ企業の情報開示の立ち遅れは明白で，コーポレートガバナンス改革にあたってストック・インセンティブ・プラン（Stock Incentive Plan）とならんで会計基準の変更に関心が向けられたのはこうした理由からである．

こうしたドイツの状況を背景にまとめられた興味深い研究が，Anja Tuschike と Wm. Gerard Sanders による「コーポレート・ガバナンス改革の前提と帰結：ドイツのケース」[42]である．これは，株式所有構造がコーポレート・ガバナンス改革にどのように作用するかという観点から[43]，所有権の集中とコーポレート・ガバナンス改革との逆 U 字型関係（仮説 1），所有権の集中と透明性のある会計基準の採用との逆 U 字型関係（仮説 2），コーポレート・ガバナンス改革を実施した企業と事業売却（divestures）との関係（仮説 3），これら企業が市場成果でも際立っている（仮説 4）ことを検討したものである．図 3-1 が，彼らの示したコーポレート・ガバナンス改革のフレーム・ワーク図である[44]．このフレーム・ワークから分かるように，彼らのコーポレート・ガバナンス改革の中身は①ストック・ベースの経営者報酬の採用と②透明性のある会計基準の採用，という非常に限られたものになっている．上述の分類に従えば，前者はコーポレート・ガバナンスの間接的コントロール，後者は直接的コントロールに該当する．

ただし，これら 2 つをもって，コーポレート・ガバナンス改革ということになれば，現在，アメリカ，日本をはじめとして各国で進められているコーポレート・ガバナンス改革の実態を十分カバーできるものではない．また，これら改革がドイツ特有の監査役会と深く結びついているとすれば，企業規模によってドイツ企業間でもかなりの違いが出てくることが予想される．ちなみに，対象とされたのは大規模企業である DAX 100 社である．そうした制約を認めた上で，なおこの研究がコーポレート・ガバナンス改革に対する重要な示唆は十分注目に値する．そこで，彼らの研究をここで簡単に紹介し，幾つかの重要な論点を取り上げることにしよう．

第3章　パラダイム転換とコーポレート・ガバナンス戦略　91

　この図で，所有権の集中とコーポレート・ガバナンス改革との関係を示す，矢印に記号∩が付せられ，両者の関係が逆U字型の関係にあることを表している．また，コーポレート・ガバナンス改革から企業の事業売却に向かって＋の関係で示された矢印は，企業の投資家である株主の利益からみて，企業の分散投資（事業の多角化）より企業の事業売却（ダイベスチャー）が選好されることが含意されている．

図3-1　ドイツにおけるコーポレート・ガバナンス改革

```
┌─────────────┐   ∩   ┌──────────────────────┐
│ Ownership   │──────→│ *ストックベースのインセン │       +
│Concentration│       │   ティブの採用         │──────────┐
└─────────────┘       │ *透明性のある会計基準の採用│        ↓
                      └──────────────────────┘      ┌──────────┐
                                │                    │ 企業成果  │
                                │ +                  │Firm Performance│
                                ↓                    └──────────┘
                      ┌──────────────────────┐           ↑
                      │ 企業の事業売却         │     +     │
                      │ Corporate Divestitures │───────────┘
                      └──────────────────────┘
```

（Anja Tuschke/ Wm. Gerard Sanders, Antecedents and Consequences of Corporate Governance Reform : The Case of Germany, *Strategic Management Journal*, 24, 2003 p. 635 より引用）

　ところで，ドイツ大企業の株式所有の集中は，図3-1 からもかなり高いことが予想される．そればかりでなく，ドイツは企業，株式市場のいずれをとっても，アングロ・サクソンはもちろん，日本ともかなりかけ離れた特徴を持っている．ここでドイツの株式市場に注目すると，株式市場の狭隘さと上場株式会社数の少なさが目に付き[45]，資金調達手段が株式市場ではなく，銀行業務と証券業務を兼営するユニバーサル・バンクであるハウス・バンクを通じた銀行貸出市場と社債市場にもとめられている．このように直接金融方式をとらず，間接金融方式に多くを負っていることから，企業に対する銀行の影響力は相当強いことが推測されよう．特にドイツの代表的な大企業と特定の銀行との結びつきは，資金的結合と人的結合の2つの面で強化されている．後者については，コンツェルン企業の支配会社すなわち親会社にあたる持ち株会社の監査役会にハウス・バンクから頭取ないし副頭取クラスが監査役会議長として派遣され，会社の内側から隠然たる影響力を行使できる位置にある．

　こうして，日本のように相互持ち合いではなく，銀行は企業に対する負債の

債権者であると同時に，寄託議決権株を活用した大株主として君臨するわけである．これにくわえて，旧財閥一族，州政府，中近東の王家などが大株主として居並び，ドイツの株式の所有構造が，集中型の株式所有構造のモデル，それも金融機関中心の集中型所有構造であることがわかる．日米に比べても，特徴的な大株主の存在．これがコーポレート・ガバナンス改革にどう影響するかがここでの問題である．

狭隘な株式市場と株式所有の集中で特質づけられるドイツの場合，他の株式保有者の株式保有割合が減少し，株式市場の流動性は低下すると見る方が妥当であろう．しかも，大株主である銀行は企業への融資にあたって多くの内部情報を知る立場にあり，企業に対する債権者であると同時に当該企業の監査役会議長ないし役員として内部から直接監視する，直接的コントロールを手中にしている．したがって，そうした大株主は株式市場の流動性が低いという理由からではなく，経営危機に際しては救済者として経営に介入することが期待されていることから，ウォール・ストリート・ルール（Wall Street Rule）の選択はない．

しかし，「株式所有の集中は，コーポレート・ガバナンス改革への意欲を減退させる」[46)]という面を持つ．例えば，図3-1でガバナンス改革として示されているストック・ベースのインセンティブの導入，債権者保護をねらったドイツ商法の会計規則から透明性の高い会計基準への転換といったことは，株式所有がかなり集中している企業では促進されない（仮説1，仮説2)，と仮定されている．これらの仮説は，分析結果から支持されることになったものの，ストック・ベースのインセンティブの導入と透明性の高い会計基準の導入とでは，若干開きが見られる．株式所有の集中程度がある程度高くなったところから前者の導入は急速に減少傾向が見られるのに対し，後者は緩やかに減少し，逆U字型の軌跡を描く形になっている[47)]．そうした中で，株式所有が分散しているところで，何故これらの採用が低いのか，すなわち逆U字型の左側で右に進むにしたがって採用率が増大していくのかの理由は明らかでない．前述した表現を用いれば，逆U字型の左側に行けば行く程「分散型所有構造企業」に

相当し，アングロ・サクソン型に近くなり，そこでは採用率が低いというより，むしろ高いはずである．

また，調査対象とされた大規模企業，DAX 100 社の間に，従業員数ベースで測定された規模間格差があり，それが株式所有の集中と 2 つの種類の改革の採用との関係を逆 U 字型曲線で表したり，2 つの種類の改革の採用間での差異をもたらすというように影響していることも想定される．例えば，従業員 2,000 人以上の企業で，監査役会は労働側，資本家側同数の 50% となる．こうした従業員数の違いによる共同決定法の適用上の差異，上位大企業に顕著な監査役会議長ポストへの銀行からの派遣等，労使同権的経営と銀行をはじめとする資本家サイドからの強固なモニタリングがドイツ企業を規律づけている．

さらに，自分自身が債権者でもある銀行による株式所有の集中とステークホルダーの利益の擁護に特徴づけられるドイツ企業のコーポレート・ガバナンスでは，アメリカのようなコングロマリット型の多角化はもちろんのこと，事業の多角化が一般的に選好されないのかも知れない．もっとも，ドイツの大企業はコンツェルン企業形態をとっていることが多く，持ち株会社の傘下にある従属会社がそれぞれ別法人格となって，上場していることも少なくない[48]．これによって，コンツェルン企業は経営上は 1 つの多角化企業として，行動することが可能となり，事業の多角化に通じた成長機会の確保と危険回避に対する企業ないし，経営者の要求を充足することができる．こうして，債権者，株主の利益に合致する企業の事業売却ならびに企業成果は，コンツェルン企業全体なのか，それとも従属会社の単位かで異なる．特に，従属会社に少数株主の存在を想定した場合，支配会社である持ち株会社の株主の利益と一致せず，鋭く対立することも珍しくない．したがって，経営者の報酬がストック・ベースのインセンティブになることで，抑止されるのは成長のための無関連な多角化や過度の多角化である，ということは大筋で認められるにしても，ドイツ型のコンツェルン企業形態による多角化とアメリカ型の多角化企業を同列に並べ，それを前提にコーポレート・ガバナンスの結論を引き出すことの疑問は依然として残されたままである．

それはさておき，1990年代以降確実に増え続けてきた①ストック・ベースの経営者報酬の採用と②透明性のある会計基準の採用が，大企業100社のうち株式所有の集中がある程度のところにある企業に集中しており，しかもそれらの企業業績の向上に貢献をしていたことが注目される．ストック・ベースの経営者報酬の採用とは言っても，ドイツ企業では，①その報酬額はアメリカに比べかなり低い，②ストック・オプションの提供に先立って，普通株の購入がもとめられる，③ストック・オプションの支払いが低めに抑えられている，などアメリカのそれとは様子を異にしている[49]．そうではあるが，「伝統的なステーク・ホルダー規範」(traditional stakeholder value norms) に従ってきたドイツ企業がコーポレート・ガバナンス改革によってどちらに向かっていくかである．「伝統的なステークホルダー規範」から「株主規範」へなのか，それとも「伝統的なステークホルダー規範」から「新しいステークホルダー規範」への転換が進められることになるのかは明らかではない．

ちなみに，有力企業の経営危機，経営の失策に端を発し，株主地位の強化のため制定された「コントロールならびに明瞭性に関する法」(Control and Tranparency Act : KonTraG, 1998年) にしても，ドイツ株式会社法が取締役会メンバーに対し慎重なビジネスマンという一般的な忠実義務の要請にとどまっていたのと同様，KonTrag も危機管理の導入を除いて，取締役会（ただし，執行業務を担う Vorstand (Management Board) で，これを監督する監査役会 Aufsichtsrat (Supervisory Board) ではない）の受託者義務の内容については具体的に示していない．

こうした事情から「一般的に受け入れられる経営原則」(generally accepted management principles : GAMP)[50] が，KonTrag を補足し，公正な経営評価を可能にし，最良のコーポレート・ガバナンスに通じるトップ・マネジメントの質についての判定を現実のものとした．この GAMP は，1997年夏に44社の企業トップにアンケートを送付し，38社から有効回答を得，うち半数が German stock index Dax に含まれるもので，ドイツを代表する有力企業からなっている．これらの企業トップによる回答を，こうしたスタンダードな基準に基づい

て評価する試みであるが，そこで注目されるべきは，最良のコーポレート・ガバナンスは，決してアメリカ流の株主価値の最大化どころか，経営者に対する株主の過度の要求を退けることにあったことである．

特に，執行役員会（management board）に相当するドイツの取締役会（Vorstand）メンバーすなわち経営者の評価を GAMP にしたがって実施していくとは，次のことを意味する．GAMP は，①回避可能な失策の抑止：「トップマネジメントの質を保証する機能」（quality assurance function），②株主からの過度な要求の防御：「防御機能」（protective function）という 2 つの機能を持ち，それによってベスト・プラクティスが図られる[51]．つまり，トップマネジメントの責任で中心的な部分は何かであり，それを達成するために必要とされるものがどれだけ充足されているかである．Axel v. Werder 等による GAMP システムの内容に，例えば一般原則の 1 つとして「社会的および論理的行動原則」があることなどから，ステークホルダー価値に近いものが含まれ，単に株主価値の視点から評価されるものではないことがわかる[52]．

2-3 経営者報酬のインセンティブ機能と逆機能

上記のように株主価値の最大化をもとめるアメリカ大企業のコーポレート・ガバナンスで，間接的コントロールにあたるのが経営者報酬である．この経営者報酬が法外に高いという多くの批判に対し，エージェンシー理論の陣営からはむしろまだ少なすぎるという主張が繰り返されたのである[53]．また，こうしたエージェンシー理論の仮定に立った経営者報酬の設計こそが，ここ最近起きた一連の企業スキャンダルの主たる原因であるという厳しい指摘もある[54]．アメリカ資本主義を震撼させた監査法人アンダーセンを巻き込んだ総合エネルギー会社エンロンの崩壊は，経営者の自浄努力に対する信頼を失わせたばかりでなく，資本主義の存亡にかかわる株式会社制度の根幹に触れるものであった．エンロンの経営者達が粉飾決算によって株価を吊り上げストック・オプション（株式購入権）を行使して得た莫大な報酬が物語るように，市場での成功ではなく会計不正を通じた株価操作で経営者の報酬は桁外れに膨れあがって

いったことは次の表からもわかる．

表3-3　エンロン幹部が2001年に同社から得た報酬（カッコ内は担当，ドル）

	現　　金	株式購入権など
ケネス・レイ　（会長）	103,559,793	49,110,078
マーク・フレバート　（副会長）	17,252,530	14,622,185
ジェフリー・スキリング　（CEO）	8,682,716	26,093,672
ジョセフ・ヒルコ　（通信）	91,093	30,766,064
ルー・パイ　（エネルギー小売り）	3,123,383	23,817,930
ケネス・ライス　（通信）	505,050	22,542,539
トーマス・ホワイト　（電力）	1,934,359	15,144,123
ジョン・バクスター　（副会長）	5,634,343	10,623,258
サンジェイ・バトナガー　（インド・通信）	137,864	15,456,290
スコット・イェーガー　（通信）	360,300	11,884,758
アンドリュー・ファストウ　（CFO）	2,424,083	1,794,412
総額	309,886,585	434,509,511

（出所）日本経済新聞社編『米国成長神話の崩壊』日本経済新聞社，2002年12月，37頁

　この経営者報酬をその報酬形態と報酬水準から見てみると，最初の報酬形態は①本給，②ボーナス，③ストック・オプション，④制限付き株式賞与，⑤ファントム・ストック制度，⑥その他から成る．このうち，①本給，すなわちサラリーは固定的であり，②から⑤までは変動的な部分として経営者報酬を構成する．1997年時点で，この経営者報酬の形態は約29％が本給，62％が変動的部分で占められ，この変動的部分の42％がストック・オプションによるものであったことからも[55]，経営者報酬におけるストック・オプションのウェイトの大きさがわかる．このストック・オプションの経営者報酬に占める割合は，1984年には20％，1990年35％，1991年30％と推移してきており[56]，それが1990年代再び増加に転じたことが推測される．

　エージェンシー理論によれば，契約後の機会主義の一形態であるモラル・ハザード（moral hazard），すなわち道徳危険を抑止させる上で，経営者に十分なインセンティブが提供されなくてはならない．経営者報酬は，インセンティブ，その中心をなす金銭的インセンティブを十分提供できるように設計される．経営者報酬の形態で，変動的な部分がインセンティブ機能のかなりを受け

持つと同時に，報酬総額の水準が高いほど，道徳危険を抑止させることが予想されている．インセンティブ経営者報酬の多くは，この変動的部分としてストック・オプションを構成内容としている．これによって「報酬の非対称性」，すなわち「成功に対する報酬」と「失敗に際しての直接の費用負担からの回避」が可能となる．これは，一般従業員に対して機会賃金を上回る効率性賃金（efficincy wage）を支払うことで，従業員の誠実な行動への報酬と背任によってそれを失うメカニズムが組み込まれ，高賃金労働者のほうが背任が抑制される，のと同様に道徳危険を抑止させるように作用する[57]．

アメリカでは，CEO を中心とした経営幹部の報酬が突出しているのは，何もエンロンに限ったことではない．1990 年から 2001 年の 10 年間で，平均賃金が 42％ 増加したにすぎないのに対し，ストック・オプションによって経営者，特に CEO の報酬は 463％ と桁外れな増加を示している．しかも，会計操作の疑念をもたれ調査対象となった企業と，そうでない企業とでは報酬額合計でもかなりの開きがあり，1999 年から 2001 年までの 3 カ年間で CEO の報酬合計額平均は前者で 6,221 万ドル，後者で 3,650 万ドルとなっている[58]．

また，別の資料[59]（AFL-CIO, www.aflcio.org/paywatch）に拠れば，2002 年の CEO の報酬は，企業利益や株価が低落している中にあって，最も高いランクの報酬を受けている層を除いて，CEO 全体としてはむしろ増加している．ちなみに，2002 年の CEO の平均報酬額（パッケージ表示額[60]）は，1,083 万ドル（12 億円，1 ドル 110 円で換算）であった．図 3-2 にあるように，この CEO

図 3-2　CEO の報酬増大と利潤と株価の低下

CEO の報酬（中央値）	会社の利益	株　価
+6%	-4%	-23.4%

（*The New York Times,* AFL-CIO ; Exective Paywatch より引用）

の報酬の中央値は従業員の2倍の6%増で,しかも株主が株式市場のピーク以来,7兆ドルも株価下落による株式価値を失っている状況下においてである.

こうしたことからも,米国のCEOや経営幹部の報酬がいかに突出した高額なものであるかがわかる.その狙いは,株主ではなく専門経営者として君臨する最高経営責任者であるCEOや経営幹部の利益と株主の利益を合致させるべく導入されたインセンティブ・システムであり,将来性のあるベンチャー・ビジネスに優秀な人材を引き寄せるための有力な手段でもあった.そのために十分なだけのインセンティブが得られるのがストック・オプションによる報酬額となる.

これらCEOや経営幹部の報酬は,上述したように大きく分けてサラリー,ボーナスとオプションからなるもので,オプションを差し引くと報酬が大幅に減少するケースが少なくない.ここで,代表的な会社のCEOの報酬とその内訳を見てみると[61],表3-4のようになる.

表3-4 2002年最高経営責任者の報酬とその内訳

会 社 名 個 人 名 地 位	Delta Air Lines Inc. Leo F. Mullin Chairman/CEO		Sears, Roebuck and C Alan J. Lacy Chairman/CEO	
報酬額合計	本　　給（Salary）	$795,000	本給（Salary）	$1,000,000
	ボーナス（Bonus）	$1,401,188	ボーナス（Bonus）	$1,797,917
	そ の 他（Other）	$84,834	その他（Other）	$72,665
	制限付き株式賞与（Restricted Stock）	$2,025,000		
	長期支払い（Long-Term Payout）	$456,066		
	ストック・オプション（Option Grants）	$8,213,135	合　　計	$2,870,582
	合　　計	$12,975,223		
	現金オプション（In-the-Money Options）	$373,660		

この格差を不平等,不公正と見ることはなく,むしろアメリカン・ドリームの証として肯定的に受け止められてきた.しかし,さすがに法外な報酬をもとめて立て続けに生じた不祥事から事態は変わり,アメリカ株式会社に深く根ざしたストック・オプション制度のあり方が改めて問われている.インセンティブ機能を失わずに公平性のある経営者報酬の設計をすることは,予想以上の難題なのかも知れない.

経営者のとどまることを知らない高報酬への願望を断ち切ることが，難しいからである．同一企業内にあっても，CEOを中心とする少人数のトップ・マネジメントとミドル・マネジメントとの報酬格差，また企業規模間格差に伴うトップ・マネジメント間の報酬格差など，さまざまなレベルで格差が存在する[62]．なかでも，同じアングロ・サクソン型経営のもと，最も近似したコーポレート・ガバナンスを採っていると見られる英国と比較した場合でも，その格差は歴然としている[63]．ということは，コーポレート・ガバナンスの間接的コントロールを担うアメリカの経営者報酬システムは，アメリカに唯一固有なものと言うことができるであろう．

ところで，このストック・オプションの本来の狙いは，企業の成長に伴って株価が上昇するという期待から，ベンチャー・ビジネスに優秀な人材を吸引するという起業家育成の有力な誘因であったし，ベンチャー・ビジネス以外では経営者に株価が上がるような業績の向上に経営努力を振り向けることであった．しかし，ストック・オプションに込められた意図とはかけ離れ，経営努力の成果としての業績と連動せず，エンロンの例が示すように粉飾決算によって株価は操作され，それに基づいて行使されたストック・オプションで支払われた桁外れの不当な経営者報酬は一般株主の利益を大きく損ない，企業は危殆に瀕するに至った．このことは，ストック・オプションですらある条件のもとでは逆機能に働くことを意味するもので，あらためてストック・オプションのあり方が問われている．

こうした事態が，学識経験者や有力財界人を外部取締役に据え，十分に整備された統治機構を備えたエンロンで起きた．いかに立派な企業統治（コーポレート・ガバナンス）を形式的に構築していても，上記の逆機能を抑止することはできないという驚愕すべき事実である．アメリカでベンチャー企業育成と人材確保や流出防止に一定の役割を果たしてきたストック・オプションも，2000年には株価の急落や企業の成熟化に伴ってほころびも目立ち始め，従来のストック・オプションの権利行使価格を大幅に切り下げた新しいストック・オプションの設定を行うなど制度の大幅な見直しが進められ，エンロン事件以

降には有力企業のマイクロソフトやシティグループがストック・オプションの付与をやめるという動きさえ出てきている．

　特に，ハイテク関連株の大幅な下落とその後の株価低迷は，ストック・オプションを無価値にし，ストック・オプション制度の完全な機能マヒを引き起こし，その結果ストック・オプションの権利行使がキャピタルゲインはおろか巨額の損失を招くという予想すらしない事態をもたらした．それゆえ，ストック・オプションを通じ，自らの利益を最大化するのに腐心する経営者達の中には損失回避のため一旦行使した権利行使の取り消しという挙に出るものまで現れた．こうしたことからストック・オプション制度に対する投資家からの批判も厳しくなり，制度そのものが曲がり角に来ていることは疑いようがない．

　ここで簡単にストック・オプションの仕組みを見ておこう．時点 t_1 で，経営幹部に自社株をあらかじめ決められた価格（付与時の株式価格）で購入する権利，すなわちオプション（購入選択権）が与えられた．実際には，その権利を行使する場合の価格（権利行使価格）は，付与時の株式価格＋数％で設定される．権利行使をして自社株を購入した場合，その株式を①ただちに，売却する，②1年以上保有し，長期のキャピタルゲイン課税（最大20％）の適用を受ける，のいずれかが選択される．①の場合，高率の所得税率が適用されるため，②を選択するインセンティブが働く．図3–3に示したように，株価がAのラインで推移すれば，含み益は売却益として実現される．また，Bのラインで推移した場合，含み益は喪失してしまっているのに，行使時に確定していた含み益に対する税率で課税されるため，時点 t_3 での株式売却は売却損を招く．

　ストック・オプションの行使によってできるだけ多くの利益を得るためには，売却価格と権利行使価格との価格差が大きいほど良い．もし，株価が下落し権利行使価格より下回れば，損失が発生する．したがって，株価低迷の中では，権利行使価格を下落した株価より下方に設定することで，ストック・オプションの機能を再生しようとする動きが出てくる．

図 3-3 ストックオプション

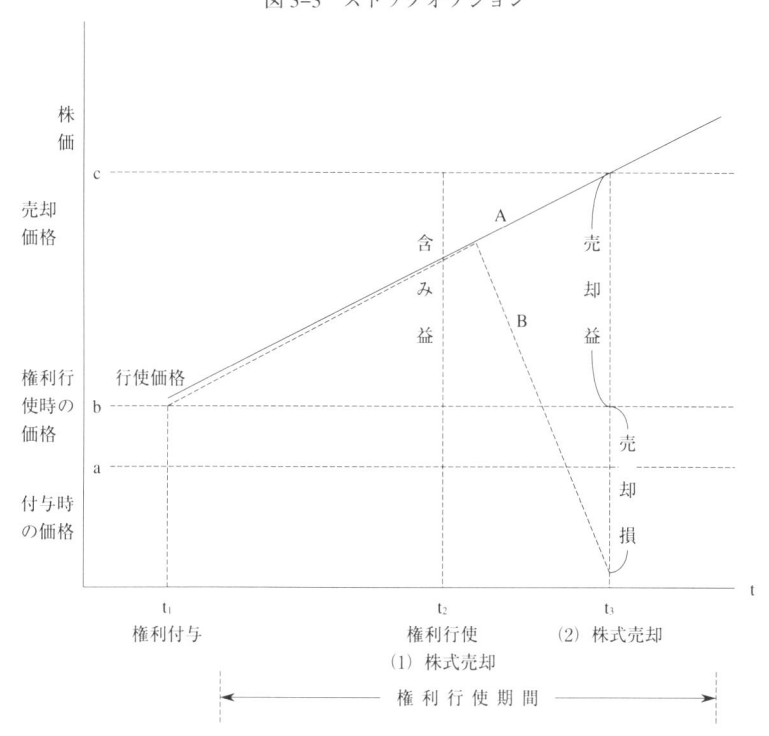

（図：縦軸に株価、横軸に時間 t をとり、t₁ 権利付与、t₂ 権利行使（1）株式売却、t₃（2）株式売却を示す。縦軸には c 売却価格、b 権利行使時の価格、a 付与時の価格。A 点での含み益、B、売却益、売却損を図示。権利行使期間は t₁ から t₃ まで。）

　ストック・オプション機能を再生する方法としてとられているのが，権利行使価格を現在の株価を勘案し追加設定し，この追加設定された新オプションと旧オプションを交換する方法である．オプションが経営幹部や従業員に与えられる権利であり，これを乱発したり，乱用することは一般株主，機関株主の利益を浸食することになりかねない．①オプションの増加，②オプションの行使価格の再設定，のうち①は，既存の株主の利益の希薄化をもたらす．その点で，②のストック・オプションの追加設定は①よりは問題が少ないものの，その乱用は①と同じ結果をもたらすことになる．

　かつてベンチャー・ビジネスが必要とした資金と人材の獲得にあたって，ストック・オプションという「打ち出の小槌」が果たした役割は否定できない．それによって，その多くは個人投資家であるエンゼルがベンチャー・ビジネスとして，資金提供に応じたばかりでなく，自らもベンチャー・ビジネスの経営

陣に名を連ねることも厭わなかったのである．まさに，ストック・オプションには，「シリコンバレー型の起業振興メカニズム」[64]が組み込まれていた．しかし，近年，アメリカではストック・オプションへの風当たりが厳しくなり，廃止を含め，制度的見直しが相次いでいる．

　また，シーメンス，ダイムラー，独テレコム，SAP等，ドイツの有力企業でもストック・オプションを廃止や制度の手直しをする動きが出ており，他の欧州企業への影響も必至な情勢である．企業活動のグローバル化に伴って受け入れられてきた米国型経営は，ドイツ固有の制度的要因との不整合性を露見する形で頓挫したのである．ドイツ企業によるアメリカ企業の買収といった形の企業活動のグローバル化は，アメリカでの優秀な人材確保のためアメリカ企業なみの待遇を提供する必要に迫られた結果，ストック・オプションの導入が相次いだと言われている[65]．

　ドイツでは労使同権の伝統のもと，労使共同経営が実施されてきている．そこでは，アメリカの取締役会にあたる監査役会（Aufsichtsrat）メンバーの半数（監査役会議長を除く）が労働側代表で，それには労働組合の上部組織の人間も含まれる．したがって，ドイツの経営では労働組合を無視したり，真っ向から対立した事案の提出は意識的に避けられる傾向がある．このように，ドイツでは労働側と共同で経営を進めていくわけであるが，労働側に用意された席は監査役会にとどまり，取締役会にはない．ストック・オプションの性格からして，ストック・オプションが付与されるのは執行役員の他，上級管理職が中心で，従業員全員，監査役会メンバーは直接対象となりにくい．その結果，トップ・マネジメントを構成する資本家側代表の経営者報酬を一方的に高め，監査役会における労働側代表との報酬格差を一段と広げ，一般株主および機関株主からの批判以上に，労働組合からの反発は避けられない．

　ドイツの経営をめぐっては，これ以外にかなり異質な部分がいまなお残っていることに注目する必要がある．たしかに上場企業の大半で，ストック・オプションが導入されてきた．しかし，欧米のなかでも資本市場の立ち遅れや重厚長大の成熟産業を軸にした産業構造，大規模でかなりの割合を占める有限会社

制度の存在，前近代的なマイスター制度をいまなお残す採用，昇進システムなど労使共同経営の伝統の中で有機的に結びつき，発展してきたこれらがそう簡単に捨て去られるわけがない．少なくとも，ストック・オプションはこれらのシステムと常に整合性を持つわけではなく，一度は急速に普及の兆しを見せたストック・オプションもここにきて全面的な見直しを迫られている．

とりわけ，2003年5月のコーポレート・ガバナンスの自主規定に，ストック・オプション制度の改革が盛り込まれたことが，今回のストック・オプションの見直しに繋がったということである．なぜ，そのような自主規定になったかは，アメリカと大きく違いドイツのコーポレート・ガバナンスが株主ばかりでなく従業員のためのものでもあるからで，経営機構上労働組合をバックにした従業員代表がトップ・マネジメントの一角を占めていることが大きな抑止力になっていることは明確である．

このようにストック・オプションの導入によりその意図とは関係なく，法外な額になってしまっているアメリカの経営者報酬であるが，これがアメリカ型コーポレート・ガバナンスの各国への普及にともなってどうなるかという問題が残されている．実際，コーポレート・ガバナンスの直接的コントロール部分に比べ，この間接的コントロール部分は最も扱いにくい難問であることが指摘されてきた．その最大の理由は，報酬制度はその国の法制度，文化等にも，深く関わっているからである．したがって，「経営者報酬のアメリカ化」（Americanization of executive pay），すなわち「経営者報酬のグローバル化」（globalization of executive pay）は問題を伏在させながら広がる傾向を示している．市場のグローバル化によって伝統的パターンに揺らぎが生じ，集中型所有構造から分散型所有構造への移行が進んできている．集中型所有構造となっていて，CEOが支配的なグループとなっていないようなところでは，CEOなど経営者に対する過大給与支払いを阻止しようとする動機づけが働く．そうすることで，投資家に帰属する分が増大するからである，とシェフィンズ（Brian R. Cheffins）は捉えていた[66]．

しかし，世界は今，確実に分散型所有構造に向かっていることからも予測さ

れるように，法外な過大給与支払いの疑念を晴らせない経営者報酬のアメリカ化が拡大する危険性は否定できない．エージェンシー理論が分散所有型のアメリカ企業に据えたプリンシパル・エージェント関係は，アメリカ社会を背景にすると極めてよく妥当し，それを基礎にした経営者報酬制度もすぐれてアメリカ的なものであることは間違いない．社会的に共有された尺度によって主観的評価の妥当性，公正性が得られるとすれば，ストック・オプションの導入に伴う報酬格差は意図せざる結果を招く怖れもある．「株主重視の経営」への転換ということが謳われている今日，アメリカ化が無批判的に進められることに危惧の念を覚える人は少ないはずである．一歩間違えれば株主ばかりでなく，従業員，債権者，顧客そして地域社会にも大きな弊害をもたらしかねない「経営者報酬の歯止め無き高額化」を阻止することは，健全な企業社会の発展に必要不可欠である．

まとめ

「株主資本主義」「株式会社資本主義」「株主価値パラダイム」「株主重視の経営」などアメリカを象徴するこれらの言葉は，あたかもグローバルスタンダードであるかのごとく，世界にその受け入れをもとめてくる．この傾向は，グローバリゼーションの進展によって，ますます強くなってきている．株式市場をはじめ，銀行貸出市場，社債市場さらには労働市場など，ありとあらゆるところでこのグローバリゼーションが与えた影響は予想以上に大きい．特に，本稿でも触れた株式の所有構造も大きく変わり，これまで集中型所有構造であったものから，分散型所有構造への移行が，コーポレート・ガバナンス改革にも大きな影響を及ぼしている．

「株主重視の経営」への転換を合い言葉に，コーポレート・ガバナンス改革が進められ，株主価値の最大化を追求できる経営体制を築き上げることが，理想的なこととして，賞賛され，推奨されてきたふしがある．そのためにアメリカのコーポレート・ガバナンスを導入し，アメリカ型の経営に近づけることにかなりのエネルギーを注いできたが，制度的補完性が十分得られず，また歴史

的，社会的，そして文化的環境との整合性を確保できずに，暗礁に乗り上げてしまうケースも少なくなかった．

　こうした動きを横目に，コーポレート・ガバナンス改革はアメリカ型のコーポレート・ガバナンスに変えていくことばかりではないはずだというのが本稿の立場である．何故なら，アメリカの経営制度にはまさに制度的疲労が招いたに違いないとさえ印象づけられるさまざまな不祥事が相次ぎ，コーポレート・ガバナンスの強化策が立て続けに検討，実施されているからである．これはアメリカ型コーポレート・ガバナンスがグローバル・スタンダードとして各国が受け入れるべき，理想的なものでは決してないことを意味している．とくに，ストック・オプションが機能不全に陥り，また逆機能が生じることで資本主義の根幹を揺さぶるような問題を引き起こすに至っている．こうしたことから，グローバリゼーションの進展に伴う間接的コントロールである経営者報酬の移転可能性にも触れ，経営者報酬の格差とその公正性の受容がすぐれて当該の社会，文化に規定されるものであり，導入に伴って深刻なコンフリクトの発生が予想されることを示唆した．

　こうした問題の所在から示唆されるように，「株主価値パラダイムの転換」こそが検討されるべきで，その1つとしてステークホルダー価値の代替可能性について取り上げた．このステークホルダー型経営を確立する上で，これまでステークホルダー理論に向けられてきた様々な批判を精査し，それらを克服することで，競争優位の新しい源泉を持つことが可能となる．これは従来のステークホルダー価値を超えた新しい枠組を提供し，それを基礎とした新しいコーポレート・ガバナンスが設計されることになり，これまでステークホルダー型経営に類型化された大陸ヨーロッパの国々や日本もその例外ではない．こうした観点に立った議論を進めることが，今日のコーポレート・ガバナンス改革が株主価値に偏向し，無批判的に突き進むことを牽制するために必要であろう．

1) 拙稿,「第2章 経営管理の現代的課題」, 所収, 林伸二, 高橋宏幸, 坂野友昭編『現代経営管理論』有斐閣, 1994年, 参照. これは, ドイツ, ミュンヘン大学のWerner Kirsch教授を中心とした研究プロジェクトの成果に基づいてコンパクトにまとめたものである. 彼らの, 組織変更の理論的研究のプロジェクトはすでに彼のマンハイム大学教授時代から進められており,「再組織の科学」をうち立てるべく行われた膨大な研究蓄積に裏付けられている. その辺の事情と彼らの研究プロジェクトの外郭については, 拙稿,「西ドイツ企業の再組織プロセスについて―W. Kirschらの研究プロジェクトとの関連で―」『創価経営論集』, 第12巻第2号, 1987年を参照されたい. また, E. ガーベレ著, 高橋宏幸訳『事業部制の研究』有斐閣, 1993年 (Eduard Gabele, *Die Einführung von Geschäftsbereichsorganisationen*, 1981) は, その研究プロジェクトの一環として事業部制の導入という再組織の中心的な問題を取り扱ったものである.

2) Jens Grudei/ Till Talaulicar, "Company Law and Corporate Governance of Start-ups in Germany : Legal Stipulations, Managerial Requirements, and Modification Strategies," *Journal of Management and Governance* 6, 2002 p. 2.

3) Cf. Jens Grudei/ Till Talaulicar, ibid., p. 3. and Axel v. Werder, "Rechtformenwahl als Element der Unternehmensverfassung", in W. Eversheim and G. Schuh (eds.), *Betriebshutte*, pp. 2-20-2-25.

4) ドイツ, 日本, アメリカの企業構造の差異を, 詳細に取り上げているのが, Mark J. Roe, "Some Differences in Corporate Structure in Germany, Japan, and the United States," *The Yale Law Journal,* Vol. 102 No. 8, Jun. 1993, pp. 1927-2003. で, 合衆国企業に対する銀行統治に関するアメリカ銀行法などの法規制にくわえ, 各国の株式の所有構造と銀行支配について多面的に考察している.

5) Elaine Sternberg, "The Defects of Stakeholder Theory," *Corporate Governance,* Vol. 5 No. 1,1997 pp. 3-10.

6) Cf. Elaine Sternberg, ibid. p. 3. なお, ステークホルダーのstakeには,「ビジネスとか状況での分け前あるいは権益 (a share or interest in business or situation)」(『*The Consise Oxford Dictionary*』) という意味がある.

7) これはどのような視点に立っているかで異なる. 例えば, 金融契約理論の視点から小佐野は内外の研究成果を広範囲に取り上げ, コーポレート・ガバナンスの問題の中心は経営者の規律づけであるという立場からそれらを整理し, その規律づけが, 1-1) 外部コントロール・メカニズム, 1-2) 内部コントロール・メカニズム, 2-1) 直接的コントロール, 2-2) 間接的コントロールによって確保され, その具体的なコントロール手段として, ①経営者の報酬契約, ②会社の組織構造, ③企業の資金調達手段をあげている. うち, ③が金融契約論の視点の中心テーマをなすもので, 示唆に富んだ内容となっている. 小佐野広『コーポレート・ガバナンスの経済学―金融契約理論からみた企業論―』日本経済新聞社 2001年7月.

8) 小佐野広『同上書』第3章, 第4章参照.

9) この「制度的補完性」ないし「制度的補完関係」は, Aoki, M. and R. Dore (eds.), *The Japanese Firm : Sources of Competitive Strength,* 1994, Milgrom, P. and J.

Roberts, *Economics, Organization and Management*, 1992（ポール・ミルグロム，ジョン・ロバーツ著／奥野正寛，伊藤秀史，今井晴雄，八木甫訳『組織の経済学』NTT 出版株式会社，1997 年）等の研究で日本企業を特徴づけるものとして用いられ，伊藤はこれを「互いに一方が存在することにより，他方を導入することから得られる追加的便益が高まる」(伊藤秀史編著『日本企業変革期の選択』東洋経済新報社　2002 年 9 月，14 頁）という関係に集約していた．

10) こうした動きは，コーポレート・ガバナンス関係の専門的学術誌である *Journal of Management and Governance* や *Corporate Governance* に掲載される論稿にもあらわれている．

11) バーリ，ミーンズ著／北島忠男訳『近代株式会社と私有財産』文雅堂銀行研修社，1958 年，(Adolf Berle, Gardiner Means, *The Modern Corporation and Private Property*, 1932.)

12) Jean Tirole, "Corporate Governance," *Econometrica*, Vol. 69, No. 1 (Jan. 2001), pp. 1-35.

13) この「ステークホルダー統合」を直接取り上げているのが，オランダの研究者グループによる，次の論文である．Pursey P.M.A.R. Heugens, Frans A. J. Van Den Bosch, Cees B. M. Van Riel, "Stakeholder Integration- Building Mutually Enforcing Relationships," *Business Society*, Vol. 41, No. 1 (March 2002) pp. 36-60.

14) ステークホルダー理論は，①規範的領域 (normative realm)，②用具的領域 (instrumental realm)，③記述的／実証的領域 (descriptive/ empirical realm) に区分され，①「経営者は会社のステークホルダーをどのように取り扱うべきか」，②「ある一定のやり方でステークホルダーを取り扱った場合には，どうなるか」，③「どのように経営者は実際にステークホルダーを取り扱っているのか」と特徴づけられている (cf. Shawn L. Berman, Adrew C. Kotha, Thomas M. Jones, "Does Stakeholder Orientation Matter ? Relationship betweem Stakeholder Management Models and Firm Financial Performance," *Academy of Management Journal*, 42, 5, 1999 p.488.)．

15) Amy J. Hillman, Gerald D. Keim, "Shareholder Value, Stakeholder Management, and Social Issues : What's the Bottom Line ?," *Strategic Management Journal*, 22, 2001, pp. 125-139.

16) ステークホルダー理論は，バーリ，ミーンズの理論に異議を唱えたドッド (Dodd, E. M.) の主張に通ずるところがある．しかし，ステークホルダー理論を真正面から取り上げたパイオニアとしてはフリーマン (Freeman) (Freeman, R. E. *Strategic management : A stakeholder approach*, 1984) が，またその理論的インパクトという点からはドナルドソン (Donaldson) (Donaldson, T. & Preston, L. "The stakeholder theory of the corporation : Concepts, evidence, and implications," *Academy of Management Review*, 20, 1995 pp. 65-91) らの名が挙げられている．cf. Shawn L. Berman, Andrew C. Kotha, Thomas M. Jones, ibid. p. 488.

17) Cf. Jean Tirole, ibid. pp. 1-5 and pp. 23-33.
　　なお，ステークホルダー社会については，Hellwig, M., "On the Economics and Politics of Corporate Finance and Corporate Governance," in *Viives*, 1998 などに詳しい．株主価値をやめ社会的価値を選択することによって，視野が広がると同時に

焦点がぼけるという危険は避けられず，また分析も古典派的経済分析では収まらず，学際的アプローチ，サイバネティックス・アプローチが求められてくる．そのようなアプローチをとるものとして，Turnbull, S., Stakeholder Governance : "A Cybernetic and Property Rights Analysis." In : R. I. Tricker (ed.), *Corporate Governance : The History of Management* Thought, 2000 が，またステークホルダー価値（stakeholder value）と株主価値（shareholder value）を対比した研究として，Gerard Charreaux, Philippe Desbrieres, "Corporate Governance : Stakeholder Value versus Shareholder Value," *Journal of Management and Governance* 5, pp. 107-128, 2001. がある．

18) Cf. Max B. E. Clarkson, "A Stakeholder Framework for Analyzing and Evaluating Corporate Social Performance," *Academy of Management Review,* Vol. 20, No. 1, 1995, pp. 92-117.

19) Cf. Jean Tirole, ibid, pp.1-5, p. 32. 同様に，コーポレート・ガバナンス論を構築するにあたって株主価値の視点は狭すぎるとし，これを拡張したステークホルダー価値をとるのが，Gerard Charreaux, Philippe Desbrieres, ibid. である．

20) 株主によるバイアスのかかった意思決定にさらされる債権者を保護するように契約にあたって免責事項が組み込まれるようにする等，ステークホルダーの利益擁護についての具体的な展開については，Jean Tirole, ibid, pp. 30-32 に詳しい．

21) Elaine Sternberg, "The Defects of Stakeholder Theory," *Corporate Governance,* Vol.5 No. 1,1997, p. 4.

22) Elaine Sternberg, ibid. p. 5.

23) Cf. Elaine Sternberg, ibid. pp. 3-4.

24) Cf. Elaine Sternberg, ibid. p. 6.

25) Cf. Elaine Sternberg, ibid. pp. 8-9.

26) Elaine Sternberg, ibid, p. 9.

27) このティロルのモデルを拡張することでゲームの構造を特定化して，現在最も注目されるコーポレート・ガバナンス論を展開しているのが青木昌彦著，瀧澤弘和／谷口和弘訳『比較制度分析に向けて』（NTT出版，2001年6月）である．

28) 西岡幸一，「核心——企業経営の流行を追う愚」日本経済新聞，2003年11月3日（海外版）．

29) コーポレート・ガバナンスすなわち企業統治は，こうした経営機構，統治機構といった会社の組織構造に関わる部分に限定される訳ではないが，法制度上ならびに経営上の会社の機構，組織構造に焦点を置いている．

30) この点については，吉森賢『アメリカ企業家精神の衰退』ジャパンタイムズ1991年12月が，かなり早い時点からそうした分析視角からアメリカの統治機構を取り上げており，第2章 統治機構では，統治機構の形式と実態とに差があることが指摘されている．

31) アーサー・レビット著，小川敏子訳『ウォール街の大罪』日本経済新聞社，2003年3月，273頁，およびジョン・パウンド（John Pound）「ガバーンド・コーポレーション」，Harvard Business Review 編著／DIAMOND ハーバード・ビジネス・レビュー編集部訳『コーポレート・ガバナンス』ダイヤモンド社，2001年6月／

John Pound, "The Promise of the Governed Corporation" : in, *Harvard Business Review on Corporate Governance,* 2000.
32) ジョン・パウンド, 同上, 131,John Pound, ibid. p. 101. ただし, 訳語は変えてある.
33) バーリ, ミーンズ著／北島忠男訳『近代株式会社と私有財産』文雅堂銀行研修社, 1958 年, (Adolf Berle, Gardiner Means, *The Modern Corporation and Private Property,* 1932.)
34) コーポレート・ガバナンスへのエージェンシー理論からの接近としては, 小山明宏, 篠崎隆「意思決定構造と企業パフォーマンス」, 日本コーポレート・ガバナンス・フォーラム, パフォーマンス研究会編『コーポレート・ガバナンスと企業パフォーマンス―変わりつつある日本企業のガバナンス―』白桃書房, 2001 年 6 月, 39 頁以降に日米独の 3 カ国のコーポレート・ガバナンスについての比較研究がある. 本稿でも, エージェンシー理論的アプローチについては, これに負うところが多い.
35) ここでは,「内部組織の経済学」の図式 (O・E・ウィリアムソン著／浅沼萬里, 岩崎晃訳『市場と企業組織』日本評論社, 1980 年 11 月, Oliver E. Williamson, *Markets and Hierarchies,* 1975) を念頭に記述してはあるが, 情報の経済学, 契約の経済学, エージェンシー理論と呼ばれるものも同じで, 日本の企業を想定した場合, 機会主義の相対的希釈化がもとめられよう. 同じく, ウィリアムソンによるガバナンスの視点から戦略論を展開したのが, Oliver E. Williamson, "Strategy Research : Governance and Competence Perspectives," *Strategic Management Journal,* 20, 1999 pp.1087-1108 である.
36) 武井一浩「模索続く新・経営体制」,「話題の『米国流』」(日本経済新聞, 1999 年 6 月 26 日).
37) 例えば, Laura F. Spira, "Ceremonies of Governance : Perspectives on the role of the Audit Committee," *Journal of Management and Governanace* 3, 1999 pp. 231-260. 英国大企業における監査員会についてのそうした問題を取り上げたものである.
38) Cf. Morten Huse, "Renewing Management and Governance : New Paradigms of Governance ?," *Journal of Management and Governance,* 7, 2003, pp. 211-221. 同じく, 株主価値パラダイムへの懐疑からステークホルダー論を展開した彼の研究として注目されるのが, Huse, M. and D. Eide. : "Stakeholder Management and the Avoidance of Corporate Control", *Business and Socoiety* 35, 1996 pp. 211-243. Huse, M. and V.Rindova, "Stakeholdesrs Expectations of Board Roles : The Case of Subsidiary Boards", *Journal of Management and Governance* 5, 2001 pp. 153-178 である.
39) Cf. Morten Huse, ibid. pp. 217-218. ノルウェーの研究者である彼は, こうした株主価値のパラダイム転換にあたって青木昌彦のゲーム論的アプローチによる関係的な状態依存型ガバナンス理論に注目している. ここで, 引用されていたのは Aoki, M., "Comparative Institutional Analysis of Corporate Governance", presentation at the Bocconi Centennial Conference 'Corporate Governance and Firm Organization', Milan, December 5-6, 2002. To appear in A. Gradori (ed.), *Corporate Governance and Firm Organizaition* (Oxford University Press) である. なお, 青木昌彦著, 瀧澤弘和

／谷口和弘訳『比較制度分析に向けて』(NTT 出版, 2001 年 6 月) の第 11 章比較コーポレート・ガバナンス, が同様のものとしてある．そのなかで, コーポレート・ガバナンスの制度は,「プレーヤー(投資家, 労働者, 経営者…引用者のもの)間の戦略的相互作用を統治する自己拘束的なメカニズム」とみなされ, コーポレート・ガバナンス・メカニズムは,「会社組織ドメインにおける, ステークホルダー(投資家, 労働者, そして経営者)の状態依存的な行動選択を規制する(フォーマル, ないしインフォーマルな)実効性を持つルールの集合である」(青木昌彦著,『同上書』305 頁) と定義されていた．なお, ここでの「状態依存的」の原語は,「contingent」で, 状況的, ないし条件的と通例訳されているものである．

40) Anja Tuschke/ Wm. Gerard Sanders, "Antecedents and Consequences of Corporate Governance Reform : The Case of Germany," *Strategic Management Journal*, 24, 2003 p.633.
41) Anja Tuschke/ Wm. Gerard Sanders, Ibid. p. 633. Axel v. Werder/ Jens Grundei, "Generally Accepted Management Principles (GAMP)– functions,first proposals, and acceptance among German top managers," *Corporate Governance*, Vol. 9 Num. 2. April 2001, p. 101.
42) Anja Tuschke/ Wm. Gerard Sanders, "Antecedents and Consequences of Corporate Governance Reform : The Case of Germany," *Strategic Management Journal*, 24, 2003.
43) 株式所有構造とコーポレート・ガバナンスの関係についての代表的研究が, 小佐野広『前掲書』第 3 章で整理されている．そのなかで, 株式所有構造の内生的決定理論の 1 つとして紹介されている Maug, E., "Boards of Directors and Capital Structure : Alternative Forms of Corporate Restructuring," *Journal of Corporate Finance* 46, 1997 が示したロックイン効果(lock-in effect) と流動性効果(liquidity effect) のバランスを図る形で大株主の保有する株式の割合が内生的に決まってくるという指摘が, ここでドイツ企業の所有構造がコーポレート・ガバナンスにどのような特徴的な作用関係にあるかを分析する前提として注目される．
44) Anja Tuschke/ Wm. Gerard Sanders, Ibid. p. 635.
45) ドイツの株式市場が小さい理由として, ①ユニバーサル・バンクは, 貸付業務と証券業務を兼営しているが, 銀行として資本市場からの資金調達ではなく, 貸付業務を優先させることが多い．②資金調達側は, ユニバーサル・バンクをメイン・バンクとすることで容易に銀行借り入れをすることができ, 煩雑な手続きやコスト負担を強いられる株式発行が敬遠されてきた．③株式会社の場合, 厳格な開示義務を課せられ,「共同決定法」により監査役会への従業員代表の参加を実施しなければならない．同族会社はこうしたことを好まず, 有限会社形態を選択する傾向にある, という指摘もある．相沢幸悦『ユニバーサル・バンクと金融持株会社』日本評論社, 1997 年, 119-120 頁参照．
46) Cf. Anja Tuschke/ Wm. Gerard Sanders, Ibid. p. 636.
47) Cf. Anja Tuschke/ Wm. Gerard Sanders, Ibid. p. 645.
48) ドイツのコンツェルン企業と人的結合, 資金的結合については, 拙稿「コンツェルン内人的結合としての兼担取締役とコンツェルン形態—統合的技術コンツェル

ンのマネジメント・ホールディング化に関連して―」『創価経営論集』第16巻第2・3号合併号, 1992年3月, 73-100頁, 拙稿「コンツェルンの統一的指揮と人的結合―戦略的コンツェルンにおける支配・調整メカニズムに関連して―」『総合政策研究』(中央大学) 第5号, 2000年3月, 23-40頁がある.
49) Cf. Anja Tuschke/ Wm. Gerard Sanders, Ibid. p. 647.
50) GAMPの内容に関しては, Axel v. Werder/ Jens Grundei, ibid. に拠っている. なお, Axel v. Werderによるものとして, v. Werder, A et al. "Grundsätze ordnungsmässiger Unternemensleitung (GoU) im Urteil der Praxis (Generally accepted management principles (GAMP) evaluated by practitioners)," *Der Betrieb*, 51, 24, 1998, S. 1193-1198. が, またドイツのコーポレート・ガバナンス基準について, v. Werder, A., "Der German Code of Corporate Governance im Kontext der internationalen Governance-Debatte (The German Code of Corporate Governance in the context of the international governance debate)," Axel v. Werder (Ed.), *German Code of Corporate Governance (GCCG)*, 2000, S. 1-27. がある.
51) Cf. Axel v. Werder/ Jens Grundei, ibid. 102.
52) Cf. Axel v. Werder/ Jens Grundei, ibid. 103, 105.
53) Michael Jensen, Kevin Murphy, "CEO Incentives-It's not How Much You Pay, But How, -," *Harvard Business Review*, May-June 1990.
54) Cf. Morten Huse, "Renewing Management and Governance : New Paradigms of Governance ?," *Journal of Management and Governance*, 7, 2003, p. 218.
55) Cf. Brian R. Cheffins, "Will Executive Pay Globalise Along American Lines ? " *Corporate Governance*, Vol. 11. No. 1, 2003 p. 9. これはアメリカ大企業1700社について, 1997年実施された調査結果に基づくもので, Conyon, M. J., Murphy, K. J, "The prince and the pauper ? CEO pay in the United States and the United Kingdom," *Economic Journal*, 110, F 640-F 671 に拠っている. また, アメリカ大企業800社のCEOの報酬について1990年『フォーブス』が調査した結果しでは, 総報酬平均163万5000ドル, うち43%が各種の長期的インセンティブ要素から, 残りの57%が本給とボーナスからであった. 対象企業を200社に絞った別の調査では, 1990年のCEOの平均報酬は280万ドルにまで増大している. Milgrom, P., J. Roberts, Economics, Organization and Management, 1992 (ポール・ミルグロム, ジョン・ロバーツ著/奥野正寛, 伊藤秀史, 今井晴雄, 八木甫訳『同上書』, 474頁参照).
56) Cf. David Yermack, "Do corporations award CEO stock options effectively ? " *Journal of Financial Economics*, 39, 1995 p. 238.
57) Milgrom, P. J. Roberts, Economics, Organization and Management, 1992 (ポール・ミルグロム, ジョン・ロバーツ著/奥野正寛, 伊藤秀史, 今井晴雄, 八木甫訳『同上書』278-280頁, 473頁以降参照).
58) 日本経済新聞社編『米国 成長神話の崩壊』日本経済新聞社, 2002年12月, 132頁参照).
59) AFL-CIO, www.aflcio.org/paywatch.
60) AFL-CIO, Executive Payment.

61) AFL-CIO, Executive Retirment Plans.
62) 例えば，企業規模と経営者報酬を扱ったものとしては，Peter F. Kostiuk, "Firm Size and Executive Compensation," *The Journal of Human Resources*, Winter 25, 1, 1990 pp. 90-105.
63) Cf. Martin J. Conyon, Kevin J. Murphy, "The Prince and the Pauper ? CEO Paing in the United States and United Kingdom," *The Economic Journal*, 110, 2000 F 640-F 671.

   マーティンらはアメリカ大企業 S&P 500 社，S&P 中規模 400 社，S&P 小規模 600 社と英国大規模トップ 500 社について，1989 年から 1997 年までの経営者報酬を比較した結果，アメリカ大企業 S&P 500 社，S&P 中規模 400 社，S&P 小規模 600 社そして英国大規模トップ 500 社の順であったことを示していた．
64) 日本経済新聞社編，同上書，225 頁．
65) 日本経済新聞，2003 年 7 月 17 日．特に，法制度的には，1998 年 5 月の企業コントロールと透明性に関する規則に基づくストックオプション・プログラムが，ドイツにおけるストックオプション・ブームの火付け役となったと言われている．この興味深い関係を取り扱っているのが，T. Rattler, *Die Entwicklung bei Stock Option Programmen nach Einführung des KonTraG's*, 2001 である．これは，修士論文として纏められたものである．
66) Cf. Brian R. Cheffins, ibid. pp. 12-13.

第2部　現代経営戦略の応用
──競争優位の展開──

第 4 章

グローバル企業の戦略とガバナンス

はじめに

　日本企業に戦略経営がないと指摘されてきた問題は，日本の将来にとって重要な意味をもつ．つまり日本企業には資源が膨大に投資されているにもかかわらず，それが非効率に運用されているということだからである．もし，非効率な企業経営が行われているとするならば，日本社会は無駄なコストを膨大に抱えていることになるわけだから，緊急に是正策が打ち出されなければ日本の明日はない．1990年代の失われた10年からすでに3年が経過するも一向に先が不透明なのはなぜかを考えると，この非効率是正問題がコーポレート・ガバナンス（企業統治）と深い関わりがあることが予想される．筆者は日本企業に問われる企業統治能力のレベルこそ，日本企業がグローバル企業に進化するための重要なテーマなのだと考える．本稿の課題はここにある．

　ところが日本では，1990年代に，さまざまな不祥事が発生したことから，統治問題が正しく理解されないできた．たしかに不正融資，証拠隠滅，情報非公開，虚偽の報告など，さまざまなルール違反が摘発され，常軌を逸した日本企業の統治の実態は，制度的に問題があるのではないか．このために内外の投資家から厳しい批判を受けることになった．日本人にグローバルな企業経営は任せられないということは，グローバルな時代に日本企業が生き残れないとい

うことになる．そこで日本の商法は，戦後初の大改正を実施した．詳細な考察は後述するが取締役会の規定を大幅に改正し，2003年4月より企業統治にかかわる重要な制度の実施で批判を交わすことになった．そこには世界の信頼回復のための制度として，厳しい経営監視制度の実施が期待されている．

しかし，この商法改正を契機に，日本企業が戦略的思考をもった優良企業として再生されるならば問題はないのだが，日本企業の低迷する株価水準をみると，法改正といった形式基準の設定で事はそう簡単に済まないことが予想される．根本的な問題は，低収益にあり，その解決には，それぞれの企業の収益力の抜本的な引き上げをもたらす戦略経営の確立に待たなくてはならない．ところが，それだけの危機意識が日本社会に醸成されてきたとは言えないところに，真のガバナンス問題があるように考える．

本稿は，ガバナンス問題を戦略論から切り離して論じる個別・特定アプローチを否定する．それに代わって，グローバリゼーションの波がますます進展するとの認識の下で，日本企業の統治機構のありかたを総合的アプローチをベースに再検討し，ガバナンスが低レベルの「コンプライアンス」責任問題から，さらに優良企業に求められる高レベルの「戦略経営」を必須とするグローバル・ガバナンスの責任について提言を試みようとするものである．結論として具体的には，「企業が生み出す付加価値から，従来は人件費と借入金の金利を差し引いた残余を株主に還元していた慣行を改め，代わって株主への適正な利益還元と金利（資本コスト）をまず差し引いて，その残余を人件費に配分する方式に転換すべきこと」を政策提言することとしたい．このルール変更を実行に移さなければ，今後の日本企業は世界の信用を獲得できず，さらに日本企業には戦略的思考能力が欠けていると評価される恐れが高いからである．

1. 現代企業に求められるガバナンスの理念と方法

まず，コーポレート・ガバナンス（統治）の定義から始めよう．本来の意味は，企業が社会的な常識（広義のルール）に照らして健全に運営・管理されていること，責任ある経営が行われていることであると定義する．資本主義経済

の下ではこのような社会的常識は，現代企業が巨大化し，経営と資本が分離する過程で，企業に投下された経営諸資源が専門経営者の手腕によって適正に運営・管理されているかということが問題になり，経営を委託したが故に適正な管理運営を心配する株主（主権者）の観点から経営を監視することがガバナンス（企業統治）問題と考えられるようになったのである．

1-1 グローバル・ガバナンスをめぐる覇権の争奪

つまり，ガバナンスに危機が訪れたときには，資本主義社会は，資本的側面から制度的な危機を迎えることになるからである．自由主義・民主主義を標榜する資本主義は，ガバナンス危機を資本主義のアキレス腱と捉えるのである．その典型は，米英などアングロ・サクソン民族の発想に見られる．そのガバナンスは経営者が株主・資本所有者の観点（株価）にそって資産運営・管理を行わねばならないものと考えられている．基本的に人間性悪説をとる英米の発想は，資本の運用を受託したエイジェンシー（代理人）としての経営者を自由放任しておくと，つまり監視下に置かれないと自己都合で経営を行い，株主の財産をしばしば侵害するものだと捉えている．ただ米英と社会的常識が異なる日本やドイツでは，企業の労働者や社員の経営に及ぼす影響力を尊重し，資本の提供者である銀行や取引先もそれを支持して，勤労意欲重視の経営を行っている[1]．中国企業では，国営企業における企業文化の影響を引きずっていることもあって，市場主義の形容詞として「社会主義的」なる思想を付加し，社会主義的市場主義という折衷型ガバナンスを目指している．つまり，労働者に比重をおいた企業統治が期待されている．

このようにガバナンスの定義については地球規模の多様性があることが知られる．しかしながらこの多様性を米英から見れば，日本，ドイツ，中国の企業では適正なガバナンスが行われていないことになり，これがグローバル時代の新たなガバナンスをめぐる衝突を引き起こす元になってくる[2]．

近年，世銀を含めて，先進国の中央銀行などが，コーポレート・ガバナンスの研究プロジェクトを多数立ち上げている背景には，こうしたガバナンスの地

球規模的な多様性をどのようなアプローチで統合したらよいかの文明間の覇権争奪の確執があると見られる．

その研究アプローチとしては，コーポレート・ガバナンスというテーマ自体が，歴史的，制度・法律的，経済的，経営・会計的，文化的な複合的問題領域であるため，問題解決には総合的なアプローチがとられるべきであろう．しかも，現実的なニーズが高く政策提言という形で論じられることが多いので，政策学との親和性がきわめて高いと言える．こうしたことから，従来のコーポレート・ガバナンス論は，断片的でいまだ未成熟の段階にあり，問題解決のための理論的発展には総合政策学的なアプローチがとられるべきと期待される．

いずれにしても統治という主権をめぐる概念については，それぞれの社会における歴史的文化が色濃く影響しており，現在のところ一義的に定義できるという状況にはない．そもそも定義自体は，文化が時代とともに変わるように，進化する運命にあるのであるから，後で詳説するように，時代の常識を形成するスーパーパワー（超大国）の提唱するルールとしての社会常識が，企業統治の善し悪しを判定する基準になっていくことは歴史の教訓である．

事実，1990年代から，世界経済はグローバリゼーションの波に飲み込まれるようになった．貿易の自由化，金融の自由化，情報や人材の自由化が進展するようになり，相次ぐ規制撤廃（ディレグレーション）が国境をますます低くするようになり，その結果として各国の政策と文化は相互に交じり合い，融合を重ねながら，企業経営の在り方としてグローバル・スタンダードが形成される過程が認知できるようになってきた．

米国でコーポレート・ガバナンスという言葉が生まれたのは，70年代後半であるが，当時の米国企業が将来展開する苛酷なグローバル競争に勝ち残るためには，資本主義の観点から経営者を厳しく監督しなければならないと考え始めたからである．この流れの中で各国政府は，さまざまな経営資源（ヒト，モノ，カネ，情報・知的財産）について，過去の規制を撤廃する方向にあり，その外的圧力として米国企業の戦略的パワーが注目されている[3]．

つまり，先端技術開発を先導する米国企業は，各国市場に自由にアクセスで

きる状況作り（市場の創造的破壊）を行いつつ，自らが高収益のグローバル企業に進化するための変革を戦略的に実行してきたからである．この流れで旧ソ連や中国の市場経済化への組み込み戦略は1980年代から進められてきたものであり，その結果が旧社会主義経済圏の崩壊と新たな米国主導の世界市場秩序の創造につながってきた．グローバル・ガバナンスの制度創造も，その世界市場戦略の一環として重要な下位戦略なのであった．

その意味から，今日いうところのグローバリゼーションとは米国主義にすぎ

表4-1　グローバル企業の勢力分布（株価は2003年5月末）

	グローバル平均	社数 1000	ROE 14.9%	P/E 20倍	P/B 2.4倍
1	アメリカ	488社	30.8%	19.2倍	3.4倍
2	日本	129	7.5	23.4	2.0
3	英国	77	19.5	15.7	0.7
4	フランス	48	12.2	21.6	2.4
5	カナダ	41	14.7	13.7	2.3
6	ドイツ	35	13.5	12.2	2.1
7	オーストラリア	27	15.5	−0.9	2.4
8	イタリー	24	14.2	13.4	2.5
9	オランダ	19	22.9	14.4	2.7
10	香港	18	12.9	20.6	2.6
10	スペイン	18	17.6	12.3	2.8
12	スウェーデン	17	12.7	24.5	2.2
12	スイス	17	13.2	23.8	2.8
14	ベルギー	9	15.3	8.4	1.7
15	ギリシャ	7	13.3	25.4	2.3
16	シンガポール	6	10.4	15.5	1.6
16	デンマーク	6	15.0	16.0	2.5
18	フィンランド	5	14.5	9.6	1.4
18	ノルウェー	5	15.0	6.0	1.5
20	ポルトガル	4	11.2	16.9	1.9
20	アイルランド	4	19.7	13.1	2.6
22	オーストリア	2	5.4	191.4	1.8
23	ニュージーランド	1	NM	−44.5	6.9

（出所）2003年7月14日のビジネス・ウィークより作成
・ROEは株主資本利益率（％）
・P/Eは株価と一株当りの利益の比率（倍率）
・P/Bは株価と純資産の比率（倍率）

ないのだと非難し，グローバリゼーションを切り捨てる立場（たとえば，グローバリゼーションの幻想説）もあるが，これは日本企業の将来を考えると極めて危険な思想であると言わねばならない．たとえグローバリゼーションが米国主義だとしても，現実的にはそれを推進できるパワーを米国企業が握っているということを看過することはできないのである．そもそも現実否定ないし逃避は，人類の歴史の本質を見損なう恐れが大であるといわねばならない．歴史は，道徳や倫理だけで動くものではない．歴史はパワー（影響力）に従うことが多い．技術革新（イノベーション）の波に乗って自らの文化や理念を周辺に拡大して行くパワーの成長過程が歴史なのである．

1-2 アングロ・サクソン系企業の競争優位性

ビジネス・ウィーク誌が毎年発表している世界トップ1,000社の企業株価ランキング[4]によると，表4-1に見るように，米国企業の数はトップである．米国は，世界でもっとも多くの「富の創造マシン」を保有しているのである．第二次世界大戦以前では，国の競争力は戦艦の数で把握された．しかし，今日では世界を動かすパワーとしては戦艦よりもグローバルに戦略拠点を置き市場攻略を展開する企業の数の方がより重要な意味をもつようになっている．

日本企業は，ナンバー2（1990年は333社，1999年は116社）である．ただ視点を変えて，英国企業を加えると米英企業総合で，564社になる．さらにアングロ・サクソン系として拡大解釈して，カナダとオーストラリアを加えると，622社になる．日本はドイツやフランスに比べれば，グローバル企業の数は多いが，世界をリードして変革を引き起こすには力不足である．つまり今日，米英を中心とするアングロ・サクソン系企業の世界経済に占めるパワーの重みをはっきり認識しておかなくてはならない．

いうまでもなく，米国企業の総合力が強いからそれで米国社会が道徳的にいいと考えているわけではない．道徳論からすれば米国も問題で，近年ネットビジネスの当初の目論みが外れ，業績の悪化を隠蔽するという違法行為が多発し，日本は米国企業の無責任さに驚きをもって注目したからである[5]．なぜ違

法行為を防げなかったのかという問題意識に対しては，日本人のガバナンス感覚とは異なっていて，アングロ・サクソン流の思考は基本的に人間とは不正行為をする存在であって，しっかりした監視の目が光っていなければ常に起こりえる問題と割り切って考えるところに特徴がある．つまり，コストをかけなくてはなにも解決しないと考えるところに，米国流ガバナンス観の特徴があるのである．ガバナンス論は，コスト論なのか，道徳論なのかで，分析の方法は大きく異なってくる．

　それをコスト論から理論化したものが，プリンシパル・エイジェンシー理論である．この理論は，財・サービスの特殊な取引関係である委託者（プリンシパル）と受託者（エイジェント）の関係を情報格差の観点から観察し格差を引下げることによってガバナンスの質を高めようとするものである．たとえば，資本の貸手と借手，雇用者と従業員，医者と患者，保険者と被保険者などの間には通常，情報格差が存在している．つまり，この情報の非対称性がどのような無責任や不信といった問題をもたらすかをうまく説明するもので，エイジェントの行為というものは，自己利益だけでなく，プリンシパルの効用との関係で決まってくると考える[6]．つまり，そこではガバナンスの問題はあってはならない倫理上の問題ではなく，そもそも人間社会に付随的かつ不可避的なエイジェンシー・コストの問題と考えるのである．プリンシパルとエイジェントとの関係が，費用をかけなくても経営監視に関する情報を入手できる性格のものとすれば，完全情報，確実性のゆえにいかなるガバナンス問題も生じないはずである．このような条件の下で生じる厚生・満足を最大化するような分業ないし交換・調整の構造が，ファースト・ベスト解と呼ばれている．しかし，現実には不完全かつ不平等に分配された情報のために，ファースト・ベスト解とは異なった不満足な状態にプリンシパルは置かれている．つまりセカンド・ベスト解に甘んじているのが現実である．完全情報の下で達成可能なファースト・ベスト解と，不完全な情報の下で実現されるセカンド・ベスト解との差をもってエイジェンシー・コストを測定するのである．従って，ファースト・ベストにもっとも近いセカンド・ベストの解を発見する状況依存的エイジェンシー・

コストの最少化理論がエイジェンシー理論の目指すところとなるわけである．

エイジェンシー・コストはつぎの3つの要素に分けられる．

1) シグナリング・コスト：エイジェントがプリンシパルとの間にある情報の非対称性を解消するために行う努力コストを意味している．

2) コントロール・コスト：プリシパルが情報上の劣勢を小さくするために行う努力コストを意味している．

3) 厚生上のコスト：両サイドの努力によっても，完全には埋められない情報格差がどうしても不確実性の下では残らざるをえない．これが効率性を最大化する経営構造の発見を妨げ，さらに不平等に分配された情報や知識が機会主義的行動（裁量の幅）を許してしまうことになる．こうして生まれる厚生上の損失，すなわち現実の状態が完全情報の下で考えられる最適状態から乖離する現象が生じてしまう．ここでいう効率性は，限界合理性，機会主義，情報の非対称性などの条件のもとで，相対的にどのようなガバナンスの仕組みが最適であるかという制約条件つきの合理性をいう．ガバナンスの仕組みによっては厚生上のコストを下げることができると考えられるので，ガバナンスの仕組みの構築（制度デザイン）コストを厚生上のコストというのである．

いずれにしても，取引両サイドの間に情報の非対称性が存在する限り，ガバナンスにはコストが発生する．1つには，エイジェント自身の財やサービスに関係する能力や特性が，事前に（契約締結時点で）プリンシパルに知らされないこと，もう1つは，エイジェントの行動を監視できなくて，事後的に結果で判断するしかない場合や，監視できてもプリンシパル側に評価の専門知識がないため評価できない場合，最後に，プリンシパルはエイジェント側に隠されている意図（悪意を含めた機会主義的行動）に気づいても阻止することができない場合にガバナンス・コストは高まる．

こうした米国型の性悪説型ガバナンス感覚は，実は多民族国家としての歴史的経験をベースに生成してきた．それゆえに多民族・多文明が衝突し合うグローバルな時代には一躍存在価値が高まってくると考えられる．これに対し，

日本型の性善説型ガバナンス感覚は，ルール違反についてあってはならないコトとして道徳的に処理するが，再発防止の制度設計にはあまり熱心ではない．というより社会的意識が制度に鈍感ですらある．その理由は，日本社会の情緒的なクローニー（crony）文化が大きく影響していると考えられる．ただこの点は，次節で詳説したい．そこではグローバル時代の経営者に求められているのは，グローバリゼーション文化でもなくクローニー文化でもないグローカリゼーションの融合文化なのであることを論じたいからである．

2. 日本型ガバナンスの制度崩壊と改革のベクトル

日本企業に不祥事が多発する中で，日本企業に対する世界の信頼は著しく失墜した．それが如実に現れたのが海外投資家マインドの冷え込みとそれに続く株価の暴落であった．2003年4月の日経平均株価は，バブル後の最安値（7603円）をつけ，日本経済は1980年代半ばの株価水準に逆戻りしてしまった[7]．ここでは，戦後成長を促進させた日本的ガバナンスが，なにゆえに崩壊に至ったかについて再検討をし，もって巨視的視点から今後の目指すべきガバナンス制度設計と成長ベクトルを考えよう．成長ベクトルが定まらない限り，新しい戦略の構築はできないからである．

2-1 集団主義戦略と金融ガバナンスの制度崩壊

戦後の高度経済成長の戦略メカニズムは，日本的集団主義に基づいて形成されたと考えられる．この日本的集団主義戦略は，同じく戦後高成長を遂げたドイツの集団主義戦略とは趣を異にする．後者の集団主義戦略は，集団全体のグランドデザインの設定とその実現に向けての法的ルールに従って全体が戦略行動をとるという特徴がある．これに対し，日本の集団主義戦略は，小集団のグランドデザインの積み重ね（ボトムアップ）と中央政府官僚集団の権威主義的調整型リーダーシップとの擦り合わせに基づいている．いわゆるお神輿型経営戦略が特徴である．従って，日本の戦後の高度成長戦略メカニズムが集団主義に基づいていたといっても，社会全体主義的な戦略行動の結果とは言えな

い[8]．このような日本の集団主義，つまり小集団の連合体としての社会集団主義であるから，敗戦で全体社会が崩壊しても小集団は生き残り，それらの生活をかけた必死の経営でビジネスが創造できたのである．成長のための資本は零細な資本を全国からかき集め，行政・銀行主導で重点産業に傾斜配分する（間接）金融方式と株式相互持ち合い制が採用された．この重点産業の選択も日本の小集団主義をベースに慎重に選別された．けっして高収益ビジネス（高いROA＝資産利益率の産業）を狙わなかった．それは米国企業と競合することになるし，また米国が高付加価値の技術供与を認めるわけがないからでもあった．

より詳しく戦後日本経済の成長から崩壊に至るメカニズムを解明すれば，次のようになる．つまり零細な資本を大量に集め，低金利を実現し，その下で，低いROAのビジネス分野に特化（棲み分け）し，量産化を高めて輸出コスト競争優位を獲得するという経済メカニズムを構築したのであった．銀行の金利は，預金金利と貸出金利ともに，日銀の金融政策のもとに確実に利鞘（マージン）のとれるように設定されたし，いかなる銀行も大蔵省（現財務省）の監督の下に保護され，倒産させない政策がとられた．敢えて加えるなら，土地政策がある．勤労者所得の大半を土地購入のために強制貯蓄させてきたという政策である．土地の購入者は将来の値上がりでキャピタルゲインが確実にえられるし，さらに融資を受ける際の担保価値としても活用できるという「土地神話」が形成され，バブル経済時には土地価格は暴騰した．この土地購入資金は，ほとんどが銀行に還流するため，究極的には重点産業の育成資金に使われることになった訳である．消費は，輸出産業にとって効果の出る家電や自動車に仕向けられた．

しかし，こうした金融システムをベースとする戦後経済成長のメカニズムは，バブル経済の崩壊とともに競争優位性を失った．さらにグローバル経済の進展によって中国企業など新興勢力が低レベルのROAビジネス分野になだれ込んできたことが，コスト優位性の喪失に拍車をかけることになった．

土地神話の崩壊，それに連動した株価暴落と株式評価損および自己資本の損

傷は，日本経済の心臓部に当たる銀行の財務的基盤を劣化させた[9]．同じく資産デフレは産業企業にも及んだことから，銀行の融資残高の不良債権化が加速化した．その不良債権償却のため銀行の財務基盤は一層劣化し，海外の格付け機関からは厳しい格下げを受けるに至った．次の表は，大手銀行株の日本経済における地盤沈下がいかに深刻だったかを示したものである[10]．

表 4-2　日本経済の金融基盤の劣化

東証第 1 部銘柄の時価総額ランキング

1989 年 12 月末		2003 年 4 月 28 日	
1　N T T	229,320	1　N T T ドコモ	120,933
2　日本興業銀行	150,023	2　トヨタ自動車	92,054
3　住友銀行	105,499	3　N T T	64,845
4　富士銀行	99,884	4　キャノン	41,231
5　第一勧業銀行	92,140	5　日産自動車	38,606
6　三菱銀行	91,642	6　武田薬品工業	38,238
7　東京電力	81,276	7　ホンダ	35,955
8　三和銀行	80,925	8　東京電力	32,198
9　トヨタ自動車	77,086	9　ソニー	25,172
10　野村証券	67,356	10　セブン-イレブン・ジャパン	22,794
11　日本長期信用銀行	65,513	11　三菱東京 FG	22,704
13　東海銀行	51,079	31　三井住友 FG	11,362
14　三井銀行	50,376	60　みずほ FG	7,471
18　太陽神戸銀行	40,821	78　静岡銀行	5,783
		82　横浜銀行	5,501
		95　U F J・H D	4,981

（注）時価総額の単位は億円
（出所）日本経済新聞，2003 年 4 月 29 日

　ただ，銀行の業務利益は，巨額に生じていることは皮肉な現象である．戦後初めての預金金利ゼロの状態であるから，業務利益が生じるのは当然であるが，それでも最終利益で黒字にならないほど不良債権の規模が大きかった．

　以上のようにして，土地や株価は，所有すればだれでもキャピタルゲインが得られるという神話は土地ばかりかゴルフ場開発や株の価格まで天井知らずに高騰させた．その結果は，日本人の勤労の精神までをも頽廃させた[11]．その責任のすべてを金融セクターのみに負わせる風潮があるが，それは酷と言うも

のであろう．高度成長を享受した日本社会全体が背負うべきものと考えねばならない[12]．

一説によれば，日本崩壊の根因を米国からの外圧（市場開放圧力）に求める見方がある．たしかに，外圧が超大国である米国外交であってみれば，この説を理解できなくはない．その外圧の1つは，国際決済銀行（BIS）[13]の規約により，日本の金融機関は8％という自己資本維持の足かせがはめられたこと，つまり日本の金融機関のグローバル化を阻止せんとする米国のグローバル戦略である．1980年代後半の貿易黒字と資金余剰国の日本，日本企業の海外進出と日米間の技術革新競争問題が外圧の背景にあったことが，土地資本主義をベースとする日本型集団主義戦略の終焉をもたらしたと考えられなくはない．もう1つは，すでに述べたように，時価主義会計をグローバル・スタンダードにしようとする米英の外圧である．その結果，土地は保有するだけでは価値を生まない，価値は資産運用によってもたらされるものとする考え方（新しいガバナンスの思想と方法）が，収益力を伴わない保有資産の価格暴落を生じさせしめたのであった．

いずれにしろ，日本経済は成熟化した早い時期に土地資本主義とは決別しなければならなかったのは確かである．米国絡みの「外圧」という衝撃は，ただその切っ掛けになったのにすぎないと考えるべきであろう．

2-2 「クローニー資本主義」を超えて

日本企業の失敗については，さまざまな見解が見られるが，企業の持続的成長には，新しい成長市場の創造と開発に資源を投入し続けなければならないとする原則からすれば，日本企業の1990年代の失敗，とくに金融機関による間接金融方式の失敗は，この戦略的資源配分を怠り，土地や株式などへの投機熱を煽ったことが失敗の根因になったことは疑いない．従って，日本企業の再建に向けての基本戦略としては，グローバル戦略をベースにしたイノベーションによる多角化戦略と新市場の創造が重要になってくる．多角化戦略が成果を上げるには，新規市場の立ち上がりに多大の時間と費用を要するので，キャッ

シュフローのマネジメントが重要になる．こうした課題に対応する戦略経営に転換していくには，旧来の商法では限界があることから，50 年ぶりに日本の商法は株式会社全般にわたり改正された．焦点は，間接金融方式から直接金融方式への転換を意識した株主資本保護のコーポレート・ガバナンス改革にあったと考えられる．

　その改正の主旨は，1 つには社外取締役の大胆な導入により，経営者監督機能の強化をめざすアングロサクソン型コーポレート・ガバナンス（企業統治）を選択できるようにしたこと，もう 1 つは経営の意思決定を機動的に行なえるよう法律の枠組みを変更すること，である．つまり，改正以前の日本企業では経営の執行担当者のほとんどが取締役を兼務することから，取締役および取締役会の責務が，経営の執行と監督責任の両方を兼ねる形となっていた．言い換えれば，自己評価・自己監督の経営者一任で済ませてきたわけである．外部の厳しい監視の下に透明性の高い経営は期待できなかった．この歪みの是正のため，経営執行の当事者としての「執行役」と，その監督者としての「取締役」を分離したのである．これに加えて，社外取締役，つまり社外から選ばれる業務執行から独立した取締役をおく制度が導入され，選択制ではあるが，ガバナンスのグローバル化を目指す動きが認められる[14]．

　すでに前節で述べたプリンシパル・エイジェンシー理論を用いれば，今回の改正はエイジェント（経営者）の機能を業務の執行役と成果の監督者とに機能分離することによって，エイジェンシー・コストを引き下げる制度構築とその効果をねらっていると考えることができる．

　日産自動車とルノーとの国際提携事例にみるように，明日のコーポレート・ガバナンスはグローバル化せざるを得ない．カルロス・ゴーンのように有能な外国人の活用をはじめ，外国資本の導入など，グローバルな競争優位の獲得はますます必要になってくる．そうなれば，財産の不正使用・隠匿はないばかりでなく，経営が戦略的に執行されているかを情報公開するガバナンスのグローバル・スタンダードが求められてくるであろう．そこでは，国境や人種を超えて共有できる普遍的なガバナンスのための曖昧さを残さないルールが設けられ

ていなければならない．

　このような時代の潮流にもかかわらず，阿部謹也も指摘するように「世間」という狭い認識の範囲でしか判断・行動できない，つまり社会「全体」という意味が認識できないような日本型集団主義（村社会）では，世界から信頼されるグローバル・ガバナンスを実現することはむずかしい．世間とは，米国流にいえば仲間内（crony）のことである．血縁や地縁など情緒的要因で人間関係を形成し，仲間ウチと仲間ソトを分け隔てする差別の文化では信頼は得られない．ソト，つまりよそ者からみれば，極めて不透明な差別社会と映ることであろう．たとえ日本人には居心地がよいとしてもである．クローニズムとは「えこ晶屓」の意味があり，公平性や平等主義を普遍的な文化とみるアングロ・サクソン文化からすれば，日本社会は明らかに排他的文化としか映らないであろう．ウチとソトとの区別を置かない合理的な契約社会を信奉するアングロサクソン社会からすると日本は特異ということになるだろう[15]．

　この特異性は米国議会でも問題にされ，その結果としての日本企業バッシングは，1980年代から引き続いて行われてきた．はじめは，通商摩擦（包括通商法）による輸出企業への圧力，続いてBIS基準による銀行規制の金融界への圧力，大蔵省の権限の縮小と財務省への名称変更，その他の公的機関の民営化圧力，会計基準の時価主義会計への転換圧力など，これら一連の圧力は米国の包括的綜合戦略が，単なる思いつきや一時の感情から発したものでないことは明らかである．まさに米国は戦略的にグローバリゼーション（版図の拡張）を推進しているのである．

　ヘッジファンドは，こうした米国の戦略手段として破壊的であった．日本の株式市場の弱点，つまりローカルな市場のもつ弱みを突いてきた．これだけの仕掛けと圧力が総合化して日本企業を襲ってくれば，長期的には，日本は従来の閉鎖的な社会制度や意識を放棄せざるをえなくなると考えるのは適切であろう．

　これに加えて，米英では，コーポレート・ガバナンスの品質を高める対抗勢力の存在が注目されている．機関投資家の経営監視パワーである．日本では，

企業が相互に株式を持ち合い，集団主義経営を行ってきたから，年金基金の運用を預かる保険会社や信託銀行などもお互い他企業の経営に介入することはほとんどみられなかった．しかし，米英では株主権限として，例えば，米国最大の年金基金として有名なカルパース（カリフォルニア州職員退職年金基金）や英国最大手のハーミスなど企業に求められるべきコーポレート・ガバナンスの原則を発布し，年金の投資先企業に順守を働きかけている[16]．

日本の年金改革（日本版 401 K）はこれから始まるであろう．そこでは，年金基金は保有株式が一般の個人投資家に比べて巨額であるため，保有株を売却して拒否権を発動することは得策ではないと考えるであろう．米英のように経営に継続的に関わっていくことの重要性が高まり，コーポレート・ガバナンスの強化の要因として注目していく必要があろう．

いずれにせよ，旧来の日本企業の戦略とガバナンス制度の陳腐化は，中国やその他アジアの発展途上国のグローバル経済への参加によって加速化している．日本の沈没をこれ以上加速化させないためにも，グローバル・スタンダードとしての新経営ルールである経営の監視制度の強化は不可欠であろう．経営者の本来の機能であり責任でもある戦略経営を透明性のもとに実践させていくために．

3. ガバナンス構造のグローバル化と新しい戦略経営の原理

3-1 日本企業の構造改革

2003 年 4 月，ようやく日本企業のルールがグローバル・ガバナンスに向けて動き出した．改正商法特例法がそれである．具体的には，取締役会の中に特定の目的をもった委員会として，取締役の報酬，指名，監査の委員会をおき，経営トップの暴走と怠慢を監視する仕組みを導入した．従来の監査役制度を継続することも可能であるとする選択制ではあるが，新たに設けられた各委員会には，過半数を社外取締役が占めなくてはならないとして従来の監査役制度が内部評価型であったものを，外部評価型に切り替えようとしている．この委員会制度が，外部の見識や情報を取締役会内部に誘導して，経営を客観的に監視

し活性化させようとしているのは，戦略経営の観点からすると大きな意味がある．従来は，経営トップのお手盛りで役員報酬を決めたり，好き嫌いで役員を決めたり，形だけの業務監査を行っていたのを改め，透明性のある厳しいガバナンスを求めている．グローバル・ガバナンスの機運が盛り上がってきたのである．ソニーや野村ホールディングス，東芝などグローバル化をめざす企業がこの制度の導入を決定しており，日本企業のグローバル化は実行段階に入っていると認識できる．

だが，このような認識に批判的な見解をもつ経営者が日本にはまだ多い．かれらの意見に耳を傾けると，米国のエンロン社の経営破綻事件（エンロン・スキャンダル）にその根拠を置いている．この事件を契機に日本企業のグローバル化に障害が生まれたことは事実である[17]．たしかに，米国型コーポレート・ガバナンスの安易な受け入れに疑念を抱くのは当然である．エンロン社は，米国大手のエネルギー会社であったため，その破綻の影響は米国経済のみならず世界経済にまで悪い波紋を投げかけたからである．

では日本企業がグローバル・ガバナンスの改革に躊躇してよいかというとそれには重大な問題が残る．エンロン事件はその意味で，慎重に究明されなくてはならない．なぜ破綻するまで，経営者を放任してしまったのか．外部取締役や監査法人はなぜ機能しなかったのか．残された課題は大きいからである．以下，エンロン事件の深層を探っておこう．

エンロン経営のガバナンスが失敗した最も大きな要因は，調査によれば，特定目的会社（SPC）を利用した粉飾決算疑惑にあったと言われている[18]．

問題の詳細は，このSPC 2社が巨額な金融取引を高度な金融工学を駆使して行っていたために，取引が複雑で収益構造の全体が理解できなかったというものであった．先端技術を駆使した近年のビジネスには，それにふさわしいガバナンス技術が必要であるが，その未熟さが露呈したガバナンスの失敗だったというわけである．さらに問題点が指摘される．本来ならば，この2社は連結決算対象であったにもかかわらず，連結外として取り扱い，SPC取引をオフバランス（簿外処理）して，情報開示を行っていなかったこともガバナンスの

失敗であった．外部監査の監査法人の能力レベルが問われるところでもある．

では，当該監査法人側にどのような能力的問題があったのか．その監査法人は全米ビッグ5とよばれていた名門アンダーセン社であったことを知れば，単純な能力問題ではないということが予想できよう．実に，問題はガバナンス・システムに問題があったのである．アンダーセン社はエンロン社から，監査業務のほか，経営コンサルタント業務も委嘱されていたのである．つまり，アンダーセンは，経営を指導し，同時に経営成果を監査していたのであるから，監査の中立性が損なわれることになったとしても不思議ではなかった．この経営と監査の兼務問題は，多くの日本企業の経営者と監査役との関係にも当てはまるものである．

また外部取締役人事についても問題が発覚した．多くの米国企業もそうであるが，エンロン社のCEOは顔見知りの他社のCEOと互いに社外取締役を相互就任（インター・ロッキング・ディレクターズという）していたのである．お互いにかばい合う関係を結んでいたことが，ガバナンスを軽視することにつながったと考えられる．

このようにエンロンの破綻が投げかけたガバナンス問題は，真相が明るみに出るに従い，新たなガバナンスの制度設計に活かされていくのが，米国流のやり方であることは，既に述べた．ブッシュ大統領は即座に，罰金刑だけではなく，刑事罰をも含めた厳しい法を2002年に成立させている[19]．今後さらに厳しい商法の改正，社外取締役制度の改正，会計基準の厳格化などが進められよう．

イラクを制圧し，アラブ世界にまで，さらに北朝鮮から東アジア全域にまで戦略経営と厳格なガバナンスの対象領域を拡張する米国の戦略が，現代を動かすグローバリゼーションの本質なのである．

3-2　グローバル・ガバナンスの潮流

このように考えると，日本企業の当面の対応としては，時価主義会計とBIS基準に適応しなければならないということになる．そしてこれは，旧来の労働

と資産の価値観の革命的転換を要求することにならねばならない．

　まず時価主義会計であるが，この対応としてはB／S（バランスシート）の資産の抜本的見直しが必要である．ROAの水準を高め，もって株主資本利益率を大幅に引き上げなくてはならないからである．間接金融制度が崩壊し直接金融の時代になると，株主に利益を還元できない企業は，M&Aの対象になるか，キャッシュフロー不足から経営破綻に追い込まれる．従って，収益をもたらさない余計な資産は保有しないことが経営戦略となり，それを行わない経営者はガバナンスの観点から退任を迫られよう．

　つまり，時価主義会計の考え方では，土地を含めて資産というものは，保有するだけでは利益を生まないことが前提になる．保有資産の活用からどれくらいの将来収益が見込めるか，それを資本コストで割り引いて計算される現在価値が資産価値だからである．資産の活用能力，すなわち収益事業モデルの創造経営が，優良な経営ということになる．

　このように資産の価値観は，高度成長期のような所有価値から利用価値に移行する．これに付随して，労働に対する価値観も変わってくるだろう．資産と同じく利用価値で雇用の規模と質を計算すべきだからである．当然，雇用の流動化が進むであろう．高度経済下では，日本企業は終身雇用制のもとに多くの労働を抱えたが，それはすでに述べたように，グローバル経済の下では認められなくなってくる．なぜなら，かつての日本企業は，低い水準のROAでも，銀行金利さえ払えれば，ガバナンスのチェックは受けなくて済んだからである．しかし，これからは銀行自体がROAを重視しなければ，格下げになり，M&Aの対象になってしまうので，ROAの高い優良企業のみを融資対象に絞り込む．余剰な雇用のストックを削減するには，必要なときに必要なだけの雇用を持てばよいという考え方が競争優位をもたらすことになろう．

　生業としての企業，とくに中小企業の経営においても厳しいガバナンスが求められている．これらはすでに銀行の貸渋りの対象になっている．社会的非難の対象になった貸渋りに銀行が執着せざるを得ないのも，BIS規制のためである．現在の自己資本8%基準（海外で経営できる銀行の条件）は，近く引き上

げられることが予想されている．海外現地法人の拡大を目指す日本の優良製造企業としてみれば，グローバル戦略を展開する上で，メイン銀行のグローバル化を要請する．とすれば，銀行のROA重視は一層高まらざるをえない．規模の大小を問わずROAの向上は日本企業にとって死活問題になってくるのである．

こうしてすべての日本企業に厳しいROA水準と高い株主への利益還元率（ROE）が，求められてくる．その実現には，イノベーション戦略が不可欠になる．イノベーションとは，経営資源の新結合，つまりグローバル市場の創造と技術革新への投資，高度なマーケティング戦略と技術戦略の総合化に従った資源の新結合が必要になる．かつての労働力は創造力をもった人的資源に置きかえられてイノベーション推進力にならなければならない．シュンペーター流に言えば，新たな経済復活に向けて，企業家と資本家と技術の三位一体が行われているかが，ガバナンスの核心に置かれねばならないのである．

シュンペーターの崇拝者，ピーターF．ドラッカーによれば（「変貌する産業社会」），「変化それ自体が良いか悪いかを問うことの意味さえ理解できない時代を迎えている．変化が常態であり，変化が秩序を変えるとは捉えない時代に企業は生きている．変化そのものが秩序である時代に企業が存続成長できるとしたら，競争優位の源泉は企業の内部，そして過去・現在にあるのではなく，つねに外部，そして未来にあることになる」．つまり，グローバル・ガバナンスが経営に要求することは，未来の創造への挑戦ということなのである．

3-3 グローバル・ガバナンスと戦略経営の原理

こうした新しい理想に基づく尺度を用いて，あらゆる分野において具体的な制度設計を検討すべき時代に日本が追い込まれていることを深く認識しなければならない．米国では，ベンチャー企業とベンチャーキャピタルと株式市場の組み合わせによってグローバル・イノベーション戦略を推進している．これに対して日本企業は，不況脱出の道として人事刷新，現場の工夫，リエンジ（生産活動の仕掛けの改革），リストラ（全社的な事業の仕組み改革）など

過去の清算に追われている．しかしガバナンスの求めるものは「戦略経営への転換」しかないのである．

戦略経営への転換には，以下のようなグローバル経済社会の前提条件を取り込むことが必要である．

（従来の条件）		（新しい条件）
① 人口は常に増える	→	① 人口は減少傾向
② 土地は絶対に不足	→	② 土地は余り出す
③ 経済は必ず成長する	→	③ 経済は激変する
④ 物価は恒常的に上昇	→	④ 価格は波動的に動く
⑤ 日本は特異な島国	→	⑤ 日本は世界の一部

すでに新しい前提条件を取り入れて，変化適応の戦略経営への転換を進めている日本企業も増えてきた．本社所在地ですら海外に移転したいと考える企業も増えるであろう．そのような企業の組織図（図4-1）では，日本は現地法人のなかのワン・オブ・ゼムに過ぎない．熾烈なグローバル競争に対応するに

図4-1　脱日本の戦略的組織モデル

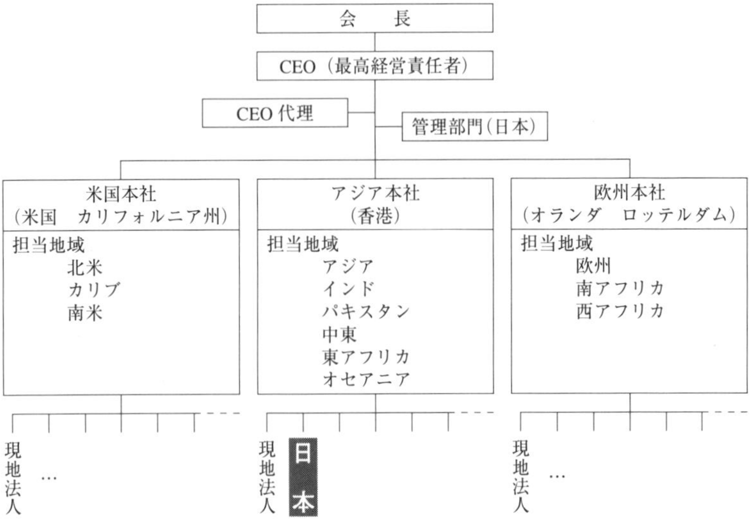

```
              ┌─────────────┐
              │   会　　長   │
              └──────┬──────┘
              ┌──────┴──────┐
              │ CEO（最高経営責任者）│
              └──────┬──────┘
        ┌────────────┼────────────┐
    ┌───┴────┐              ┌─────┴──────┐
    │ CEO代理 │              │ 管理部門（日本）│
    └───┬────┘              └────────────┘
        │
  ┌─────┼─────────────────┬─────────────────┐
┌─┴────────┐      ┌──────┴──────┐    ┌──────┴──────┐
│  米国本社  │      │  アジア本社  │    │  欧州本社   │
│（米国 カリフォルニア州）│（香港）      │（オランダ ロッテルダム）│
│ 担当地域   │      │ 担当地域     │    │ 担当地域     │
│  北米     │      │  アジア      │    │  欧州       │
│  カリブ    │      │  インド      │    │  南アフリカ  │
│  南米     │      │  パキスタン   │    │  西アフリカ  │
│           │      │  中東        │    │             │
│           │      │  東アフリカ   │    │             │
│           │      │  オセアニア   │    │             │
└────┬──────┘      └──────┬──────┘    └──────┬──────┘
     │                    │                    │
   現地法人 …          現地法人 日本         現地法人 …
```

（出所）日経ビジネス，2002年10月7日号．商船三井の事例によると，すでに日本は世界の一部として組み込まれており，日本（ウチ）から世界（ソト）を視るのではなく，世界（ソト）から日本（ウチ）を視るというグローバルな戦略思考が企業行動を導いていることが知られる．

は，できるだけ権限を地域本社に分権化する必要があるのである[20]．

こうした前提条件の変化を組み込むとすれば，従来のガバナンス基準は，次のように方式を転換しなければならなくなるだろう．

（従来の日本型ガバナンス）：
　　企業付加価値―（労働者への適正な利益還元＋借入金利）＝株主へ利益還元
（グローバル・ガバナンス）：
　　企業付加価値―（株主へ適正な利益還元＋借入金利）＝労働者へ利益還元

後者の思想は，資本コストを優先して，企業付加価値からまず分配されるべきと考える．前者の思想が，労働分配率を高めることを優先する思想であったことと対照的である．なぜなら，グローバルな共存共栄の社会では，人類共有財産として資本が公平に分配されねばなないからである．

ガバナンスのグローバル化が，世界の企業の戦略と行動を規律しはじめたのは新しい．なぜなら，グローバル企業の誕生は比較的新しいことであるからである．1990年頃を境とする東西冷戦構造の崩壊とともに，世界的に始まった規制緩和・撤廃（deregulation）と情報テクノロジー（IT）を中心とするミクロからナノテクへの技術革新の波（innovation）が，グローバル企業の生成を加速させることになったからである．前者は，世界市場創造のための旧制度の破壊をもたらし，後者は企業をして新しいビジネス機会を求める創造的破壊の戦略行動をとらせるように働いた．市場と技術の同時挑戦こそが企業存続の条件であれば，ガバナンスのグローバル化は，この同時挑戦が行われているかの経営監視を怠らないことが条件にならざるを得ないのである[21]．

つまり，グローバル企業とは，それまでの企業が国別市場を足場に世界市場に進出（多国籍化）してきたのに対し，脱国籍化をめざしている．規制緩和による世界市場の創造とそれにともなう企業の海外進出や海外投資の自由化を1つの大きな外部環境の変化として捉え，かつ情報テクノロジーの革新を使って新製品やサービスの開発や地球規模の事業活動の効率化に向けた情報ネットワークの構築により，人類全体の満足を高める成長経営を展開する．

このグローバル企業は，世界的な規制緩和と技術革新の高まりが，1970年代までの重要戦略であった多国籍化戦略をグローバル戦略に転換させたことによって注目されるようになった．その競争優位の戦略は，「グローバル・パラドックス」と呼ばれる原理にもとづいている．この原理は，世界経済が巨大化すればするほど，最端末のパーツは強力になるという仮説である．巨大化と最小化を共存させる経営であるがゆえに，パラドックスと呼ばれるのである．事例としては，ABB（アセア・ブラウン・ボベリ）の自律分散型ネットワーク経営，日本では京セラのアメーバ型経営にその原理がみられる．つまり，グローバル戦略経営の原理は，分社化，並列化，脱構築化（Outsourcing, Delayering, Deconstructing）にある．これは多国籍企業の戦略経営が特徴としていた規模の経済の追求としての内部化，垂直化，構造化の原理ではない．その反対に，範囲の経済あるいは連結の経済（多数のローカルな小規模企業の集合体による成長経済）を目指す，巨大化する世界経済に迅速に対応するには，安定したグローバル化と自律したパーツ（事業単位）の拡大とを並列的に進めるところにこの原理の特徴がある[22]．

このようにしてグローバル戦略経営には，強い統合力（求心力）とそれに匹敵する強い分散力（遠心力）が働かなくてはならない．小さな本社と多くの分社化された事業単位（ビジネス・ユニット）の有機的ネットワークの構築（グローバル連邦経営）が成功のカギを握る．「統合はそれに相応する分散を求める．ネットワークとは，統合と分散のグローバル・パラドックスの解決でなければならない」ということになる．このためグローバル戦略実現に有効な戦略的管理会計の確立は不可欠になる．それは，戦略経営過程（目的と目標⇒戦略⇒実行⇒評価）に即した戦略支援の管理会計であり，株価や時価（市場）主義，モノ離れ会計（ブランドや人的資源などの非物的資産会計），連結会計，カンパニー制や分社制の利益管理会計などを特色とする．グローバル・ガバナンスの支援体制としてこれらの管理会計システムは有効であろう．

多国籍企業時代の戦略経営が，普遍主義経営による個別主義経営の圧倒という特徴をもっていたが，かわってグローバル企業時代の戦略経営は，普遍主義

と個別主義，グローバル化とローカル化といった過去のトレード・オフの関係を解消して，異質な単位間の結合を競争優位に変えてしまった．シュンペータのいう企業家精神が，ネットのパワーを借りてグローバル化したものと捉えることができよう．

このようなグローバル企業の生成とともに戦略経営の有り様が変化して行くにつれて[23]，従来のガバナンスとは異なる新たなグローバル・ガバナンスが，企業経営のルールとして期待されている．今後ますます戦略経営の普遍化が進めば，ガバナンスのルールも普遍化に向かわざるを得ないと考える．日本企業のスピードのある大転換は急務である．

ま と め

本稿では，日本企業がグローバル・ガバナンスに適応していくためには，企業が獲得する付加価値の分配の方程式を抜本的に変えるべきことを主張した．確認のため繰り返すが，従来の日本のガバナンスでは，企業が獲得した付加価値について，まず労使が協議して適正な賃金を確定し，金利を支払って，その残余を株主に還元することで済ませてきた．つまり，経営者は株主の立場を軽んじてきたのである．このため，株式市場には個人投資家が集まらず，逆に法人持ち株が多数を占めたために，流通株式の極端に少ない市場ができ上がってしまった．このことが昨今の株価暴落の重要な一端になった．日本型コーポレート・ガバナンスは失敗であった．しかも企業だけでなく，日本社会全体がガバナンスの危機を迎えてしまっている．

このような危機を回避するには，経営者は付加価値の分配に当たって，金利を支払い，株主資本への適正な配分を協議し決定し，最後の残りを労働者への分配に当てるようにガバナンス方式を改めなくてはならない．資本は，グローバルな公共財として最も貴重に扱われねばならないからである．ただ，本稿では，経営者と株主との間で適正な付加価値の分配をどのように決定するかの理論モデルは扱わなかった．本稿では，付加価値の分配の優先順位を入れ替えることを提唱したが，米欧のいうような株主価値のみを考えるものでもなく，と

いって労働者に最大級の分配をしてしまうというものでもない．方程式のなかに両者を含めつつ，しかし優先順位が異なるべきというバランスモデルを提唱したのである．この点のさらなる考察は，今後の課題にしておきたい．

さて以上の考察にみたように，クローニー文化を抱える日本経済社会の最大の問題は，リスクに挑戦しない経営者が，企業リスクを大きくしてしまったということである．この問題の解決には，個人も組織も狭い小集団意識から抜け出し，グローバルという大きな社会意識をもつことである．それによって，世界の信頼を集め，信頼ある情報や知識を世界から吸収して，よりスマートな社会構築を目指すことである．世界ナンバーワンではなくて，世界に存在感のあるオンリーワン社会を目指すことがグローバル・ガバナンス制度の設計理念になるであろう．この理念が実践されれば，つまり新しい社会意識とその関連するインフラ整備ができれば，世界の知識と技術と資源を結合して，世界に情報発信できるイノベーションを巻き起こすことができる．イノベーションは，シュンペーターの指摘したように異質性の結合によって生まれるからである．ガバナンスの問題は，実に経営戦略と表裏一体をなす問題なのであるということの認識の重要さを指摘しておきたい．

さらに，本稿が十分に検討できなかったサブ・テーマについても指摘しておかなければならない．それは，進化するIT（情報技術）と金融取引との融合（金融工学）が，戦略経営の形に及ぼす影響である．本稿では，「エンロンの破綻」という事例で，米国型ガバナンスの限界として考察してきたが，これを乗り越える研究が必要だという点である．近年，日本でも政府と財界を挙げて，MOT（マネジメント・オブ・テクノロジー）の必要性が叫ばれている．しかし，テクノロジーを理解できない監査人も多い．エンロンの監査人が，より金融工学に詳しければ，不正を未然に防げたのではないかという声も聞かれるからである．日本でも起こり得る問題であろう．今後の本格的な技術管理の研究が求められる．

また，近年広がりを見せている非営利法人（NPO）についても，本稿はそのガバナンスの考察を除外してきた．今後の課題とすべきだろう．

最後に，本稿では，グローバリゼーションの進展が，新しい戦略とそれに対応したガバナンスを求めるが，その型はアングロ・サクソン流のモデルに収斂（コンバージョン）していくだろうと考察してきたが，しかし日独仏の企業経営に共通に見られるような株式の持ち合い制度は，歴史的に重要な経営戦略だったと考えられ，そうであるならば，その価値，意味付け，実証研究についてさらに本格的な研究をしておかなければ，政策論としてのガバナンス論は失うものも大きい．

同じことはメイン銀行のガバナンスについても言えよう．現在のところは，日本の銀行はバブル経済の不良債権の償却で苦境のドン底にあるが，しかし日本の高度経済成長を支えてきた金融システムであったことを別の面で再評価できないと言い切ることはできない．グローバリゼーションとローカリゼーションとの融合の道があるとすれば，以上の残された研究課題は，重要な意味をもってくるということを否定することはできないと思う．ステークホルダー型のガバナンス論として，これらの課題のさらなる研究を蓄積しなければならない．

1) アングロ・サクソン型が株式市場をガバナンスの主人とみる説に立つのに対し，日独型は多くの利害関係者，すなわちステークホルダーがガバナンスの主人とみる説に立っている．ガバナンスの型は，大きくこの2つに類型化されることが多い．
2) サミュエル・ハンチントン著，（鈴木主税訳）『文明の衝突』，集英社，1998年．本書は鋭くこの新現象をえぐり出した初めての大胆な仮説・論説として有名である．
3) 林昇一・徳永善昭著『グローバル企業論』，中央経済社，1995年を参照されたい．
4) Business Week, July 14, 2003. The Global 1000 : The World's Most Valuable Companies.
5) ブッシュ大統領は，粉飾会計による株価の暴落を防ぐために，『企業改革法』を設定し，違法行為の経営者には刑事罰でのぞむ姿勢を示した．
6) この理論と類似する取引費用理論が財・サービスの取引関係一般を観察・考察するのとは異なる点に注意されたい．なお，プリンシパル・エージェンシー理論については，林昇一・高橋宏幸代表編集『戦略経営ハンドブック』，中央経済社，2003年の第9章および丹沢安治著『新制度派経済学による組織研究の基礎』，白

桃書房，2000年を参照されたい．
7) 日銀の苦悩は深刻で，政府の財政赤字を補填する国債の大量引き受けばかりか，不良債権処理や株価下落危機の保有株の売却など市場に大量に放出される株式の引き受け（受け皿）となるように政府や財界の圧力を受けた．中央銀行の本来の機能は，通貨の番人として政府の景気対策などには中立でなければならないのである．ここに日銀の独自性喪失による深い苦悩が見られる．それは日本経済の構造的な苦悩を意味している．株価が1980年代の水準に暴落することで，日本企業の強みであった株式相互持ち合い制度は，崩壊に向かうことが決定的になった．日経平均株価は，バブル期間（1989年末）の最高値（3万8915円87銭）から2003年3月には，8,000円割れが続いた．実に，1/4に下がったのであるから，それを切っ掛けとして，日本経済は構造的転換を余儀なくされていくのである．
8) お神輿型経営とは，活力はあるがトップのリーダーシップに依存しない方向性の定まらない経営をいう．それは組織の責任が曖昧であるところに問題がある．歴史上の「傘連判」にみるように，個々人の責任の所在や責任追及をさせない独特の集団主義文化をもつ村社会の文化に基づいているのであるから壊れにくい．名前を丸く傘のように並べて署名するため，一揆のような組織行動をとっても首謀者を突き止められないように工夫されている．阿部謹也教授の『世間』という概念を用いた日本社会の分析も小集団の寄り合い所帯を日本社会とみており，全体性に欠けるという意味で類似性がある．教授は，日本には西洋に言うところの社会というものは存在しないと考えている．筆者は，日独のプロパンガス事業の成長戦略を受託研究したことがあるが，見事にその文化違いは出ていた．ドイツには社会全体思考とも言える効率性の高いガス供給システムが戦後の成長過程で敷設されていたが，日本の場合，場当たり的であって，決して社会的規模での効率のよいグランドデザインが描かれていたとはいえないお神輿型経営によるものであった．
9) 銀行の地盤沈下は，東証1部の時価総額に占める銀行株の比率の低下をみても明快である．1980年代後半では，約25%の比率を占めていたにもかかわらず，2003年4月には6.55%にまで低落した．銀行株は，戦後の東証株式市場の時価総額上位10銘柄から姿を消したのは初めてのことで，銀行を中心とする日本経済の構造崩壊を如実にあらわしたものと言えよう．
10) 2001年9月中間決算から時価主義会計が本格的に導入されたため，会計処理上，保有株式のうち時価が簿価を5割以上下回った銘柄は，評価損計上の必要がある．さらに有価証券含み損の6割を自己資本の剰余金から差し引かねばならなくなったことが日本の有力銀行の競争優位性を失わせた．
11) 土地については，その評価損（減損と言う）処理は，2005年度，つまり2006年3月期に完全実施が予定されており，銀行の苦難はまだまだ続くことが予想されている．減損会計処理については，黒沢泰『不動産の時価評価と減損会計』，中央経済社，2002年を参照した．
12) 不良債権処理のため自己資本が危機的水準に陥った場合，政府は公的資金を注入して，優先株を保有することになっているが，その水準では優先株配当もおぼつかなくなることが予想される．このときは，当該銀行，つまり公的資金注入銀

行は，政府による議決権行使，すなわち直接のガバナンスの下に置かれることになり，経営陣の退任と経営の自主性は完全に奪われる．さらに言えば，これまで産業企業のガバナンスを行ってきた銀行が，ガバナンス能力を失うのであるから，最悪の場合，ガバナンスの欠如は日本企業の全般に及ぶことになろう．

13) 国際決済銀行（BIS）は，第二次大戦の戦勝国リーダーの米国が主導的に創った戦後のパックス・アメリカーナ体制の戦略的経済インフラ（仕掛け）である．BISと並んでIMFと世界銀行も戦略的インフラとして重要なものである．ただ国際決済銀行を活用して世界経済をコントロールする戦略行動に出たことは，今回のBIS規制を除いては戦後ほとんどみられなかった．つまりBIS規制の背景には米国が，戦後のパックス・アメリカーナ体制を社会主義圏の崩壊を契機に地球規模に拡大する戦略に打って出たからだと考えられる．ただ本章は，軍事力や安全保障の国際政治問題には言及していない．

14) 林昇一・高橋宏幸編集代表『戦略経営ハンドブック』，中央経済社，2003年，第4章および16章参照．また宮内義彦「社外取締役の機能，執行役の本質」，DIAMONDビジネス　レビュー，April 2002/4.を参照した．

15) 中山治著『戦略思考ができない日本人』，ちくま新書，2001では，日本文化を日本教と捉えて，欧米のユダヤ・キリスト教との思考の違いを比較考察しておりガバナンスの文化比較論としても興味深い．参考として，主な違いをまとめてみよう．

① 日本社会は，地縁的，血縁的，感情的なつながりを基盤とする共同生活型集団組織である．相互扶助，相互規制（同調圧力）とが特徴である．

② 日本人の連帯は，もろくはかない．滅私奉公のように，主体性を殺ぐことで，集団の凝集性を高める．

③ 八百万の神を信仰．天皇も絶対神ではなく，1つの神にすぎない．あらゆるものに神宿るとの観念が支配している．

④ 利益と情緒の支配する小集団社会．故に，「省益あって国益なし」の社会が誕生し，腐敗が蔓延する．絶対神がない社会は，トップから強烈なタガがはめられなくてはまとまらない民族なのだ．

⑤ 官庁の組織は，国民に奉仕する機能集団ではなく，組織の成員の利益に奉仕する共同体になっている．機能（ルール）外の相互扶助や相互規制が入り込みやすい体質だ．しがらみや情実，それを捌く談合や調整ばかりが組織にはびこって，ただでさえ弱い個の主体性はますます失われる．

⑥ 派閥，年功，人望，根回しのような情緒的手段がはびこる．そこでは理念も政策もない．

この日本教に対する欧米のセム系一神教の組織は，特定の目的を達成するために結成された機能集団組織であるとしている．そこには「組織我」があり，日本のその場その場の主体性のない「状況主義」とは対極にあると指摘しているのであるとすれば，日本企業のガバナンス改革の方向は，曖昧性を排除し，透明性を高めることにあるのではないか．

16) 日経新聞2002年5月15日の記事によると，日本の機関投資家でも同様の動きが見られるという．日本生命保険など有力機関投資家は，不振企業の取締役の選

任や役員報酬などに対し議決権を行使することで，米欧型の株主によるガバナンスへ移行すると報じている．これは運用成績の悪化が引き金になっていると考えられる．

17) ハーバード・ビジネス・レビュー・ブックス『コーポレート・ガバナンス』，ダイヤモンド社，2001 年．ここでは戦略と執行の分離，取締役会の業績評価，CEO と取締役との関係など規律と透明性についてたのゆまぬ改革の必要性が詳細に論じられている．

18) MIT スローンスクール教授のスチュワート C. マイヤーズは，調査をまとめて次のように述べている．彼は，「アメリカ型コーポレート・ガバナンスもいまだ不完全である」と結論づけ，その最大の失敗の原因が SPC による経営情報の非公開にあったと指摘している．ダイヤモンド・ハーバード・ビジネス・レビュー，2002 年 4 月号を参照．

19) この法律は「米国企業改革法」(Sarbanes–Oxley Act of 2002) と呼ばれている．この法律では米国企業と外国企業との区別をしないこと，米国証券取引所法のもとに登録されている企業が対象であり，このことが判明して，日本企業には上場を躊躇する経営者が現れたことが報道された．この法律については，林・高橋『戦略経営ハンドブック』，第 16 章に詳しい．

20) 「脱日本でつよくなる企業」『日経ビジネス』，2002 年 10 月 7 日号参照．

21) 林，徳永『前掲書』，1995 年に詳しい．

22) 林昇一・浅田孝幸編著『グループ経営戦略』，東京経済情報出版社，2001 年．ここではグローバル化の進展によって，企業は従来のような個別企業の戦略から，個別企業ごとの強みを総合するグループ戦略（資源の選択・集中）が，グローバル時代の競争力を形成することを論じている．

23) 『成長戦略論 (STRATEGIES FOR GROWTH)』，ハーバード・ビジネスレビュー・ブックス，ダイヤモンド社，2001. 4. には，新しい戦略経営を捉える新しい概念の構築が試みられている．従来の多角化や M&A 戦略を見直し，さらにバリュー・イノベーションやバーチャル空間を生かした新サービス戦略やリビング・カンパニーの戦略など新しい戦略経営を構築するうえで有益な示唆が与えられる．

※特記：本章は，中央大学経済研究所の現代戦略問題研究会の研究論文であるが，同時にこの研究が 2001 年から 2002 年度にわたり中央大学特定課題研究費助成を受けたものであることをここに記し，中央大学に感謝したい．

第 5 章

企業組織の戦略動向とグループ経営戦略

1. グループ経営の概念と展開
1-1 企業グループの概念
　企業が事業活動によって収益を追求する過程において，各々の企業が目的達成のために，相互に経営活動を補完し合い，企業集中を図ることがある．このような場合の企業の集中形態には，緩やかな企業連合的なものから，集中度が極めて強い企業結合がある．

　企業結合には，トラスト（trust）や持株会社（holding company）のような企業の独立性を維持しながら経営を進める結合と，企業が合併して企業自体を統一化する結合がある．企業グループは，このような企業連合と企業結合の中間的な企業集中形態として位置づけられる．

　わが国における企業グループ経営は，戦前の主要財閥である三井，三菱，住友，安田という大財閥が，持株会社を核とした階層的な企業グループであった．財閥による企業グループの経営は，同族が持株会社を所有する形態をとり，グループ傘下の子会社株式を所有し，企業支配を主たる業務とした純粋持株会社の体制である．

　傘下の子会社の企業活動に関する意思決定は，グループ内企業のトップ・マネジメントに任せ，持株会社の主な役割は，グループ傘下企業の調整と，財閥

全体の運営に関わる経営方針と意思決定が中心であった．

　財閥は1945年の終戦直後に，経済民主化への改革の一環として，GHQ (General Headquarters：連合国総司令部) によって解体させられた．その後の企業活動は，公正・自由な市場競争の促進と，企業支配の集中化を排除する目的から，1947年に独占禁止法が制定され，純粋持株会社は禁止された．

　本稿は，わが国企業の戦後におけるグループ経営の起点を，独占禁止法に位置づけ，戦後のグループ経営が形成される原点となった事業部制・組織の分権化を重視した．したがって，グループ経営戦略については，主にグループ経営形成と展開プロセスを焦点としている．

　ここにいうグループ経営の概念は，「前述の企業グループの中核企業（親会社）と，別法人の子会社・関係会社から構成される企業集団」として位置づけている．また，ここでは，中核企業と親会社とは同義語として解釈し，傘下の子会社・関係会社の発行する株式の50％以上を保有し，経営上の支配権をもち，グループ経営に関する意思決定権限をもつ企業である．

1-2 グループ経営の展開

　グループ経営の範疇としては，狭義の事業持株会社からグループ経営の中核となる純粋持株会社を対象としている．しかし，広義の企業グループには，相互の株式持ち合いからグループ化された企業集団，メインバンク中心に編成された企業集団，創業者経営を起点とした企業集団，企業の提携・連合による戦略的企業集団など様々な形態がある．ここでは，前述のグループ経営の概念を基本に，事業部制から企業グループ経営形成への展開プロセスを中心として論述したものである．

　1960年代からの経済発展期には，企業革新・活性化，事業の拡大化とシェア・アップ，事業部門別採算管理を目的とした事業部制を多くの企業が導入した．一方，これらの動きに並行して各企業は，子会社，系列会社による企業グループを構成して，企業総合力の強化に向けて，グループ組織の体制・強化の方向に動きはじめた．

グローバルな経済環境の変化のなかで，企業がグローバルな時流に対応できたのは，独占禁止法が極めて早い時期に，「事業持株会社」を容認したことが大きく影響している．ここ数年の間に事業部制は，さらに分権化を強めた，社内分社制（カンパニー制など）への移行が進んでいる．この組織形態の転換傾向がさらに進み，突き詰めると，いわゆる「純粋持株会社」の組織形態に行き当たることになる．この方向性が強まるにしたがい，グループ経営への流れは加速され，持株会社によるグループ経営化の可能性は高くなる．

　純粋持株会社という組織形態は，欧米の企業ではごく普通にとられている組織である．わが国が国際競争のなかで，純粋持株会社を活用したグループ戦力として，競争優位な組織力として再編することは，市場競争を勝ち抜くための大きな条件であり，今後の経営戦略の重要な選択肢の1つとなろう．

　このように，持株会社の解禁と事業部制の戦略的な組織転換・分社化への方向性との関連性は極めて深く，企業グループ展開の「キイ」となることは確かである．

2. 企業グループ形成の起点としての事業部制

2-1 事業部制組織と分権化

　企業の事業規模拡大化，多角化，グローバル化によって経営活動が複雑化してくると，変化に即応した意思決定を，迅速，的確に行うことに困難性が生じてくる．このような企業環境への対応と，集権的組織の限界から展開されてきた組織が分権化（decentralization）組織，あるいは分権的組織（decentralized organization）と呼ばれる組織形態である．分権化組織に対し集権的組織（centralized organization）は，権限がトップ層に集中化しているために，企業が小規模な場合においては組織が有効に機能するが，企業が大規模化し，経営が複雑化してくると組織機能に多くの問題が生じてくる．このような企業において一般的に採られた管理形態が事業部制である．

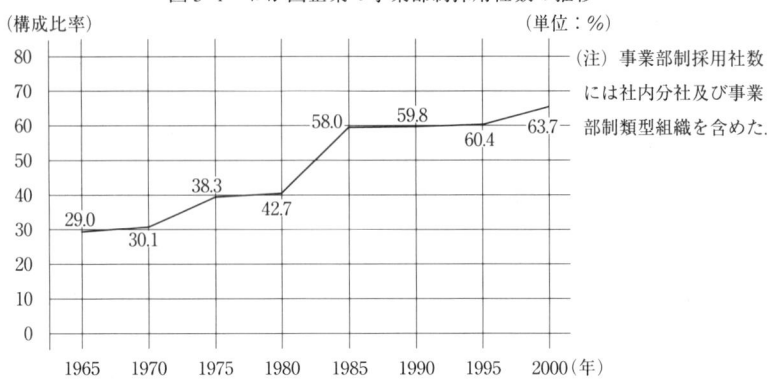

図 5-1　わが国企業の事業部制採用社数の推移

(構成比率)　　　　　　　　　　　　　　　　　(単位：％)

(注) 事業部制採用社数には社内分社及び事業部制類型組織を含めた.

数値：29.0, 30.1, 38.3, 42.7, 58.0, 59.8, 60.4, 63.7
年：1965, 1970, 1975, 1980, 1985, 1990, 1995, 2000 (年)

(資料出所) 事業部制採用社数の資料は, 1965-1985 年は通産省産業政策局編「経営力指標」各年度. 1990-2000 年は『会社年鑑』日本経済新聞社. ダイヤモンド社編『組織図事業所便覧』上下巻 1999. 及び日本経済新聞「2000 年人事・組織」記事により補正, 対象は東証 1 部上場製造業 922 社.

このような分権化組織は, 企業が成長する過程において経営の安定化を図るために, 事業部門の多角化などから経営戦略的に分化することによる分散化である. その目的は, 急速に変化する経営環境, 市場に迅速に対応した意思決定と行動力にあり, 集権的管理組織では処理しきれなくなった要因がある. 集権的管理組織と分権的管理組織の本質的に異なる点は, 権限がトップに集中的に留保されているか, 部門組織に分権化・委譲されているかに大別される. この場合の権限は, スタッフ権限や専門的な権限ではなくラインに対する権限であり, 執行活動に関する包括的決定権である. このように, 集権的管理組織において経営管理の本質的機能たる包括的決定 (全般的意思決定) がトップに集中しているのに対して, 分権的管理組織においては, 包括的決定権が経営組織の各部門に, 責任を含めて分散化された管理組織である.

2-2 分権制の形態

P. F. ドラッカー (Peter F. Druker) は, 分権的組織について連邦的分権制 (federal decentralization) と職能的分権制 (fanctional decentralization) の 2 種類の形態をあげている. 連邦的分権制とは, 企業の事業活動がその事業の市場,

製品をもって，それぞれ自主的に採算活動を行うために組織化された事業体（autonomous business）である．また，職能的分権制とは，企業活動過程で職能を統一した単位（unit）を組織分化して，この組織に権限と責任を付与するものである．前者が，市場，事業，製品などの単位で，プロフィット・センター（profit center）的な性格をもつのに対して，後者は職能を単位とするところから，コスト・センター的な性格をもち，両者ともに権限の委譲と見られている．それゆえ，基本的執行活動において損益責任の包括的な権限を付与された単位組織は，利益単位としてのプロフィット・センター機能をもつことになり，事業部制組織はこれに対応した最適な組織形態といえる．

このプロフィット・センターは，既述の如く製品別，地域別，業種別などの事業部制に多く見られる．その典型的な分権的管理組織は，本社を中心とした事業部門別組織形態である．しかし，事業部は経営組織の一事業部単位であるために，企業全体に関わる方針，計画による行動の制約を受け，したがって，付与される包括的決定権も，企業全体の方針，計画によって行使されることになる．このように基本的執行活動に対する包括的決定権がそれぞれ分化されて譲渡されるのが，分権的管理組織である．

このように，事業部は自立的な組織であり，事業部長は事業遂行に大幅な権限をもっているが，基本的には企業の全体的経営方針によって指針が与えられ，業績評価を通じて統制される．

企業の本社が事業部に委譲しないで保有している主な権限には，大規模な設備投資，事業部幹部の人事権，関連新事業の導入権限，技術・業務などの対外契約・提携権などがあるが，事業部経営に必要とされる大部分の権限は委譲される．

組織形態には各企業，共通のマニュアル的な形態はなく，業種，企業文化，経営理念などによっても異なる．換言すれば，各企業の最も効率的な事業経営のベストプラクティス（best practice）がその基盤にある．したがって，事業部門の分権化も，各企業の採用において統一的，一律的なものはない．

事業部制の導入において，最も重視されなければならないことは，事業部組

織を如何に形成し，分権化するかという問題ではない．事業部門の分権化は，今までの集権的管理が分権的管理に変わることで，トップに集中していた権限が，各事業部門に分権化されるので，事業部門としてステークホルダー（stakeholder）に対しても，経営責任が問われていることを認識することが重要であり，ここに分権化の意義がある．

2-3 日米事業部門の分権化組織の違い

分権的管理の起点である事業部制は，わが国においては，事業部門の独立採算性の性格が強く，通常，事業部門のプロフィット・センターの役割を担っている．

米国における事業部制は，事業単位に形成された事業部門経営組織を，事業部制の組織（multi-divisional type of organization），あるいは連邦的分権制（federal decentralization）として組織化されている．わが国における事業部制管理とは内容・性格的にも異なるものであり，現在，事業部制からグループ経営へのプロセスのなかに見られる，社内分社制（カンパニー制など）に近い事業部門のROI（rate of return on investment）を重視した管理である．

チャンドラー（Alfred D. Chandler Jr.）は，アメリカの多角化事業の発展は，分権化された事業部制組織の開発・導入により，新しい多角化戦略が既存産業内の競争を激化させ，事業部制による責任の明確化によりトップ経営者は，市場競争の職務を，上位ミドル経営者である事業部長に分担させることによる経営効果を重視している．

アメリカにおいて事業部制が導入された当時の経済環境は，第一次世界大戦後の不況下にあり，事業部制導入の直接的な目的には，事業部門の責任を明確にした会社再建策として採り入れられた背景がある．1920年のゼネラルモーター社（General Moters Corporation）が導入，翌1921年にはデュポン社（E. I. du Pont de Nemours and Co.）が導入しているが，デュポン社の場合は多角化戦略を推進するために組織化した革新的なものである．

現在のアメリカの事業部制は，企業のトップマネジメントに集中化していた

事業戦略と意思決定を，事業部門トップに執行権限を委譲することで，事業遂行に必要とされる機能をもつ組織形態である．このことで「企業戦略と事業遂行の分離」が明確化され，事業部もまた資本に対する責任をもつことになり，米国企業の投資家重視をベースとした，インベストメント型事業部制，あるいは米国型事業部制と呼ばれる所以である．

2-4 欧米企業のグループ化への展開

1960年代からヨーロッパや日本企業が成長し，国際的に市場の寡占化が進む一方で，既に国内において基盤が確立した国内企業は，関連産業への進出をますます増加させ，事業の多角化が進んでいった．

競争上の優位を規模の経済に求めているアメリカ企業は，自社の技術または市場と関連性の少ない産業を買収することで成長をしている．新たな事業の買収により，事業・製品系列の多角化を進め，規模を拡大化する，すなわちコングロマリット（conglomerate）の形成である．

コングロマリットは，第一次大戦後のアメリカにおける事業多角化の究極的な形態である．コングロマリットは，非関連製品および非関連サービスについて，少なくとも8つ以上の異業種事業部門をもつ企業を指している．アメリカにおける事業多角化は，1973年のSIC（標準化産業分類）による業種分類で，一企業10業種を超える企業が多く見られるようになり，産業間および市場における競争をますます激化させる結果となった．

イギリスやドイツにおいても，多角化の程度は違うもののパターンは同じである．しかし，アメリカのようなコングロマリット的な形態は少ない．ドイツにおいて非関連事業を展開する企業は，アメリカ型コングロマリットとは異なり，同族の持株会社か政府が所有する企業のいずれかによるケースが多い．むろん事業集団の規模，企業文化・同族によるコンツェルン的伝統など，アメリカとは異なった経営環境によるところが大きい．

規模の経済による拡大化を優先させ，自社のコアコンピタンス（core competence），設備，技術・スキルに関連性のうすい事業・企業を買収したことで，

トップ経営者は，多角化された事業部門を多く抱え，経営管理・企業統治に対する能力の限界を感じはじめた．その要因には，第1に，買収した部門，子会社に関する技術的なプロセス，市場についての専門的な知識がないこと，第2に，多くの異業種を抱えたことで本社組織による意思決定に限界が生じたことなどである．

　数多い事業部・子会社を組織的に機能化させるためには，関連事業部門のグループ化による管理形態が効率的・効果的である．かつては事業の多角化によって生じたトップの過重な負担を，当時革新的な事業部制組織を部門に導入することで，事業発展の問題を解決し，新たな展開の方向性を見出したように，事業部門をグループ化し，上位の経営トップをおいて管理をするようになった．

　しかし，事業経営を把握しきれない本社トップと，現業の事業部門トップとのギャップは大きく，次第に事業のリストラクチャリング・事業分割，売却という方向に進むようになった．このことは，後に戦略的ポートフォリオ（portforio）による競争優位な事業構成へと展開する．

　事業のリストラクチャリングは，1970年代には事業分割・売却の波に乗って促進され，企業の売買という今までにない，収益性の高いビジネスへと進展した．すなわち，企業の株式所有者・買収者の「オーナーシップ」に対する変化が現れはじめたのである．このように，1960年代の事業多角化から，1970年代の所有構造の意識変化による事業分割・売買のビジネス化への進展によって，事業・企業の再編を容易にした．

　規模の経済を追求したアメリカ企業は，1960年代の異業種企業の買収によりコングロマリット化し，1970年代には企業の統一性，経営能力などの限界から，本社と現業事業部門の関係に基本的な変化が生じ，その後，新たな組織再編，グループ化へと進展した．

3. グループ経営に向けた組織転換の趨勢
3-1 社内分社制への組織転換の傾向

既述の通り，わが国企業の事業部制は，ある程度の分権化された部門独立性と利益責任を持ちながらも，事業部門として完全に独立した経営状態を確保することが出来なかった．このように，事業部の分権化・独立性を強め，戦略性を加えた組織形態が要請されるようになり，そのなかから生み出されたのが社内分社制（カンパニー制など）である．

社内分社制は，事業部制のもとでは解決しきれない，部門の独立性，事業再編，活性化を目的に，事業部門を独立会社的に内部分社化した事業管理の組織形態である．事業部制のプロフィットセンター的経営に，事業部門の資本・資産を重視した事業部門の独立性をより強めた経営形態である．社内分社制は，資本金を主体とした経営方針，経営戦略によって質的に経営を高め，利益確保の他に，分社としての自己資本利益率，総資産利益率（ROI）など，投資資本の効率化を事業部門の責任として求めている．

わが国においては，1994年にソニーが事業本部制から社内分社制（カンパニー制）を初めて導入している．導入当時は，先進各国では既に純粋持株会社は自由に活用されていたが，わが国では独占禁止法によって禁止され，将来のグローバル化に向けた組織体制としては，企業内に擬似的な事業部子会社を設けざるを得ない背景があった．

社内分社制の特徴は，ステークホルダーを意識して，各事業部門に対して資産・資本金を擬似的に配分して，これに対するリターン（ROA，ROE）を独立企業と同様に求めた点にある．

しかし，この社内分社制も制度の限界が指摘されている．例えば，社内分社が経営上債務超過の場合，独立法人のような清算は出来ず，結果的には特別損失の全社負担となり，この限りでは事業部制と何ら変わるところはない．それでは企業は何故事業部門の自立的経営・管理の幅を広げ，分権化を強めるのだろうか．社内分社制経営は突き進めると，持株会社の経営形態に行き着くことになり，グループ経営の体制が必要とされるのである．

表 5-1 分権的管理と組織展開

		事業部制	社内分社制（カンパニー制等）	子会社化分社制
責任の範囲		限定的責任範囲	分社事業の包括的責任	事業経営の包括的責任
業績評価	利益率	独立採算性重視	分社損益計算書による管理	損益計算書による管理
	ROI	対象としない	分社責任の重視	貸借対照表による管理
	ROA	対象としない	分社責任の重視	貸借対照表による管理
	ROE	対象としない	分社責任の重視	貸借対照表による管理
資本金		特に配賦はない	社内資本金を設定	親会社他の出資
資金の調達		本社調達	本社調達、社内金利負担	親会社又は自己調達
内部留保		内部留保はしない	内部基準による内部留保	内部留保有り
配当		配当という概念はない	配当値の設定	配当実施
投資権限		基本的には本社が決定	利益再投資の傾向が強い	独立法人としての投資権限
人的な帰属		本社に帰属	本社に帰属	各社に帰属・一部出向
管理システム		同一基準	同一基準	各社基準又は親会社に準ずる

戦略的な展開志向

グループ展開の事例
- 純粋持株会社によるグループ化
- 事業持株会社を「核」としたグループ展開
- MBO（Management Buy Out）戦略
- グループ子会社・企業の合併・再編戦略
- 事業部門子会社のグループ戦略

3-2 電気機器産業における組織転換の事例

わが国の大企業の多くは子会社・関連会社を多く持ち，実質的な事業持株会社の形態である．このような組織形態のなかで事業部制から社内分社制への転換が進んでいることは，事業部門のポートフォリオの再構築と，子会社化による再編成への日本的プロセスと見るのが妥当であろう．事例に分権化組織率の高い電気機器産業を，東証1部上場146社を対象に規模別に事例を見ると表5-2の通りである．

規模別では大規模企業の分権化組織形態が多い．また，業種別の視点で見ると多業種・多品種の多角化事業企業・消費財主体企業，先端技術・新製品展開企業などに比較的多く見られるが，課題はこの組織形態の展開と戦略性との関連である．分権化組織を発展的構成から分析すると，経営環境の変化と分権化組織形態の採用には，明らかな関連性（consistency）が見られる．

電気機器産業の主要13社の過去37年間の組織形態変化の推移を見ると，より明らかである．

表5-2 電気機器産業の企業規模別組織形態（2000年8月現在，単位：％）

資本金規模	社数	F	F+D	D	C	H	O	比率
100億以下	58	39.7	12.1	46.5	1.7	0	0	60.3
100億以上	88	13.6	5.7	60.2	15.9	0	4.6	86.4
電気機器計	146	24.0	8.2	54.8	10.3	0	2.7	76.0
製造業計	922	36.3	11.4	46.8	4.2	0	1.3	63.7

（注）1. 記号 F：機能別，$F+D$：機能＋事業部，D：事業部，C：分社制，H：持株会社，O：その他
2. 比率：F を除く組織形態．
3. 製造業計922社は，東証1部上場全製造業．

表5-3 電気機器産業主要13社の組織形態の推移

（単位：％）

	F	F+D	D	C	H	O	比率
1963年	23.1	0	76.9	0	0	0	76.9
1965	7.7	7.7	84.6	0	0	0	92.3
1983	23.1	0	76.9	0	0	0	76.9
1990	7.7	7.7	84.6	0	0	0	92.3
1995	0	7.7	84.6	7.7	0	0	100
2000	0	0	15.4	61.5	0	23.1	100

（注）1. 13社：東芝，三菱電機，日立，富士電機，富士通，沖電気，NEC，松下電器，松下電工，ソニー，シャープ，三洋電機，日本ビクター
2. 13社を選んだ理由：伊丹敬之他『日本企業の多角化戦略』とのデータ比較のため．
3. 記号は（表5-2）参照．
4. 比率：F を除く組織形態．

（資料出所）1963–1983年：伊丹敬之他『日本企業の多角化戦略』1988，日本経済新聞社，参照．
　　　　　1900–1999年：『会社年鑑』各年度，日本経済新聞社，『組織図事業所便覧』1999，ダイヤモンド社．
　　　　　2000年：日本経済新聞「組織・人事」記事を参考に補正をした．

　主要13社の組織形態の構成過程を見ると，前述の通り，1994年にソニーがカンパニー制を導入，1997年に独占禁止法改正：純粋持株会社の解禁と，グループ経営に関する経営環境が大きく変化した5年間に，殆ど全社が分権化を強化した組織形態に変えている．なかでも日立製作所，NEC，シャープの3社は，2000年8月の調査時点では，戦略的に分権化された社内分社制に近い，SBU（strategic business unit）的なグループ制を取り入れ，将来の持株会社によるグループ経営への志向性をうかがい知ることができる．

4. 企業グループ化関連課題の動向

4-1 関連法制の整備

　企業組織の再編・グループ化は，大きく分けて，新たな企業再編に対応した政府による産業政策面からの視点と，企業のグローバル的経営戦略と新たな企業価値創造に向けた再編活動からの視点がある．現在，政府は，企業がグローバル化した競争のなかで，新たな事業の再編成に企業組織が柔軟に対応し，再編を促進できる法制，税制，金融制度等の産業再生策を積極的に進めている．そのなかで，主な産業政策を推進するための法制化状況を見ると次の通りである．

　1997年の独占禁止法改正：純粋持株会社の解禁は，現在，法制審議会などで審議もしくは検討されている，一連の企業再編・分割，結合などに関する法制化の起点となったことは事実である．政府・法制審議会商法部会は，会社合併法制の整備・合理化を目的に，1997年に「商法等改正法法律要綱」を定め，産業を促進するための法制化を積極的に進めた．1998年の合併法制の合理化に続き，1999年には持株会社の創設・企業再編のための法制整備の一環として，商法等の改正による株式交換・移転制度，2000年には会社分割制度が創設された．

　これらの産業再編のなかで，一連の結合企業法制化の軸となる「企業分割制度：労務対策制度」，「連結納税制度」，特定事業部門を対象として株式を発行する「トラッキング・ストック制」などが，グローバリゼーションの進むなかで必要とされている．特に会社分割制度は，これからの企業戦略としての分社制や，持株会社への移行プロセスのなかで，産業構造の変化に対応した経営形態に変えることが重視されることから，結合企業法制化の中心となる法律であり，産業界から注視されている．この会社分割制度は，株主総会決議によって会社分割が可能であり，物的分割制度（資産など分割）の他に，人的分割制度（株主の分割など）を設けることを特徴としている．他に産業活力再生特別法，民事再生法，産業再生税制など，産業政策面でも企業再編に向けた施策が進められている．

第 5 章　企業組織の戦略動向とグループ経営戦略　155

図 5-2　政府の進める主な法制整備と企業の再編（2003 年 10 月現在）

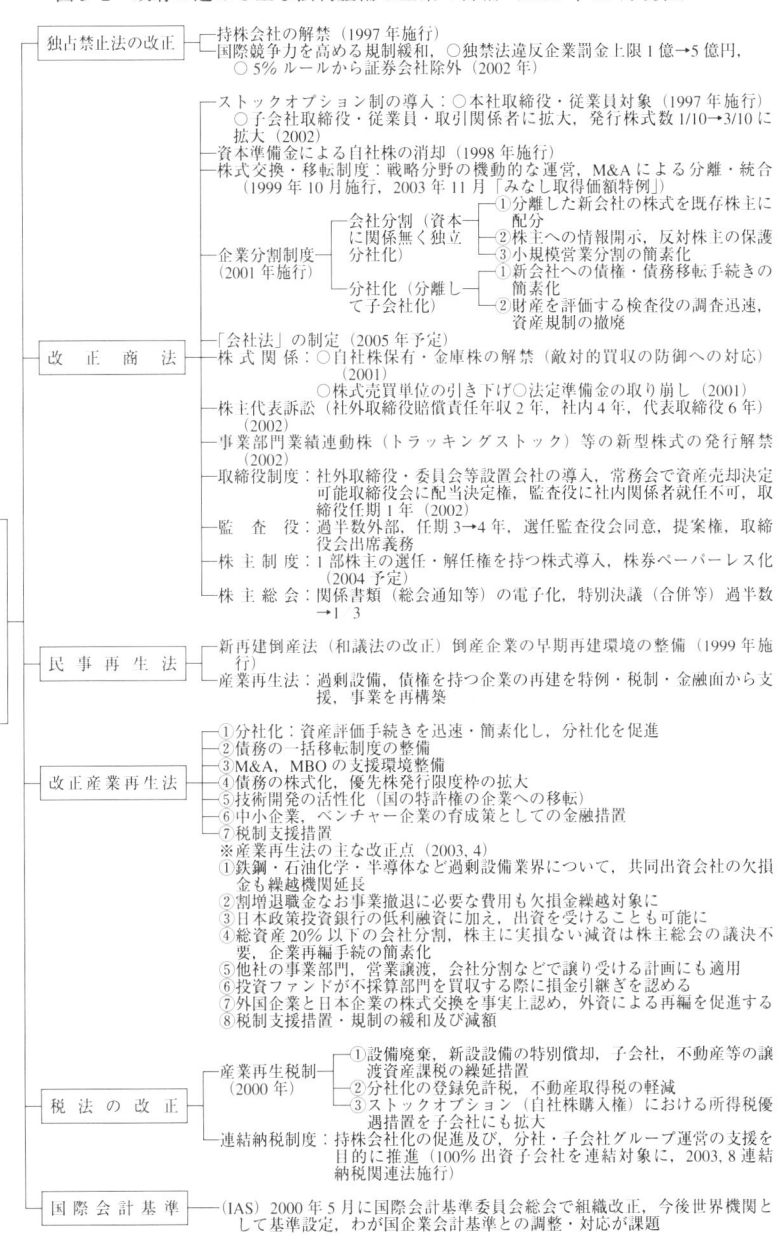

企業再編の政府施策
├─ 独占禁止法の改正 ─┬─ 持株会社の解禁（1997 年施行）
│　　　　　　　　　　├─ 国際競争力を高める規制緩和，○独禁法違反企業罰金上限 1 億→5 億円，
│　　　　　　　　　　└─ ○5％ルールから証券会社除外（2002 年）
│
├─ 改　正　商　法 ─┬─ ストックオプション制の導入：○本社取締役・従業員対象（1997 年施行）
│　　　　　　　　　│　　○子会社取締役・従業員，取引関係者に拡大，発行株数 1/10→3/10 に拡大（2002）
│　　　　　　　　　├─ 資本準備金による自社株の消却（1998 年施行）
│　　　　　　　　　├─ 株式交換・移転制度：戦略分野の機動的な運営，M&A による分離・統合
│　　　　　　　　　│　　（1999 年 10 月施行，2003 年 11 月「みなし取得価額特例」）
│　　　　　　　　　├─ 企業分割制度 ─┬─ 会社分割（資本に関係無く独立分社化）─┬─ ①分割した新会社の株式を既存株主に配分
│　　　　　　　　　│　（2001 年施行）　│　　　　　　　　　　　　　　　　　　　├─ ②株主への情報開示，反対株主の保護
│　　　　　　　　　│　　　　　　　　　│　　　　　　　　　　　　　　　　　　　└─ ③小規模営業分割の簡素化
│　　　　　　　　　│　　　　　　　　　└─ 分社化（分離して子会社化）─┬─ ①新会社への債権・債務移転手続きの簡素化
│　　　　　　　　　│　　　　　　　　　　　　　　　　　　　　　　　　　└─ ②財産を評価する検査役の調査迅速，資産規制の撤廃
│　　　　　　　　　├─ 「会社法」の制定（2005 年予定）
│　　　　　　　　　├─ 株式関係：○自社株保有・金庫株の解禁（敵対的買収の防御への対応）（2001）
│　　　　　　　　　├─ ○株式売買単位の引き下げ○法定準備金の取り崩し（2001）
│　　　　　　　　　├─ 株主代表訴訟（社外取締役賠償責任年収 2 年，社内 4 年，代表取締役 6 年）（2002）
│　　　　　　　　　├─ 事業部門業績連動株（トラッキングストック）等の新型株式の発行解禁（2002）
│　　　　　　　　　├─ 取締役制度：社外取締役・委員会等設置会社の導入，常務会で資産売却決定可能取締役会に配当決定権，監査役に社内関係者就任不可，取締役任期 1 年（2002）
│　　　　　　　　　├─ 監　査　役：過半数外部，任期 3→4 年，選任監査役会同意，提案権，取締役会出席義務
│　　　　　　　　　├─ 株　主制度：1 部株主の選任・解任権を持つ株式導入，株券ペーパーレス化（2004 予定）
│　　　　　　　　　└─ 株 主 総 会：関係書類（総会通知等）の電子化，特別決議（合併等）過半数→1 3
│
├─ 民 事 再 生 法 ─┬─ 新再建倒産法（和議法の改正）倒産企業の早期再建環境の整備（1999 年施行）
│　　　　　　　　　└─ 産業再生法：過剰設備，債務を持つ企業の再建を特例・税制・金融面から支援，事業を再構築
│
├─ 改正産業再生法 ─┬─ ①分社化：資産評価手続きを迅速・簡素化し，分社化を促進
│　　　　　　　　　├─ ②債務の一括移転法制度の整備
│　　　　　　　　　├─ ③M&A，MBO の支援環境整備
│　　　　　　　　　├─ ④債務の株式化，優先株発行限度枠の拡大
│　　　　　　　　　├─ ⑤技術開発の活性化（国の特許権の企業への移転）
│　　　　　　　　　├─ ⑥中小企業，ベンチャー企業の育成策としての金融措置
│　　　　　　　　　├─ ⑦税制支援措置
│　　　　　　　　　└─ ※産業再生法の主な改正点（2003, 4）
│　　　　　　　　　　　①鉄鋼・石油化学・半導体など過剰設備業界について，共同出資会社の欠損金も繰越機関延長
│　　　　　　　　　　　②割増退職金なお事業撤退に必要な費用も欠損金繰越対象に
│　　　　　　　　　　　③日本政策投資銀行の低利融資に加え，出資を受けることも可能に
│　　　　　　　　　　　④総資産 20％ 以下の会社分割，株主に実損ない減資は株主総会の議決不要，企業再編手続の簡素化
│　　　　　　　　　　　⑤他社の事業部門，営業譲渡，会社分割などで譲り受ける計画にも適用
│　　　　　　　　　　　⑥投資ファンドが不採算部門を買収する際に損金引継ぎを認める
│　　　　　　　　　　　⑦外国企業と日本企業の株式交換を事実上認め，外資による再編を促進する
│　　　　　　　　　　　⑧税制支援措置・規制の緩和及び減額
│
├─ 税 法 の 改 正 ─┬─ 産業再生税制 ─┬─ ①設備廃棄，新設設備の特別償却，子会社，不動産等の譲渡資産課税の繰延措置
│　　　　　　　　　│　（2000 年）　　├─ ②分社化の登録免許税，不動産取得税の軽減
│　　　　　　　　　│　　　　　　　　└─ ③ストックオプション（自社株購入権）における所得税優遇措置を子会社にも拡大
│　　　　　　　　　└─ 連結納税制度：持株会社化の促進及び，分社・子会社グループ運営の支援を目的に推進（100％ 出資子会社を連結対象に，2003, 8 連結納税関連法施行）
│
└─ 国際会計基準 ── (IAS) 2000 年 5 月に国際会計基準委員会総会で組織改正，今後世界機関として基準設定，わが国企業会計基準との調整・対応が課題

連結納税は2003年8月に施行された連結納税関連法で，対象企業として国内100％子会社・孫会社企業への導入が認められた．連結納税を選択した企業には，法人税率に2％を上乗せする連結付加税が課せられる．連結付加税は2年間の時限立法であるが，企業によっては税負担が増えるため，導入企業は欠損金の大きい大手電機，NTTなど一部に限られ，今3月期からの導入を国税庁に申請した会社は164企業グループである．（2003年11月12日現在）

また対外的には海外投資の促進を高めるために，日米両国政府は，投資交流の促進と日米の親子会社間の配当に対して，二重課税の防止をねらった「新租税条約」の検討を進めている．現在は収益に対して両国で課税しているが，出資比率50％超なら子会社側の国は課税を免除するものである．米国に子会社をもつ日本企業は，米国（現地）での納税額が減り税務負担が軽減される．両国で合意の上批准手続きを進め，2004年に発効・2005年からの適用を目指して進められている．（2003年10月30日　日本経済新聞参照）

4-2 グループ連結税制の動き

前述の通り，企業グループ化のベースである企業の分割，統合，結合などの法制化が進むことで，持ち株会社の解禁，連結主体の会計制度などの条件も整い，グループ化は一層促進されることになる．事業部制，社内分社制（カンパニー制）から法的に独立することで，企業グループ内における企業の役割，存在価値が対外的にも明確になる．

企業業績・価値の評価は，連結決算が主流であり，連結主体の会計制度も導入されている．直近の2003年3月期上場企業の連結決算でも，バブル期以後のリストラクチャリングが進み，一部の業種を除いて好決算企業が増加している．これらを内容的に見ると，連結対象の子会社・関係会社が，グループ企業としての役割を果たした結果の業績であるといえる．具体的には目標とした親会社の新商品開発，部品・商品供給への協力，コスト削減努力などが，企業内事業部体制にも増して大きいことも評価されよう．

このようなグループ連帯活動・連結化の動きのなかで，各企業の課税所得は

個別計算で行われており，連結ベースになっていない．グループ経営を志向する企業経営の潮流のなかで，税制との大きなギャップがあり，連結税制の問題がある．

このような背景のもとで，政府税制調査会・法人課税小委員会は，2001年7月にグループ企業の損益を合算して法人税を課税する連結納税制度の骨子をまとめている．その内容は，①親会社と損益を通算できる子会社の範囲を，国内の100％出資子会社に限定する，②子会社との損益通算は，強制ではなく企業の判断に委ねる，③導入の目標を2002年に置く，の3点である．

連結納税制は，親企業と子会社の損益を合算して課税計算をするために，企業グループ全体での税負担を軽減し，グローバル競争に対応した企業のグループ化を促進する目的がある．一方，国の財源からの視点では，法人税収の大幅減につながるジレンマがあるため，導入には慎重にならざるを得ないという側面がある．

一方，税制をグループ企業全体の視点から見ると，連結財務諸表は，グループ経営活動の実態に合わせて作成されていることから，株主による業績評価の対象はグループである．しかし，グループ企業全体の業績は，個別企業の配当可能な利益の総計と，グループ利益としての配当とが，必ずしも一致しないため税制との間にギャップが生ずる．

これら法制上の対応は，2001年9月に，商法においては「商法等の一部を改正する法律案要綱中間試案」が検討・審議され，連結決算書類の導入が提案された．税制と商法上の整合性が連動化され，連結決算が導入されれば，個々の企業の従来の配当可能利益に対する考え方は，グループ利益主体の方向に大きく変わることになる．すなわち，法人税法は，本来，個別企業を課税の主体とした企業所得の担税力に課税するものである．したがって，法人税は，企業体に対し企業会計上の利益を源泉に求め，納税者も企業会計の計算，規則に則り納税することになる．

連結決算利益を，個別企業と同様に本来の利益とするならば，法人税においても，企業グループとしての利益に対して課税することが望ましい．これらの

ことから，連結納税を法的に制度化することは，グループ経営にとって早期の実現が期待されるところであり，グループ経営のコーポレート・ガバナンス（corporate governance）を強化する上でも重視すべきことである．

4-3 グループ利益と配当政策

グループ経営のなかで，連結納税制とともに大きな問題は，グループ経営における配当政策である．企業の決算は2000年3月期より連結決算が主体になっているが，配当は商法の規定で単独決算を基準としている．企業のグループ経営と単独決算による配当政策との「ねじれ現象」であり，これに連結納税制が加わると複雑になる．

企業グループが連結決算ベースで欠損金をかかえ，単独決算では配当可能な利益を出した場合，法的には何ら問題はないが，グループ全体で考えると，連結欠損金がある状態で配当をすることは，企業グループに財源が不足するにも拘わらず，資金の外部流失を行うことであり，グループ経営の是非を問われることになる．

日本企業は，業績の悪い時でも，株主に安定的な配当を続ける傾向が強く，一面株主重視の見方もできるが，景気がよく好業績の時は配当性向が低く，逆に不況時には無理な配当の継続から，配当性向は高くなる傾向にある．このような配当政策は，株主に対する安定配当を，自社に対する継続的株主の信頼性を重視した，安定株主政策とも密接に関係する一面もある．しかし，そのために企業財務の健全性が損なわれ，経営上の無理な資金繰りが生ずるとしたら問題である．

そのため最近は，業績に連動した基準を設ける企業が増え，連結決算の業績も対象とする傾向が現れはじめている．2001年3月期決算の主な事例を見ると表5-4の通りである．

欧米では連結決算が主流であり，日本企業の単独決算基準による配当政策は，国際的な投資基準としてはあまり受け入れられない．今後，国際会計基準（IAS：international accounting standard）導入の動き，企業の多国籍化の進展，

表5-4 連結決算業績に連動化した配当政策の事例

配当政策の事例	主な採用企業
1. 連結決算一株当たりの利益を基準とした配当性向を算出，連結純利益の30%を基準配当性向に設定．	コナミスポーツ
2. 会計基準を，連結決算基準に移行．連結決算業績に応じた利益配分を基本方針として，配当は連結決算による利益を基準とする．	武田薬品工業
3. 2000年3月期から連結決算をベースに配当基準を設定．	HOYA

(資料出所)「日本経済新聞社」2001.9.14特集を参照．

外国人投資家の増加は，連結決算をベースとした配当政策への志向性を，次第に強めることになろう．

前述の政府税制調査会による連結納税制の導入案は，対象企業を100%子会社に限定していることから，親会社が全株保有する子会社であれば，子会社に対し貸付金など損金に相当する債権が多いことも推測される．しかも，グループ連結欠損の状態で，たとえ親企業が単独決算で利益を計上していても，配当を実施することは，健全なグループ経営を阻害することになる．

2001年3月期決算で，連結決算で欠損を出しながら配当する企業は，日本経済新聞社の調査では，川崎製鉄，CSKなど約30社にのぼっている．一方，一部の有力企業では，連結決算ベースで配当することを配当政策とした企業もある．経営の流れが，グループ経営・連結決算時代に入っている以上，配当政策もこれに対応した経営施策が行われなければ，今後は，株主や投資家の理解は得られにくくなるであろう．

4-4 企業グループの資金管理

企業グループとは，中核会社（親会社）のもとで，独立した複数の子会社・関係会社によって構成された企業集団である．したがって，グループ内の子会社・関係会社が独立会社として経営にあたるには，独自の資金管理が必要とされる．通常は，同じ企業グループのなかで，個々の企業がそれぞれの資金調達や運用により，財務管理，資金管理などを行っている．

このため企業グループ内の各企業は，ある企業は資金の余裕があり，また，別の企業は資金不足が生じて銀行からの融資を必要とし，企業グループ全体として捉えた場合には，資金活用の不経済性が生じている．

企業グループは，これらの資金管理を一元化することで，グループ内で余裕資金をもつ傘下企業から，資金不足の企業へ資金を融通することで資金の効率性を高め，企業グループ全体の借入金の圧縮，諸経費の節減が可能となる．

これを視点を変えて銀行サイドから見ると，企業グループ内個々の企業取引が一元化することで，グループ全体の預金・借入金の管理，金利計算などの取引業務が合理化され，大きなメリットが得られる．

最近，大手銀行が取り組んでいるキャッシュ・マネジメント・サービス（CMS：cash management service）がこれで，今後の銀行業務の重要課題として位置づけている．企業グループサイドでもCMSのシステムを評価し，例えば2001年6月に，大手食品企業のキューピー・グループはCMSの導入を決め，傘下企業29社を対象に資金管理の一元化を実施している．CMSを企業グループに導入することで，年間約1億5千万円の経費節減を見込んでいる．

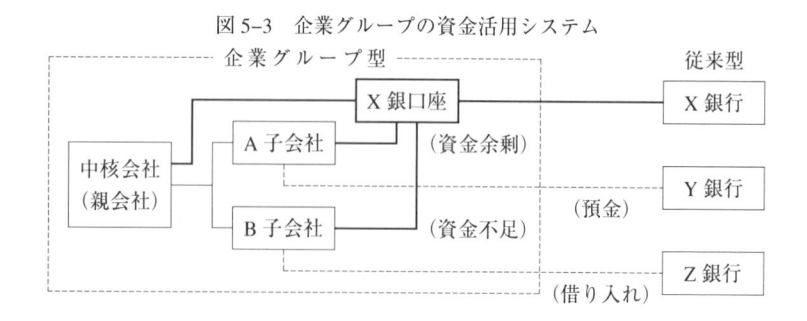

図 5-3　企業グループの資金活用システム

5. 戦略的グループ経営の展開と方向

5-1 グループ経営の形態

日本における企業集団あるいは，企業グループの形態は，幾つかの類型に分けて見ることができる．一般的には，特定の中核となる大企業を頂点に，多くの子会社・関連会社を傘下に形成された企業集団で，例えば，日立製作所を中

心に傘下の子会社・関係会社から構成される「日立グループ」などである．

一方，金融取引におけるメインバンクを核に，関連会社相互で株式の持ち合いする主要企業が，水平的に「企業の集合体」を形成する企業集団がある．いわゆる三井，三菱，住友，芙蓉，三和，第一勧銀などに代表される系列型企業集団である．グループの起点は，戦前の旧財閥に連なる「系列」企業を中心に構成され，性格的には，企業間の懇親・連帯性を目的とした企業集団して位置づけている．

親企業を頂点とした企業グループが，「親子関係」を主体とした「縦の集団」であるのに対して，メインバンクを中心に，相互に株式を持ち合いする水平的集団で，「横の集団」として見ることができる．これらの企業グループを類型化すると次の通りである．

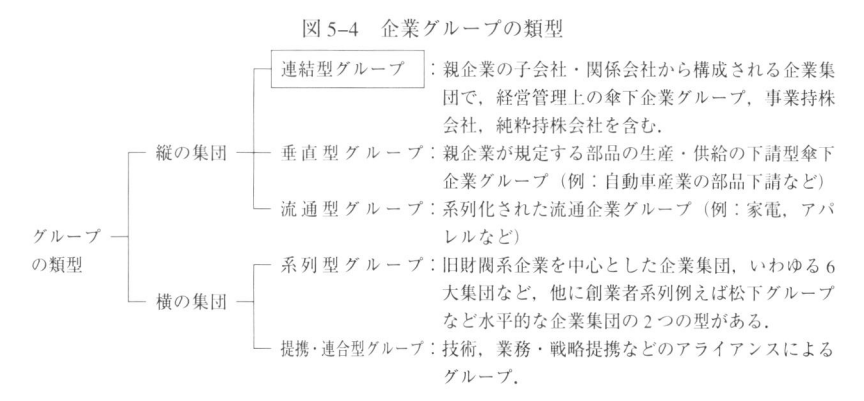

図5-4　企業グループの類型

グループの類型
- 縦の集団
  - 連結型グループ：親企業の子会社・関係会社から構成される企業集団で，経営管理上の傘下企業グループ，事業持株会社，純粋持株会社を含む．
  - 垂直型グループ：親企業が規定する部品の生産・供給の下請型傘下企業グループ（例：自動車産業の部品下請など）
  - 流通型グループ：系列化された流通企業グループ（例：家電，アパレルなど）
- 横の集団
  - 系列型グループ：旧財閥系企業を中心とした企業集団，いわゆる6大集団など，他に創業者系列例えば松下グループなど水平的な企業集団の2つの型がある．
  - 提携・連合型グループ：技術，業務・戦略提携などのアライアンスによるグループ．

5-2 連結型企業グループ

グループ経営を概念的な視点で捉えると，（図5-4）の企業グループの類型に見るように，様々な形態が見られる．本章では既述の事業部制からの展開プロセス，グループ経営の管理形態・組織的な視点から，経営の統括を主体とした連結型グループを企業グループとしてとりあげた．したがって，企業グループとは，複数の企業が法的実態（legal entities）上，1つの経営意思によって統率された企業集団として位置づけている．

具体的には，商法で規定された親会社の資本上の条件，経営上の支配条件を

基本とした，親会社によって実質的に経営コントロール可能な「親会社と子会社・関連会社によって構成される企業集団」で，狭義の範囲ではグループ連結業績（連結決算）の対象企業である．

高度経済成長期に，日本企業は事業の多角化を積極的に進め，その方法には，①関連他社の企業を M&A（吸収・合併：merger & acquisition）による事業拡大，②他企業との資本提携による JV（合弁事業：joint venture）の設立，または他社への資本の参加による経営支配，③自社事業の組織分割，スピン・オフ（spin-off）による分社化で独立会社を設立するなどの手法で，多くの子会社・関連企業が設立された．

日本企業においては，これらの方法による事業拡大が急速に進んだ結果，グループとしての方向性，経営方針，グループ経営の統率・意思決定などから，次第にグループ経営が注目されるようになった．とくに連結型企業グループは，今後，グループ配当政策との関連性（連結決算）が強まる傾向にあり，投資者に対する業績評価の対象として重視される．

図 5-5 連結型企業グループの類型

		（資本的結合）	（経営的結合）
連結型企業グループの類型	子会社 — 連結子会社	①資本金 50% 以上 ②他の会社の議決権所有 ③資金調達：半数以上の融資，債務の保証	①親会社の役員・従業員の過半数以上で取締役会構成 ②重要な財務，営業，生産，契約など意思決定の支配
	子会社 — 非連結子会社	①資本金 50% 以下 ②資金調達：融資，債務の保証額	
	関係会社	①原則 20% 以上 ②20% 未満でも議決権他で影響有る場合 ③重要な債務保障	①20% 未満でも議決権，財務，営業方針等への影響 ②親会社の役員，従業員の代表取締役，役員就任

図 5-5 連結型企業グループの類型のなかで，連結要因として大きく「資本的結合」と「経営的結合」に分類した．資本的結合については，子会社・関係会社の株式保有比率，資金の融資額または全融資額の割合，債務保証関係な

ど，連結決算を対象とした狭義の範囲である．

しかし，範囲を拡大して広義の視点から見ると，社債の引き受け，資金融資に関する与信，主要な固定資産の貸与などがある．固定資産の貸与とは，例えば，本社・事務所用ビル，生産用の土地・設備・機材などの貸与，および貸与の条件などを指したものである．

資本的結合は，管理会計上からも，また親会社と子会社との関係からも，法的に明確な側面をもっているために，比較的把握しやすい結合関係であり，一方，経営的結合関係には，事業結合と人的結合の部分があり，外部からは分かりにくい結合関係である．しかし，これらの関係は独立的な存在ではなく，各々補完し合いながら統合化されている．

図5-6　経営的結合の分類

経営的結合 ─┬─ 事業結合：①生産関係における原材料，部品，組立製品，OEMなどによる供給関係．②親会社製品の販売会社，③特許・特殊技術，生産設備などの供与関係．
　　　　　　└─ 人的結合：①役員，従業員の出向・転籍などの関係，②従業員の研修，交流などの人的な諸関係．

5-3　企業グループの戦略的な形態

企業グループを構成する子会社・関係会社は，企業経営の分権化をより強める目的から，企業組織の一部を，本体内部からスピン・オフして子会社化したケースが多い．事業経営の分権化を一層徹底するためには，既述の通り，事業部制から社内分社制（カンパニー制），そして別法人分社として「独立化」させる例は少なくない．

分社独立の目的は，第1に，企業本体内での事業単位の分権化を，主に経営戦略的な意図からより強めることで競争優位を高めること，第2に，将来的な業績の見えにくい新規事業，もしくはリスクの高い事業活動・業績が，他の事業への影響を避ける目的から，分離独立させ，子会社化して経営を進める方法である．

日本企業におけるスピン・オフによる分社化の特徴は，大規模な工場，販売

高の大きい営業部門より，むしろ小単位の工場を製造子会社としてスピン・オフして独立化したり，支流的な営業部門，サービス部門をスピン・オフして子会社化する事例が多い．そのため日本企業の子会社は非常に多く，大企業では数100社から1,000社に及ぶ子会社をもつ企業も少なくない．

　日本企業のグループ経営を考えるときに，この問題をどう考えるかは極めて重要である．事業の多角化が進むなかで，事業経営における分権化，経営の自由度を高めることは，事業規模が拡大化し，多様化することにより，組織的には当然求められてくることである．何故，子会社・独立化が必要なのだろうか，また，最大の必要性は何だろうか，という問題の本質を見なければならない．

　第1に，事業単位の大小にかかわらず「利益責任単位」を明確化するためには最適な組織であり，様々な事業環境に対応したプロフィットセンター化を可能にしたことである．第2は，環境変化に対応した行動が，独立会社として戦略的に自由度が高いことである．第3は，企業全体として本社組織をスリム化し，経営の効率性を高めることが可能である．第4は，親会社は現業部門を分離・独立化させ，自らはグループ全体を統轄する「企業戦略本社」として位置づけ，事業ポートフォリオを活用した「グループ戦略」が可能である．

　企業がグループ経営を進めるには，企業グループが構成する事業の業種，業態，規模，グループ形成のプロセス，経営理念などによって多様である．とくに日本企業の傘下子会社・関係会社は極めて多く，多様化していることが特徴である．したがって，企業グループとして統率性，経営効率が高く，革新性の強い組織が求められる．そのためには，グループ経営を方向づけ，運営する基本的な統轄形態が必要である．

　グループ経営における基本的な統轄形態とは，事業部制，社内分社制（カンパニー制）などに見られる，傘下子会社に対する権限の委譲と範囲，情報集中化の問題である．本来，グループ経営の最大の特徴は，子会社・関係会社に対する分権化経営の徹底であるが，資本をはじめとする多くの経営資源を投入していることから，権限の委譲についても自ずと限界がある．

図 5-7　グループ経営の基本的形態

グループ
経営の基
本的形態
- 集 権 方 式：経営に関する計画・意思決定の大部分は親会社が保有または関与
- 分 権 方 式：重要決定事項が親会社が関与，他は分権，利益・資本・資金責任を問われる
- 中 間 方 式：集権・分権方式の中間，事業分野，業態，管理者の習熟度，地域などで選定
- 分権的統合：重要決定事項は親会社関与，情報の集中化，他は分権方式に準ずる

（資料出所）西沢脩編『グループ経営ハンドブック』2000，中央経済社，pp. 28-29 参照に作成．

5-4　企業グループと M&A

　企業が戦略的にグループを形成する手法の 1 つに M&A（Merger & Acquisition）がある．M&A とは企業の合併・買収を意味し，近年，企業の事業構造・組織の再構築に対する戦略的な手法として，多くの企業で活用されるようになった．M&A による事業再編を戦略的に行う企業結合，あるいは自社経営力強化を目的に，対象企業を経営的な支配下におき企業グループ化を図るためには，極めて有効な戦略的手法である．

　このように M&A の目的は，経営権の移動または経営支配にあり，具体的な目的としては，市場支配の向上・強化，海外市場・拠点の獲得，研究開発能力・技術力の向上，事業多角化の実現，生産・販売力の向上，新事業分野への進出などがあげられる．

　M&A が企業の再構築手法として評価されている理由には，時間の効率化，早期の企業業績貢献，自社にない無形資産の取得など経営効果が大きいからである．

事業再編事例 - 1

M&A による事業・グループの再構築

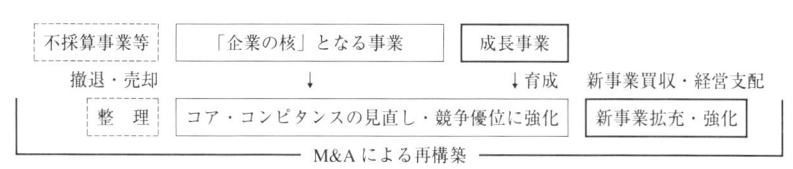

不採算事業等	「企業の核」となる事業	成長事業	
↓撤退・売却	↓	↓育成	新事業買収・経営支配
整　理	コア・コンピタンスの見直し・競争優位に強化	新事業拡充・強化	

────────── M&A による再構築 ──────────

事業再編事例 - 2

M&A により取得される無形資産

M&Aから取得される無形資産
- ①人材および人的に所有される知力・能力・スキル
- ②組織・システムの持つソフト・ノウハウ
- ③研究・技術開発力の蓄積
- ④事業経営，部門経営，工場経営，生産，販売などのノウハウ
- ⑤取引先および取引先の持つ様々なネットワーク
- ⑥販売・顧客に関するデータ・ノウハウ
- ⑦企業の持つ歴史，文化，信用力，企業ブランド力（時間的な蓄積）

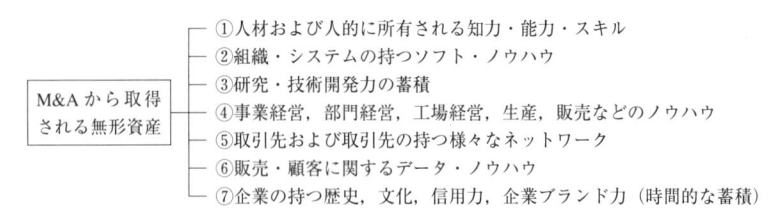

M&Aの形態

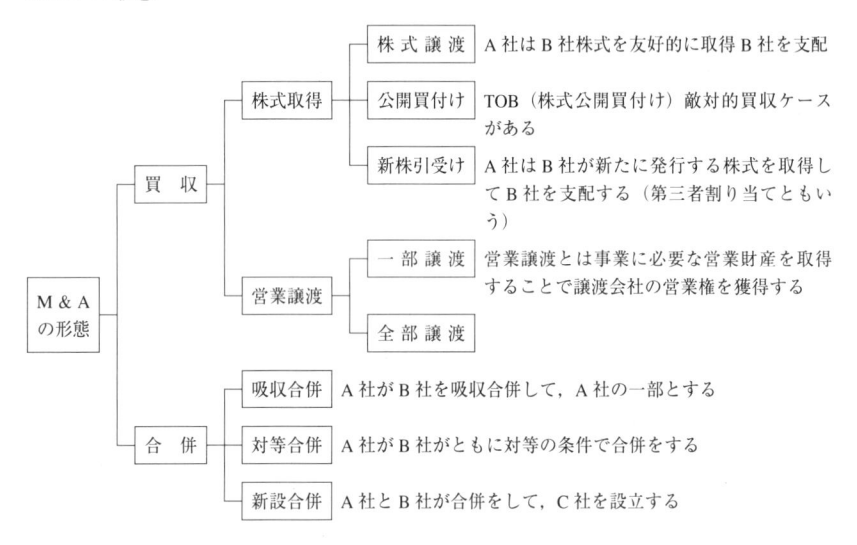

M&Aの形態
- 買収
  - 株式取得
    - 株式譲渡：A社はB社株式を友好的に取得B社を支配
    - 公開買付け：TOB（株式公開買付け）敵対的買収ケースがある
    - 新株引受け：A社はB社が新たに発行する株式を取得してB社を支配する（第三者割り当てともいう）
  - 営業譲渡
    - 一部譲渡：営業譲渡とは事業に必要な営業財産を取得することで譲渡会社の営業権を獲得する
    - 全部譲渡
- 合併
  - 吸収合併：A社がB社を吸収合併して，A社の一部とする
  - 対等合併：A社がB社がともに対等の条件で合併をする
  - 新設合併：A社とB社が合併をして，C社を設立する

6. 持株会社によるグループ経営

6-1 持株会社の形態

　日本企業の発展・成長は，一企業の単独的な経営活動によるものではなく，とくに大企業の多くは，傘下に多数の子会社・関係会社による「企業グループ」を構成し，その総合力によって成し得た結果である．企業グループは，親会社と子会社・関係会社によって構成されるが，一般的にわが国における子会社の対象は，資本関係においては子会社株式の50％以上を所有，もしくは経営支配の関係では，親会社出身者によって取締役会の構成が過半数の場合を基準に，その他の会社は関係会社として位置づけられる．

　日本では，戦後の1947年に独占禁止法によって「純粋持株会社」は禁止さ

れたが，条文の内容から「事業持株会社」は実質的に容認されたものとされ，多くの企業は事業持株会社による子会社によって，企業のグループ化が進められた．このように，大企業傘下の子会社・関係会社が多いことが示すように，早くから実質的な企業グループへの取り組みが進んでいたことを，うかがい知ることができよう．

　持株会社は，事業持株会社，純粋持株会社，金融持株会社の3形態に区分されている．事業持株会社は，企業が本業を進めながら他社の株式を所有することで経営を支配し，グループ活動のなかで傘下企業を機能させ，内外の環境変化への対応，企業の拡大化に対して大きな役割を果たしてきた．

　純粋持株会社は，会社の事業活動を支配することを「主たる事業」とする会社で，50年にわたって禁止されてきた．1997年に独占禁止法の改正で解禁されたことで，日本の産業政策を基本的に変え，国際環境にも対応できる戦略的な組織形態である．

　金融持株会社は，従来，銀行は銀行業務，証券会社は証券業務，保険会社は保険業務というように，それぞれの領域において業務を行っていたものを，持株会社の傘下のもとで相互に関連づけながら事業を展開することで，金融関連業務の総合化を可能とする組織形態である．

6-2 持株会社のメリットとデメリット

　持株会社制に経営を移行することは，従来のような全社が統一された企業統治から，経営構造を根本的に変革することになる．したがって，持株会社についての基本的な性格を基とした，メリットとデメリットについての認識が必要である．

　持株会社のメリットは，第1は「戦略と事業の分離」が明確化され，それぞれのもつ経営理念に沿った有機的な機能が求められることである．持株会社の中核となる本社は，傘下にある企業全体に関わる戦略上の指揮と，経営管理を行うことで，子会社は事業経営に専念することができ，グループ全体としての経営効率を高めることができる．これを徹底するためには純粋持株会社が必要

とされる.

　第2は，事業構造の変革に対し，迅速に対応することができることである．今後，事業再編が進むなかで，M&Aによる事業構造改革は，避けて通れない経営環境にある．傘下企業が法人化されていることにより，合併または売却に関する手続きや，これらに関わる諸問題も事業会社の単位で処理することが可能となり，事業構造改革を迅速的に進めることができる．このことは，国際的な事業編成においても，既に活用されている欧米諸国との経営戦略上の幅を広く持つことになる．

　第3は，親会社，事業子会社がそれぞれの独立法人であることから，リスクが分断され事業責任が明確化されることである．

　持株会社のデメリットは，第1に，従来の全社統一的な事業経営と比較すると，どうしても経営求心力の低下は免れないことである．事業経営に関する経営権は完全に移行し，事業会社は，それぞれの自立性と主体性を強め，事業業績が優先された経営が行われることから，相互補完をし合う観念が薄れがちになる．したがって，本社の傘下事業会社に対する経営理念が，一層問われることになる．

　第2は，税負担の増加である．連結納税制度は100%子会社を対象に，2003年8月に連結納税関連法が施行されたが，100%に満たない子会社・関連会社は，従来通り個別的に納税をすることになる．企業内事業部門の場合では，黒字と赤字の事業部門損益が通算され，納税負担は企業全体として扱われていたが，事業が法人・子会社化されても，親会社からの出資資本金が100%未満の子会社が多い場合は，グループ全体の比較では負担増となる傾向は免れないことから，連結納税制度の早期見直しと緩和が期待される．

6-3 持株会社によるグループ化のパターン

　純粋持株会社の設立の目的には，設立時の企業の事情，企業グループの戦略性などによって，様々なパターンが選択される．

表 5-5 純粋持株会社の主なパターンと企業グループの形成

持株会社のパターン	グループ化の内容
事業部, 社内分社の再編	事業部・社内分社 (カンパニー) を分離・独立させて子会社を設立し, 本社は事業子会社を統轄する持株会社になる. 本社機能を持株会社の「戦略機能」として移行して戦略スタッフとし, 事業子会社は事業の遂行に専念する. 社内分社は事業基盤が整備されており, 移行しやすい組織形態である.
持株会社を活用した新規事業部門の統轄	既存事業分野から, 新規事業・異業種事業への参入を図るために特化した持株会社である. 新規参入分野を本社から切り離すことでリスクの分断を図り, 持株会社を戦略的に活用するために組織を特化し, 経営の効率化と意思決定の迅速化を意図したものである.
ベンチャーキャピタルによる持株会社	VB (ベンチャー・ビジネス) は, 新製品, 新技術などの研究成果を事業化し, 独自に事業展開する知識集約産業である. VB 事業の資金的な育成機関として VC (ベンチャーキャピタル) がある. VB が事業化後に, VC が持株会社となり, VB は子会社となり, 傘下に入る形態である.
持株会社による海外事業部門の統轄	海外各地の事業部門を, 各々地域別に子会社化し, 日本の本社を持株会社とする組織形態である.
持株会社による事業の再構築 (事業の多角化推進と撤退など)	持株会社の活用事例の 1 つである. M&A などによって事業の多角的な展開と, 不採算事業からの撤退による事業の再構築に対しての有効度は高い. 事業ポートフォリオ戦略と併用した活用すれば, 大きな効果を上げることができる.

6-4 中小企業による持株会社の活用例

既述の持株会社は, 大企業を対象に述べたものである. 中小企業が生き残りをかけた最近の事例に, 次のような活用例がある. 持株会社制度を活用したのは, 中部地方のドラッグストア 3 社の事業結合である. 中堅ドラッグストア 3 社が,「マツモトキヨシ」などの大手ドラッグ・ディスカウントストアに対抗して設立したものである.

この事例の背景には, 事業基盤の強化と事業の拡大 (規模の経済), および中小企業の会社継承 (後継者・相続問題) がある. 3 社はこれらの問題解決をも視野に入れ, 持株会社を設立したのである.

図 5-8　中小企業による持株会社制度の活用事例

```
┌─────────┐
│  A 社    │──────── ABC 持株会社
│  B 社    │        ┌────┬────┬────┐
│  C 社    │      子会社A 子会社B 子会社C
└─────────┘
```

1. 「ABC 持株会社」は ABC 3 社の出資で設立
2. 「ABC 持株会社」と ABC 3 社は株式交換を実施する

6-5　持株会社の期待される役割

　持株会社の組織形態および機能は，事業部門の分社統轄，社内分社の再編，新規事業部門の育成・統轄，ベンチャー・キャピタルによるベンチャー・ビジネスの育成と統轄，海外事業部門の統轄，事業の再構築など，その幅は広く多岐にわたり，かつ，企業の再編には有効的な要素・機能を多くもち備えた組織形態である．

　なかでも合併代替の企業統合のケースにおいては，例えば合併の場合には，給与の統一など煩雑な折衝・調整・手続きや，企業文化・風土の融和にも長い時間を必要とする．一方，持株会社による企業統合であれば，その傘下に合併対象の両社を並列的に置くことによって，両社の状況に応じた施策による統轄が可能であるとともに，合併とは異なる別のプラス面を効果的に創出することができる．

　また，雇用安定化の視点からも持株会社による統轄は極めて有効的な役割を担い得る．例えば，持株会社の傘下にある企業の業界・業種が，環境的に不況状態にあるケースでは，企業は合理策の一環として人員削減などの緊急措置をとらざるを得ない場合がある．しかし，持株会社が企業グループとして機能すれば，その余剰人員を傘下の好況な業界・業種の企業に，従業員を整理することなく移動させることも可能である．逆に，企業グループ内特定企業の受注が好調で超繁忙となり，人手不足の場合は，グループ内の他企業から一時出向して，これを支援することも可能である．しかし，持株会社がこれらの機能を持ち，企業グループを統轄するための組織として，最適な組織形態であるかどう

かは今後見極めていく課題であろう．

　企業が持株会社のもとでグループ化して経営にあたるなかで，各社のもつ共通的業務である財務，法務，教育研修，シンクタンクなどを主体に事業化することで，グループ内での外部化と，業務のリストラクチャリングが可能となる．これらのことは，持株会社がグループ全体の視点に立って，バランスのとれた効率的な資金運用，法的な対処，人材配置戦略立案を行うことが，傘下グループ企業にとって，経営の効率性を高めることになる．

　このようにグループ企業も，持株会社によって統合化される観念から，活用側に立つことで，各事業会社独自の業界動向に即した機動性のある経営が可能である．グループ内企業の経営安定化は，企業グループ全体としての安定株主を維持し，対外的な企業買収に対する防御策として有効である．

　最近，各企業の純粋持株会社への組織化状況を見ると，グローバル的な競争激化の業界に多い．例えば，情報産業の分野である．その代表的な企業に，NTT，日本ソフトバンクなどがある．また，積極的に推進している企業のなかには「複合企業型」が多く，一方，事業ポートフォリオの再構築を目的としたM&Aの増加も予想されている．

　これらの経営環境のなかで，新しい形として「合併代替型」の純粋持株会社も模索されている．この「合併代替型」は，既存の大企業による従来型観念の持株会社から，中小企業による持株会社の活用へと幅を広げている．具体的には，中小・新進などの複数企業によって持株会社を設立し，人的資源，資金調達，協同研究開発などを一元化し，合併による企業強化と同一の効果を企業グループとして得ようとするものである．

　このように，持株会社による企業のグループ化は，今後，新たなグローバル戦略へのグループ形成として，また，わが国中小企業経営の新たなゴーイング・コンサーン（going concern）の一組織形態としても，一層注目されてくるであろう．

参 考 文 献

Alfred D. Chandler. Jr. *SCALE AND SCORPE*, The Dynamics of Industrial Capitalism, Harvard University Press. 1990. (阿部悦生他訳,『スケールアンドスコープ』1996, 有斐閣)

Bruce A. Pasternack and Albert J. Viscio, *The Centerless Corporation* : A New Model for Transforming your Organization for Groth and Prosperity 1999, Prentice Hall Japan. (日本ブース・アレン・アンド・ハミルトン㈱訳『センターレスコーポレーション』プレンティスホール出版)

Eduard Gabel. *Die Einführung von Geschaftbereichsorganisationen* J. B. Mohr (Paul Siebeck) Tubingen 1981. (高橋宏幸訳『事業部制の研究』1993, 有斐閣)

Michal E. Porter *CONPETITIVE ADVANTAGE*, The Free Press. 1985. (土岐伸他訳『競争優位の戦略』1996, ダイヤモンド社)

加護野忠男『〈競争優位〉のシステム』2000, PHP 研究所

下谷正弘『持株会社解禁』1996, 中央評論社

ダイヤモンドハーバードビジネス編『持株会社の原理と経営戦略』1996, ダイヤモンド社

通産省産業政策局編『企業組織の新潮流』1995, 通産調査出版会

西沢脩編『グループ経営ハンドブック』2001, 中央経済社

西沢脩『分社経営の管理会計』1999, 中央経済社

林伸二, 高橋宏幸, 坂野友昭『現代経営管理論』1996, 有斐閣

林昇一, 高橋宏幸編『戦略経営ハンドブック』2003, 中央経済社

林昇一, 高橋宏幸, 長谷川稔『戦略経営学演習 100 選』Ⅰ 2000, 中央経済社

松下満雄『持ち株会社解禁』1996, 朝日新聞社

武藤泰明『最適の経営形態』1996, 中経出版社

吉原英樹, 佐久間昭光, 伊丹敬之, 加護野忠男『日本企業の多角化戦略』1987, 日本経済新聞社

その他の文献:『日本経済新聞』,『日経ビジネス』,『ダイヤモンド』各号関連記事を参照した.

第 6 章

アジア経済圏における日本企業の直接投資戦略
―― 異文化コラボレーションへの戦略転換 ――

1. 直接投資戦略策定における3つの視点

　日本企業のグローバル化に伴って，海外直接投資の戦略はつねに世界的な視野に立って展開しなければならなくなってきた．アメリカやヨーロッパのグローバル企業に対抗して，グローバル市場での厳しい競争に打ち勝つためには，企業は世界のライバル企業と同じような地球的な広い視野で競争戦略を構築することが求められている．したがって，アジア経済圏の投資戦略についても，こうした企業の長期的な世界戦略の上に立ち，アジアの地域性を十分考慮しながら具体的に展開していくことが求められている．

　本論では，はじめにグローバル企業の投資戦略の策定に関する3つの基本的な視点を整理し，続いて，日本企業のアジア向け直接投資の発展にそって，アジアにおける直接投資の基本的な戦略策定における変化を検討し，最終的に異文化コラボレーションという新しい視点からの戦略策定の必要性を検討する．

　個々の投資案件によっておかれた環境が大きく異なり，様々な視点からの具体的なFSが不可欠である．本論は，こうした細部の議論に入るのではなく，より一般的な問題点に焦点を当てることにする．

　図6-1は，海外投資戦略の策定プロセスを示したものである．企業の海外投資戦略の策定には，企業理念，外部環境変化への対応，内部資源の活用とい

う3つの視点が重要になる.

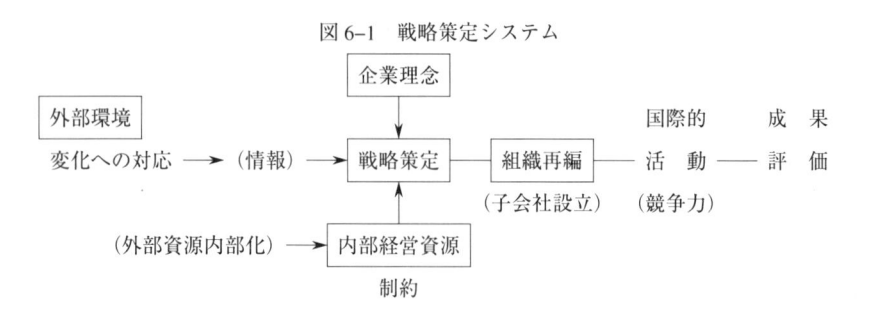

図6-1 戦略策定システム

```
                    企業理念
                       ↓
外部環境
変化への対応 → (情報) → 戦略策定 → 組織再編 ── 国際的    成 果
                       ↑        (子会社設立)  活 動 ── 評 価
(外部資源内部化) → 内部経営資源              (競争力)
                      制約
```

1-1 企業の理念・ビジョン

　企業の国際的な戦略展開に当たっては，企業の理念・基本方針，ビジョンや企業文化の特性を明確にして，その上に立って現地社会への進出計画を策定すべきである．地球規模で企業の生産・販売拠点を再構築する海外直接投資の戦略は，企業成長の長期的な計画にしたがって策定されるものであり，したがって，企業のアイデンティティ・コアコンピタンスの強化を底辺で支えるような，企業の本来のあるべき姿や優れた理念の明確化が非常に重要な課題になる．新しい地球市場における大胆な投資計画に挑戦するには，関係するすべての従業員・管理者のモチベーションを最大限に高め，企業のもつ潜在的なエネルギーを強く結集させていかなければならないが，このエンパワメントを誘導するのが，すべての関係者が共有する企業の優れた理念・将来へのビジョンである．理念なき海外再編成はただいたずらに企業の活力を削ぐものである．

　また，異文化社会への直接投資では，現地社会における製品・材料の販売調達や現地人材の雇用，さらに現地政府との折衝などで，輸出の場合よりもはるかに直接的で密接な現地社会とのコンタクトを持つようになり，その結果，異文化コンフリクトがそれだけ生じやすくなる．海外直接投資が成功するための基本条件には，現地社会との融合が挙げられる．新しい事業には，新しい発想のもとに異文化の人々がコラボレーションし，創造的な活動を展開しなければならない．異文化コラボレーションの成果を高く上げるには，単に本社の従業員だけでなく，現地の従業員や管理者，さらに広く現地の人々（政府や消費者

を含めて）にも受け入れられるような企業理念が不可欠になる．基本的には，企業の創造的な活動を通じて社会の発展と人々の幸福増進に貢献するという，人類社会の高い倫理観が求められている．

1-2 外部環境変化への対応

21世紀の社会においては，グローバリゼーションの進展，グローバルな情報通信技術の進歩，地域統合化の進展など，地球規模のメガトレンドが見られるが，グローバル企業は，このメガトレンドの潮流に巻き込まれながら，新たな企業戦略を展開していかなければならない．長期的な戦略策定に当たっては，メガトレンドに関する多様な情報を的確に収集分析し，外部の環境の大きな変化に的確に対応した長期戦略を構築すべきである．

海外直接投資の活動は，地球的かつ長期的なビジネス展開であり，長い目で見て現地社会に十分定着し，現地の優れた知的資源との異文化コラボレーションを行うことが求められている．そのためには，地球規模のより広い視点から外部の環境変化・メガトレンドにうまくそった形で企業の長期総合的な国際展開の方向性を明確にすることが不可欠である．一時的に成功しても長期的な視点で外部環境の変化を十分取り込んでいないと，海外直接投資は，現地社会で長期にわたって発展していくことは困難である．

海外直接投資の策定には，企業活動をめぐるグローバルな外部環境の長期の方向性をしっかり押さえた上で，さらに，進出先の社会的・文化的・経済的な諸条件や政府の外資政策・現地化政策などに個別の社会環境に柔軟に対応した投資戦略を策定すべきである．海外進出は常に異文化コンフリクトを伴い，現地の優れた資源との異文化コラボレーションが妨げられる恐れが強い．現地社会の環境変化に十分適応した形で投資戦略を策定しないと，長期的に見て当初の成果が十分あがらないことになる．

1-3 内部資源の活用と利用可能性

さらに戦略策定は，内部の経営資源の利用可能性や制約がどの程度厳しいか

によって大きな影響を受けるようになる．海外直接投資の策定にあたっては，企業が活用できる利用可能資源の大きさや内容を十分把握して，直接投資の実現可能性を十分検討しておくべきである．企業が内部に蓄積した優れた経営資源の国際的移転が必要になるからである．

企業が活用できる経営資源は，今までに国内外で内部に蓄積してきた優れた資金的，物的，人的，情報的資源である．海外進出に当たって資金の調達，海外派遣要員の確保，特に技術者の確保などが制約要因になるが，国際市場における強い競争力を維持するためには，海外に移転可能な経営ノウハウなど無形の情報的資源や特許・知的財産などが，特に重要な内部資源になる．海外直接投資においては，こうした国内の優れた経営資源を子会社に移転させて，現地の企業活動に効率的に活用していくことが重要である．

他方で現地社会の中で調達したもろもろの（人的）資源とどのように本社の優れた資源とうまく結合融合させるかが，企業にとって重要な課題になってきている．現地の資金，優れた現地部品材料および技術，さらに優秀な（低賃金の）現地人材などの調達という，現地社会における外部資源の内部化の可能性が大きく開かれているが，異文化社会では，特に人的資源の面で移転された資源と現地調達資源との結合融合は難しい問題になる．

さらに，現地の成長する市場で，独創的な製品や技術を生み出すような企業の創造的な活動には，国内資源の優れた要素を現地に移転させるという発想から進んで，現地社会の優れた資源との異文化コラボレーションがますます重要な課題になってきている．

以上，海外直接投資戦略の策定に当たっては，基本的には企業の理念・ビジョン，外部環境変化への対応，内部資源の活用と利用可能性の3つの視点からのアプローチが重要になる．

こうして投資戦略が策定されると，企業内の意思決定プロセスを経て，最終的に海外子会社設立（子会社群の再編成）という，企業のグローバルな組織構造の再構築が行われる．新しく設立された海外子会社群では，本社との緊密な連携関係のもとで現地法人は組織内部の体制を整備し，（本社から移転した経

営資源を含めて）内部資源の投入による組織的な企業活動を展開していく．その結果，グローバル市場における強い企業競争力を武器に収益面で地球規模での企業の発展に貢献するようになる．

最終的には世界各地の子会社を含めた世界的な連結の企業業績によって海外直接投資の戦略は再評価され，その成果のフィードバックの上に今までの海外投資戦略の見直しが進められる．場合によっては新たな投資戦略の展開，あるいは海外からの撤退戦略が策定されるようになる．過去の様々な直接投資戦略の成果に関する業績評価がフィードバックされると，その上に企業理念，外部環境変化への対応，内部資源の活用という3つの視点からの検討を加えて，さらに次の新しい投資戦略の策定が進められる．

2. アジア向け直接投資戦略の展開

2-1 第1次ブームにおける投資戦略

アジア向けの直接投資が初めて本格化したのは，1950年代の後半から1963年までのいわゆる第一次投資ブームの時期である．この頃の直接投資は，主に高度成長に伴う賃金水準の急な上昇に伴って，労働集約的な産業が国内立地から低賃金のアジア立地に切り替えるという形で進められた．企業は国内の急速な経済環境の変化の中で生き残りをかけて，やむなくアジアに新しい生産拠点を求めたのであった．もちろん，こうしたプッシュ要因に加えて，アジア市場でも経済特区の設立など企業誘致のプル要因も働いていたことは否定できない．

このような急激な環境変化に対応した海外直接投資では，しばしば当該業界の他の企業も同時期に進出している．各企業は，横並び意識で自社の生産拠点を海外におこうとして，アジアの現地市場に関する様々な事前調査を必ずしも十分に行っていなかった．その結果，その後の石油ショックに伴う世界経済の低迷の中で，日系の現地法人は，十分な成果をあげることが難しくなり，撤退に追い込まれるケースも多く見られた．この意味で，初期の日本企業の海外直接投資は，外部環境の急激な変化に巻き込まれて企業の生き残りのための対処

法を模索することが中心になり，企業の長期的な展望を欠いた"理念なき海外進出"だったと言っても過言ではなかろう．

また，アジアに設立した子会社の多くは合弁形式のものであり，本社の国際事業部が子会社と直接結びついて現地経営の管理統括を行っていた．しばしば日本企業のオーバープレゼンスの問題が各地で深刻化しており，こうした投資摩擦も現地経営を難しくしていたのである．

2-2 第2次ブームにおける投資戦略

1970年代末頃からいわゆる直接投資の第2次ブームが見られた．日本企業は再びアジア向けの直接投資を活発に行ったが，以前に比べて進出する企業の中には中小・中堅企業が増えており，また投資地域も東アジアからタイ，マレーシアなどアセアン地域にまで広がり，より広い範囲に日系企業の活動が拡大していった．

また，この時期に先進国との貿易摩擦が激化し，競争力の強い重工業では，摩擦回避策として生産拠点を海外に展開するという新しい戦略を導入するようになった．その際，様々な日米通商協定による輸出制限に対応して，日本企業は現地生産に切り替えており，重工業の先進国向け直接投資が急に拡大した．アジア向け投資においても，日本からの先進国向け輸出が困難になるにしたがって，生産拠点をアジアに移転させる貿易摩擦回避型の直接投資戦略を積極的に導入した．

こうした海外直接投資は，基本的には，貿易市場の制限という国際ビジネス環境の変化に伴う企業の長期的な国際戦略であるが，戦略策定の視点として新しい側面が見られる．伝統的に日本企業は輸出中心に海外戦略を考えてきていたが，この時期になって輸出戦略だけでは海外活動の行詰まりに直面するようになった．他方でガットの貿易自由化政策の急速な導入に伴って先進国を中心に国際市場は飛躍的に成長し，日本企業にとってこの広大な市場でビジネス機会を拡大させることがもっとも重要な戦略目標になっていた．

その結果，グローバル企業にとっては，貿易摩擦の激化する中で成長する海

外市場を確保・拡大させ，さらに国際市場における競争力を強化するためには，グローバルな視点から見て，日本の工場からの先進国向け輸出，アジアなど第三国立地の子会社からの先進国向け輸出，および先進国立地の子会社生産の現地販売という3つのビジネス戦略を有機的総合的に結び付けて展開していかなければならなくなった．

国際活動の経験の浅い企業にとっては，ある特定の一国に焦点を当てて，どれだけ日本から輸出し，どれだけ現地生産に切り替えるかという問題が重要になるかもしれない．しかし，企業のグローバル化が進むにしたがって，さらに広い視点から，複数の国を含めた広い地域を有機的に連結した海外戦略の策定が求められるようになる．広い国際市場の中でどこの国，どこの地域で子会社を立地させて生産し，それをどこに販売するのか，という企業の生産販売活動の国際的なネットワークを構築していかなければならない．本社の世界的な連結決算でより長期的に高い収益をあげるために，グローバルな生産拠点の体制と販売網の構築整備が重要な国際戦略になってきた．

2-3 円高経済における投資戦略

東アジアやアセアンを含めて，アジア市場が本格的にこうした国際的な海外投資戦略の策定の中で重要な地位を持つようになったのは，特に1985年以来の急速な円高過程の頃からである．1980年代の後半になると，大幅な円高で国内の競争力が大きく後退するとともに，重工業でも生産拠点をアジアに移す動きが広がり，さらに，アジア経済の急速な発展，すなわち，アセアンなどの先発地域における相当なスピードの賃金上昇傾向，中国やベトナムなどの後発周辺地域の急激な国際市場への参加と経済発展，アジアの広い範囲で高度成長に伴う国内市場の拡大と新しい内需の盛り上がり（消費革命）などが見られた結果，すでに進出している企業による現地生産体制の再構築が重要な戦略課題になってきた．アジアの複数の市場で日系子会社が現地生産するようになると，それらの子会社を連結した総合的なアジア投資戦略が求められるようになり，複数国にまたがる企業内分業によるネットワーク型国際経営が重要にな

る．この段階ではアジア域内で完結する企業内分業であるが，将来的にはアメリカも含めたアジア太平洋ネットワーク，さらに世界的なネットワークの構築が戦略目標と考えられる．

　こうした直接投資の戦略は，基本的には本社の持っている優れた様々な経営資源の世界的な再配分を通じてより大きな収益を上げようとするものである．各国のおかれた経済環境や社会環境の違いを考慮しながら，複数の生産拠点と販売網とを結ぶ国際ネットワークを効率的に活用することを目標にしている．グローバル企業は，複数の国にわたって生産販売拠点を持つために，それだけ企業の国際的な内部取引市場が拡大し，内部取引の利益をより増大させる機会が出てくる．

2-4 異文化コラボレーションの戦略——アジアとの共存共栄の理念の確立

　グローバル市場でますます競争が激化するとともに，企業にとって競争力の強い製品の創造がもっとも重要な戦略になってくる．単に既存の製品の世界的な生産販売のネットワークを効率的に管理運用するだけでは長期の競争に生き残るのは難しく，絶えず変化する市場の消費者ニーズに合わせた製品や技術の創造が求められる．特に急速に拡大するアジアでの新しいニーズに対応した製品・技術の創造活動が，日本企業の新しい国際戦略の基本的な課題になってきている．

　アジア市場では，高度な経済成長に伴って各国独自の製品ニーズが大きくなっている．製品の世界的な統一化，規格化が進むとともに各国の増大する市場需要ではその国の文化的な特徴を背景にして製品差別化やニーズの細分化もより進んでいる．しかも，その市場の生活の中から生まれてくる独特の製品ニーズに対応したユニークな製品や技術の創造活動には，その国の文化的伝統の味わいを身に付けた人材の参加を待たなければならなくなっている．今までは小さな市場需要で見逃されていたその社会独自の製品ニーズは，経済発展に伴って大きなビジネスチャンスに育っているのである．

　ここで日本企業の国際戦略における新しい企業理念の確立が求められる．従

来の本社の経営資源をベースにしたネットワーク経営の発想から一歩前進して，アジアの人々との異文化コラボレーションによる"共存共栄"という新しい発想・視点が必要になる．すなわち，日本企業のもっている優れた経営資源とアジアの文化の中で育った独特の発想を持つ経営資源（人材）との活発な融合を通じて，製品・技術創造型のグローバル経営を展開して2つの社会の発展に寄与するという，アジアの人々との間における"共存共栄の理念"をより明確にとりいれなければならない．アジアの人々・企業の持っている優れたものに着目し，自分の優れたものと活発に交流させることによって，日本社会だけでなくアジアの社会や人々もより大きな社会的利益を得ることを企業として絶えず最優先にする企業文化を育てて行くべきである．

したがって，海外投資の戦略の策定には，アジアの市場でどれだけ異文化コラボレーションを展開できるかが大きな目標に設定される．これは単に日本の優れた経営資源，特に研究開発の成果をアジア市場に移転するだけでなく，異文化のアジアの人々が参加して日本の優れた資源との融和を進め，既存のものを整理再構築して，アジアの市場に適した価値のあるハイブリッドな新しいものを生み出そうというものである．現地の優秀な人材・技術を新しい企業活動に積極的に取り込み，創造的な活動を進められるように，投資戦略の内容をつめていくことが重要になる．

3. アジア市場における投資環境の変化と異文化コラボレーションの戦略

異文化コラボレーションの視点からアジア向けの海外直接投資の戦略を策定する時に，特に注目すべきアジアの市場環境変化について考察しておこう．

アジアの各国では，それぞれ文化的な伝統や生活慣習が異なっており，高度成長の中でもそれぞれ固有の市場ニーズが発展しつつある．日本企業の投資戦略策定に当たって，各国の市場需要の大きさとその将来の伸びが問題になる．日本企業がアジアの各国で異文化コラボレーションを進めるには，どうしても現地で一定規模の市場需要の確保が前提になる．異文化コラボレーションに

は，現地人材の採用や共同研究に伴う一定の大きさの費用が投入されなければならない．したがって，このオーバーヘッドコストを負担しても十分企業として成果を上げるには，一定規模以上の生産活動が将来的に継続して行われるという見通しが必要になる．市場需要の規模が小さいと，企業は日本で開発された製品・技術をベースにして，現地への移転を中心にアジアにおける企業活動を展開しようとする．その意味でアジア経済の発展に伴ってどれだけ市場需要が大きく育ってくるかが，今後のアジアでの異文化コラボレーションの展開にとって非常に重要になってくる．

そこでまずアジアにおける市場需要の発展の可能性と異文化コラボレーションについて考察しておこう．

3-1 アジアにおける市場の広がりと文化の融合空間

(1) アジアの成長ダイナミズムの波及

アジア経済の成長のダイナミズムは，近年になるとますます地理的に広がりを見せている．1960年代は，東アジアの4つの竜（フォードラゴン）が成長の軌道に乗り，続いて1980年代後半からアセアン諸国に成長の波が広がっていった．この成長波及のダイナミズムは，周辺国の中国，ベトナムなどでも連鎖的に強くなり，アジアの広い地域が今や成長の軌道に乗ってきた．近い将来に南アジア諸国においても，成長のダイナミズムによる急速な成長の可能性が期待される．他方では，長年貧困の悪循環の中で経済的なテイクオフの壁は厚く，貧困の地域がなおアジアには広がっている．

成長のダイナミズムの波及に伴ってアジア各国の国内市場が順調に育ってくると，次の段階で，国レベルの成長過程とともにより広い地域的な融合と発展が進んでくる．異文化コラボレーションの視点からみて，それは次の2つの面で注目される．

(2) 文化融合地域の広がり

一国内の成長ゾーンは，自然発生的に都市から周辺地域に広がっていく．はじめは沿海地方の都市で成長の波が起こるが，その成長地域に供給する財や

サービス，さらに労働の誘発需要の拡大を通じて，成長のエンジンが周辺の地域に伝播されていく．アジアの広い地域の各地でこうした地域的な成長の波及の波が内部に広がるとともに，2つの波が重なりあってより大きな1つの統合された経済圏が形成されていく．

　この経済圏の特徴は，成長過程においてそれぞれの地域の伝統的な文化が触媒融合されて1つの経済社会に成長していることである．すなわち，2つの成長の波の相互波及という触媒によって，そこには新しい文化融合空間が生まれてくる．広大な中国を1つの経済圏として考えるよりも，華南地域の文化融合圏，大連を中核とする東北文化融合圏，北京を中核とする文化融合圏，さらに台湾経済を含む両岸融合文化圏が生まれてそれぞれ成長している．将来的には，華南経済圏はベトナム，東北経済圏は韓国を巻き込んで国境を超えたより大きな文化融合地域に発展する可能性を秘めている．

　こうした文化融合地域では，伝統的な嗜好や生活スタイルの相互融合を通じて，その内部における地域間でより容易に各地の労働や資本が移動し，さらに情報・技術がより密接に交流するだけでなく，需要サイドでも1つの共通した市場ニーズが形成され発展していく可能性が出てくる．文化融合された地域では，より多くの消費者の間で需要パターンに共通なものが見られる程，新しい商品需要の規模が大きく拡大して，企業のビジネスチャンスが生まれてくる．日本企業が直接投資戦略で異文化コラボレーションを考える時には，こうした意味で国単位ではなく文化融合地域を単位として，新しい製品や技術の創造的な活動に取り組んでいかなければならない．

(3) 経済統合と共同市場の進展

　もう1つの地理的な発展は，政策的な経済統合によるものである．アジア自由貿易地域，いわゆるAFTAの進展に伴って，日本企業の投資戦略策定の際に視野に入ってくる市場規模が急速に拡大している．特にアセアン加盟国では国境の壁を低くさせながら，1つの融合した経済圏の形成が進展している．関税の引き下げによって域内での物流がより活発になり，域内分業のメリットを生かす可能性がそれだけ大きくなる．

統合された共同市場が生まれると，そこでの大きな市場ニーズを視野に入れた本格的な製品・技術の開発の余地が大きくなる．異文化コラボレーションを進めるには，どうしても現地市場において一定規模のニーズの確保が前提になるが，地域共通政策が進んでくると，ますます地域内の拡大した市場ニーズを視野に入れた異文化コラボレーションの重要性が高くなる．

3-2 所得水準の上昇による新しいニーズの成長とライバルとの競争激化

アジアにおける直接投資戦略に異文化コラボレーションの可能性を導入する背景には，所得上昇に伴う独自のニーズの増大と，それを視野に入れた欧米企業の参入および激しい競争がある．

アジアの市場では，そのニーズに質的な変化が見られる．それぞれの伝統的な社会の生活スタイルによって大きく影響されながらも，所得の急速な上昇を通じて購買力が大きくなったために，伝統的社会では見られなかったまったく新しい製品への需要が盛り上がっている．アジアの都市を中心にした消費革命が進行し，新しい生活を支える耐久消費財などの需要規模が相当大きくなっている．特に一人当たりで一定の水準を超えると，人々の生活スタイルは質的に変化を起こし，都市を中心にして社会生活の中で消費のデモンストレーション効果をより受けやすくなる．購買力の増加に伴って選択の可能性がより大きくなり，消費ブームが生まれる．

日本企業の投資戦略の策定において問題になるのは，伝統的な消費財よりもハイテク製品の市場需要であり，しかも，単純に日本の製品・技術を持ち込むのではなく，現地の生活慣習や文化に適合した新製品・新技術の創造の可能性である．

アジアにおける異文化コラボレーションは，単に日本の優れた製品や技術をアジアに移転させるのではなく，現地のニーズにあった製品・技術の創造的な活動を支えることになる．従来は日本の優れた技術や製品の移転が主要な戦略であったが，アジアの社会生活の革命的な変化に伴って，もはやそのような移転の発想だけでは質的に変化する市場ニーズに対応できなくなる．

アジアでは高度成長に伴って市場規模が拡大すると共に，欧米企業の参入が活発になり市場における競争がますます激化している．増大する市場パイの奪い合いに勝利するには，現地社会の文化的伝統や生活慣習によって細分化された市場ニーズを的確に把握して，ライバルより少しでも早く現地ニーズに適合した製品を創造し，大量に市場に送り出すことがもっとも重要な戦略目標になる．

欧米の多国籍企業には，それぞれ旺盛な研究開発によって優れた知的資産が蓄積されている．多国籍企業のアジア戦略の核心は，先端的な製品・技術をもとに新しい市場を掘り起こすことである．これに対抗するには，本社レベルでの優れた知的資産の開発蓄積が不可欠であるが，同時にアジアという独特な市場ニーズに適合させる能力を強化させることである．広い意味で東洋の文化のもとで発展してきた日本経済は，それだけ欧米企業よりも文化的な親近性を持つという有利な位置にある．その親近性を活用してアジアの市場ニーズに適した製品・技術を大々的に創造するには，アジアの人々を積極的に取り込んだ異文化コラボレーションの戦略を積極的に活用することである．先端技術を梃子に欧米企業のアジア進出が，今後もますます急速に拡大してくることが予想されており，日本企業は一部の先端的な技術力の開発力でたとえ遅れをとることがあっても，アジアの文化の中に飛び込んでそこでの創造的な活動を強化することによって活路を開いていかなければならない．その戦略を実現するには，日本とアジアとの異文化コラボレーションを有効に進めることである．

3-3 アジアの高等教育の進展と研究開発人材・ノウハウの蓄積

日本企業が今後投資戦略策定に当たって重視しなければならない要素として，アジアにおける科学技術政策の進展による研究開発人材の増加，研究環境の整備があげられる．従来はアジア市場の人材として，もっぱら低賃金の労働力の豊富な供給が視野の中に入っていたが，高等教育の充実に伴って高度な能力を持つ人材が徐々に育成されるようになっている．すでに韓国の科学技術政策は大きな成果をあげているが，中国においても先端的な研究体制の整備が

着々と進められている.

　従来企業は海外に研究開発子会社を設置してきたが,それはもっぱらアメリカなどの先進国に集中していた.異文化の優秀な人材を企業の中に取り込んで,異なる発想の研究者群による斬新な創造的活動を展開しようというのがその目的であった.創造的な研究活動の過程で,同質の発想よりも異質な発想を衝突融合させ,それを媒介して新しいハイブリッドなものを生み出そうというものである.

　アジアの高等教育体制の整備に伴って,研究開発型の子会社の設立の可能性が非常に高くなる.さらに,現地の研究機関や大学などが発展して,研究開発能力が強化されてくると,日本企業もこれら研究機関と緊密な連携協力の体制を導入できるであろう.日本の本社に蓄積されている優れた研究ノウハウ・人材とこうした現地サイドの研究ノウハウ・人材とを活発に相互交流・融合させながら,異文化コラボレーションを進める余地が広がっている.その中で現地の市場ニーズに適した製品・技術が新たに創造される.

3-4 WTO 加盟と知的所有権の保護

　需要な外部環境の変化として,アジア諸国の WTO 加盟の促進とそれに伴う知的所有権の法的な整備があげられる.多くのアジア諸国は従来知的所有権について法律的な規制があまり進んでいなかったが,高度成長の中で WTO の規制を守るために国内で知的所有権の保護に取り組まなければならなくなっている.日本国内と同じように研究開発の成果が保護される体制が確立されると,企業のアジアでの研究開発活動はよりやりやすくなる.

4. 内部資源の蓄積とアジア向け直接投資の戦略

4-1 本社に蓄積された優れた技術・ノウハウ

　最後に,アジア向け投資戦略で企業の内部資源の供給可能性についても,十分具体的に検討していかなければならない.ここでは特に異文化コラボレーションを進めるために必要な内部資源の調達と蓄積が問題になる.内部資源が

乏しいならば，アジアにおける異文化コラボレーションを望んでも実際にはなかなか実現しないであろう．

ここで重要なことは，異文化コラボレーションには，まず日本の本社サイドで優れた技術・ノウハウが蓄積されていなければならないこと，もう一つはアジアの研究開発資源と融合できる質が備わっていることがあげられる．国内でどれだけ優れた技術のプールがあるかが，厳しい国際競争に勝ち残るための決め手になっているが，さらにそれをアジアの優れた資源や技術と融合させなければならない．そのためには，日本サイドの人材にアジアの文化や社会生活に対する国際理解力が求められる．すなわち，成長するアジアの文化融合圏でどのようなまったく異質な新しい市場ニーズが潜在的に大きく広がっているのかを適切に理解し，さらに，こうしたアジアの事情に精通した研究者や企業の管理者と協力し異質な発想を大切にしながら，創造的な活動に積極的に取り組むことが，今後ますます重要になってきている．

日本の研究者が自己の考えに固執し，異質なものを排除するならば，異質なもの同士が衝突を繰り返して分裂し，何も価値のあるものが生まれてこない．アジア投資戦略の策定にあたっては，社内にどれだけ異文化コラボレーションに適した有能な人材（研究者・管理者）やノウハウを蓄積しているかを慎重に検討し，余分な文化摩擦をもたらさないような配慮をしておくべきである．もちろん，異文化コラボレーションには，研究開発要員のレベルだけでなく，より広く管理職のレベルでその重要性と具体的なやり方をよく理解しておくことが不可欠である．研究者レベルで異文化コラボレーションを行うためにその管理組織の整備が必要であるが，さらに，管理職が積極的にその成果を企業活動に導入するような発想と具体的な体制づくりに取り組んでいかなければならない．

4-2 異文化コラボレーション能力の高い人材の育成

日本企業では，海外からの技術導入をはかりそれを改良していくことが長年行われてきた．最近になって日本独自の独創的な技術の創出が大きな課題に

なってきているが，アジアの人々との異文化コラボレーションまで考えることはまだ限られている．しかし，成長する新しいアジアの文化融合圏で欧米との国際競争に勝ち残るには，積極的にアジアの優れた資源との融合を通じて新しい創造活動を行うしかないと考えると，アジア文化を視野に入れた複眼的な発想の育成と異文化コラボレーションの試みが重要になってくる．

成長するアジアの市場で種々の新しい問題が生じることが考えられるが，それらは現地社会生活の中で取り組まなければならない問題である．新しい環境で新しい問題を発見し，その解決策を現地人材と共同してともに考えるような，国際市場における創造的能力を強化していかなければならない．

異文化コラボレーションを支える人材育成のためには，日本の大学院や学部など高等教育システムの大々的な改革が必要であるが，日本企業の内部においても，今後は多様なアジア社会を視野に入れた長期の人材研修システムを構築強化していくべきである．

まとめ

21世紀の潮流では，すでに日本という国の枠を越えてアジア社会，さらにグローバルの社会が急激に発展している．日本は，この変化するアジア社会の中で共に生きていかなければならないが，アジアの人々とともにそこで生起する様々な問題に取り組み，問題解決を通じて成長するアジアの社会秩序の形成と発展に貢献することが求められている．それを通じてのみ日本社会も再生の道をみつけることができる．

アジア社会は，日本・西欧の社会と比較して，文化や生活様式，ものの考え方，さらに言語も異なる．その異文化社会に参加し，新しい問題発見や問題解決を通じて貢献していくためには，従来になかった新しい発想やビジョンが求められる．アジア社会の長期的な発展に貢献するには，異文化の中の様々な摩擦や対立を乗り越えて，アジアの人々とコラボレートし，より次元の高いレベルで新しい価値を創造できる，高度な実践的能力の育成が必要になる．そうした日本社会の努力の中で企業の新しい海外投資の戦略が育ってくるであろう．

1) 田中拓男『日本企業のグローバル政策』中央経済社, 1991 年. 直接投資の歴史的な展開が詳しく紹介されている.
2) 異文化コラボレーションは, 新しい概念であるが, グローバル化時代の創造的活動にとってきわめて重要な役割をもっている. 久保田晃弘／藤井浩美によると,

"現代社会は, そもそも異なる視点の交流自体がおこりにくい構造になっています. このような状況に対して, 従来から横断プロジェクトや産学共同など組織間の連携の必要性が叫ばれていますが, 単に横につないだだけで, ギャップを能動的に乗り越える求心力が生まれなければ, 往々にして利害が対立し, なかなかうまくいきません. (中略)

異分野コラボレーションの目的は, 単に細分化された領域を横につなぐことではありません. その目的は, 既存の領域の価値を再構成することにより, 新しい視点やビジョンという求心力を生み出し, 今後必要な価値を生み出していくことです. そしてその実践は, それをどう実現していくか, どのように摩擦を乗り越えていくかというノウハウを蓄積していくことに他なりません. (中略).

異分野コラボレーションは, まさにそのためのアプローチです. 既存の価値の中で何かを効率よく行っていくのではなく, 異なる視点のぶつかりあいの中から, 自分の発見する価値 (オリジナリティ) を模索する場です."

（久保田晃弘／藤井浩美著『異文化コラボレーション；視点の交錯から創造へ』ジャストシステム, 1995 年. 109, 110 頁）

3) 久保田晃弘・藤井浩美は, 異文化コラボレーションが今後日本で進展するために次のように述べている.

"欧米の科学技術を学び改良することを目的としていた時代から, 自分自身の眼で問題を発見し, 創造的かつ率先して社会の問題解決を行うことが求められる時代になった, という認識をまず一人一人が持つことが重要なのです. その上で, そうした時代に何をなすべきか, ということを積極的に考える必要があります.

(中略). 答は一人一人見つけ出していくしかありませんが, そのプロセスを大学や企業のような組織が支援すること, また, そのような模索を許す土壌を組織内に育てることが切実に求められています. 異分野コラボレーションは, 問題発見能力育成の実践教育の方法として今後重要な役割を果たすと考えられると同時に, そのことが大学や企業の創造的な風土をそだてることにもつながります."

（同書, 111 頁）

参 考 文 献

田中拓男『日本企業のグローバル政策』中央経済社, 1991 年

久保田晃弘／藤井浩美著『異文化コラボレーション；視点の交錯から創造へ』ジャストシステム, 1995 年

第 3 部　現代経営戦略の事例研究
　　　——競争優位の実証と課題——

第 7 章

航空機産業における技術融合と戦略
――エアバス社とボーイング社の生産戦略を中心に――

はじめに

　多くの産業において，産業技術の業際化が進んでいる．情報技術と管理技術の融合，化学技術と情報技術との融合，さらには，経営技術と生産管理技術の融合など．そのうち，最初にあげたものに，ERP（enterprise resource planning）と呼ばれるものがある．管理技術として開発されたもので，SQC（statistical quality control），TQC（total quality control），JIT（just in time systems）などの工学的管理方法論，さらには，会計計算，コスト計算，財務計算，キャシュフロー計算，財務分析などの経営管理のための技術が，情報システムに取り込まれ，情報システムは，単なるもののトランザクションを記録・集約・報告するものから，様々な経営階層において経営現象の分析とコントロール，あるいは代替案の選択に必要な基礎データを統合的に提供する役割を担うようになっている．これが，基幹系情報システムとも呼ばれている．化学の世界においては，かつて偶然による発見の産物であったのが，今やロボットを利用して様々な材料の無数の繰り返しから新たな素材あるいは，要素物を見つける方法が，支配的になりつつある．これまでのような人のアイデアや着想から，膨大な実験からのデータを基に，分析対象を絞りこみ時間の壁を克服する形で，業際的な技術融合からの新薬の開発や新素材の開発が行われている．われわれのここでの

関心は，そのような多様な分野で行われている技術融合のなかで，とりわけ，日本企業の関心の高い，組立産業における技術融合の事例である．なぜ組立産業なのか．その理由は3つある．最も労働集約的な産業で，雇用機会の創造という点で研究意義をもつこと．すなわち，雇用を生み出す上で極めて重要な産業であること．もう1つは，最も，顧客に近いところに位置する産業として，先進国にとっては将来性あるいは，革新性すなわち，イノベーションによる付加価値の創出という，発展途上国に対して競争優位性を持続的に持ちうる可能性の高い製造業であること．さらに，他の産業への技術伝播あるいは移転可能技術の創出機会が極めて高いことによる，新産業へのドライバー機能である．

　日本の製造産業のうちで，加工・組立産業の占めるウエートは比較的高い．電気・電子産業と自動車産業をあわせると，GNPの30%を占めるといわれている．とりわけ，自動車産業は，1980年代のリーディング産業であり，電気・電子は，1990年代のリーディング産業であった．このいずれもが，いまや，米国を中心にした，新しい産業競争力の再構築方法と中国を中心にした新興勢力の前に，大きな転換を必要としている．日本の自動車産業は，1980年代にピークを記録し，一旦は，世界最大の生産量に達したが，いまや，国内11社体制から，4グループに集約され，国内メーカーは，2社になり，日産，三菱，マツダは，いずれも海外メーカーの子会社あるいは，関連会社である．ここでは，このような自動車産業における技術融合にも関心はあるが，むしろ筆者の調査した，航空・宇宙産業における，同様な動きをもとに，組立型産業における技術融合と生産戦略の意義を検討することにしたい．

　なお，航空・宇宙産業は，EU委員会によれば「航空機の機体，エンジン，部品，人工衛星などの宇宙システムの生産という4つの部門」からなる．「1980年代までは欧州連合（EU）における成長産業で，85年から90年には30%成長を達成している．」「1990年代に入って世界的な景気後退のあおりで民間航空機の受注が停滞したために業績が落ち込み，企業間の合併や提携といった業界再編が促された．EUの航空宇宙産業は各国の防衛と密接に結びついていた

ために，今でも国ごとの独立色が強い．このように各国の比較的小規模な企業が並立している状態では，アメリカの巨大企業との競争で不利にならざるをえない．そこで，国という障壁を取り除く努力が続けられている．そうした努力の1つの形として，フランスのアエロスパシアル，イギリスのブリティッシュ・エアロスペース，ドイツの DASA，スペインの CASA からなるコンソーシアム，エアバス・インダストリー」が誕生し，さらに，民間航空機の製造のみならず，軍用航空機，宇宙機器までを含む，EU 企業として，2000年12月に，コンソーシアムから株式会社への転換を図るためにエアバスの持株会社としての EADS 社 (European Aerospace and Defence Systems) が誕生する．なお，「世界の航空宇宙産業の先進地域であるアメリカ，EU，日本の総生産額に占める EU のシェアは，1985年の24%から1994年には33%まで伸びた.」といわれている．

　日本でも，航空宇宙産業については，関心が低いわけではない．例えば，愛知県の調査によれば，愛知県は，全国の航空宇宙産業の生産シェアのうち，26.7%を占めている．1997年製造品出荷額は2,666億円である．日本における航空宇宙産業は，様々な理由から，産業としての規模・ステイタス，のいずれにおいても，不十分であるが，他の産業への技術移転効果は大きいと思われる（大手重工メーカーへのヒアリングによれば，先端的な設計技術の航空機メーカーから自動車メーカーへの流れは，顕著である．また，ホンダ，トヨタが依然として，航空機エンジンあるいは，機体設計などに事業としての関心をもっている）．それは，素材開発，電子機器制御，それにここで取り上げる，生産技術と開発技術における融合効果である．（注：(資料：通商産業省「工業統計表」，県統計課「平成9年あいちの工業」)) なお，技術融合の定義は，ここでは，「技術融合とは，特定の目的のために複数の異種技術を結合させて期待成果を獲得する開発行為」（小原, (2002) 117 ページ）を意味する．

1. 技術融合としての IT 技術と生産技術

「通産省主導で次世代の生産システムに関する産学民共同プロジェクト

「IMS」が進められている．そのなかの「21世紀を指向したグローバル生産のための企業統合研究」で定義されているビジョンをもとに「仮想生産環境」を定義してみたら次のようになる．仮想生産環境：製品開発からリサイクルに必要なほとんどすべての情報が電子化され，各プロセスで生成された情報は巧みに連携しあい，活用できる状態の統合された知的生産システムになっている．さらに，そのシステムは，柔軟に成長発展できるようになっている．現在まだ完全な仮想生産環境ができあがっている企業はなく，図7-1に示すように個々の要素技術をそれぞれ単体で使用しながら，ネットワークによって情報の共有化をなんとか確保しているという状態である．」

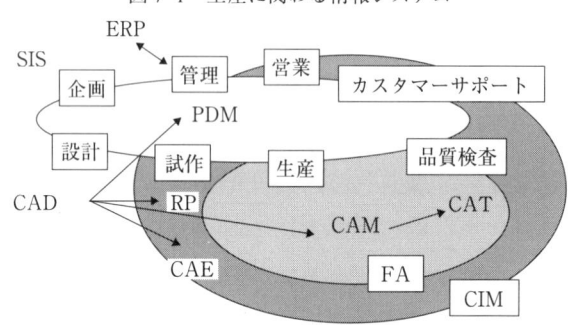

図7-1　生産に関わる情報システム

「工場は，設計というシナリオに基づいて生産要素を生産物に変換する機能をもつ．仮想生産環境では，その「変換作業」が仮想実現される．生産設計，経営設計，構造設計は「変換作業」のための重要な3要素であり，そのなかに含まれる多くの項目の最適解を同時に見つけなければならない．これには，一般にCAEと呼ばれるコンピュータシミュレーションの技術を有効に使うことが必要である．さらに，VR（人工現実感）技術も必要である．人間がコンピュータ仮想空間内で実現される設計活動に能動的に関与して最適化に貢献することができる新たなモジュールと考えることができる．」「コンピュータシミュレーションには，最適化のための数理計画法，物理モデルを用いた予測シミュレーション，データベースや知識ベースによる経験学習的解法などがある．また，幾何学モデルは仮想生産の検討には不可欠である．つまり，対象と

する生産物の幾何学情報，生産加工に関わる物理，化学現象の数式表現，さらには，品質仕様，納期，コストなどの経営的目標値を定量的に把握し，最適解を計算で求める．そして，仮想空間から現実空間へ移行するために，材料手配書，作業手順書や数値制御加工機の入力データを作成することになる．

仮想空間のなかで扱う幾何学モデルを作成するためのツールとして3D-CADがある．その幾何学モデルを使って，強度が大丈夫か，機構がうまく出来ているか，組み立てるときに干渉しないかなどをCAEによってチェックすることが可能になってきた．また，さまざまな生産加工プロセスでの物理現象を数学モデルに表現し，加工品質をCAEで予測する試みも数多く行われている．」

このような先端的な事例として有名なボーイング社における，B 777型機の開発では，CAD／CAMによる設計・生産は，1985年以降になり，急速に進展した．より優れたコストパフォーマンスへの顧客の強い期待は，より高機能な新機種をより低価格で開発，製造し，適時に納入することを求められる．これは，航空機においては，巨額な開発費の負担問題，コア競争力の維持，顧客の獲得，という視点から，新たな開発・生産戦略（広義に生産戦略とする）を模索することへと繋がる．ボーイング社では，そのコア競争力は，主翼設計とシステムの統合，および，デジタルデザイン定義にある（*Boeing Annual Report*, 1988）．ボーイングのエンジニアーに期待されたものは，これまでの組立技術とデジタルデザイン技術を統合化するシステム技術を作りあげることであるとされた（*Design News*, Sep. 1997, Michael Puttre, "CAD cuts cost for fighters and airborne lasers"）.

「ボーイングで，B 777型機の開発の時期に，これまでの設計方法論，製造方法を踏襲するかわりに，航空宇宙技術の経験と能力をもとにバーチャル設計（FLYThru）方式を開発した．このダイナミックモデル開発による手段には，CATIAと呼ばれる，ソフトウェアーを利用している．それは，バーチャルなソリッドモデルから，デジタルモックアップ（仮想空間の上での3次元製品モデル）の生成を可能にするものである．結果的にエンジニアーは，FlYThruを

利用してビデオ画面の上で，航空機の組立てを行った.」(Michael Puttre). このように，CAD・CAE の統合による生産のバーチャル・システム化は，事前の組み付けにおける課題が解決するだけでなく，新たな複合材の利用を促進する.

複合材の登場と，シミュレーション技術により，形状加工と重量の大幅削減が可能となったのである (*Advance Materials & Processes,* March 1999, Tony Williams *et al.*). そのうち，シミュレーション技術は，FiberSIM と呼ばれており，ボーイングの航空機における翼設計での複合材の張り付けを工場での実際加工を行わずに定義化できた. これによる張り付け加工などの時間を 50% まで短縮したと言われている (Boeing reported that preprogramming the lay-up sequence cut lay-up time by 50%, and exact pattern measurements cut material waste by 25%). すなわち，大幅な精度の高い設計の実現により，再設計時間の短縮や材料の歩留まり改善にも大きな成果を上げている (*Advance Materials & Processes,* March 1999, Tony Williams *et al.*).

以上のように，CAD／CAM それに PDM (Product Data Management) の統合的な利用により，これまで考えられなかった生産システムが，実現したと言える. それをまとめると，情報システムの上で，しかも，遠距離で分散した設計環境で，3 次元のデザイン活動が多人数で協調して行われていること. さらに，設計から生産準備においても後工程の手直しを徹底的に削減する CAE 技術の活用である. 具体的には，製造に関わるシミュレーション技術の発展である. 3 つめには，品質情報，コスト情報，デリバリー情報など，生産管理に必要な情報が，工学的な活動と統合されているのである.

技術融合の形態としては，小原 ((2002) 119 ページ)，によれば，「ソフト志向的なインテグレータータイプとハード志向的なシステムサプライヤータイプに分類される. 前者は，設計技術オリエンティドなシステム技術融合を意図し，後者は，工作技術オリエンティドな個別技術要素間の融合を意図している.」このことから，航空産業で行われている技術融合は，ここで取り上げる，エアバスとボーイングについては，システム技術融合ということになる. その

意味からいくと，日本の航空機メーカーは，個別技術要素間の融合を行っていることになる．

2. CAD／CAMの現状
2-1　2D-CADから3D-CADへ

今まで，国内のほとんどの製造業において2D（2次元）-CADが多くの用途で活用され，ある部分では画期的に生産性が上がったといわれている．1つのメリットは，従来の製図板に比べて格段に作図効率が向上したことである．とくに，図面の一部修正や試作図から量産図面への書き換え作業が短時間に行えるようになったメリットは大きい．開発段階でも，類似部品を参照しながら設計する場合が多く，過去の資産活用をより効率的に行うことが可能である．部品図作図，組立図作図，計画図作図，部品設計などで効果があった．もう1つのメリットは，図面管理の充実であろう．従来，紙の図面をいつでも取り出せるように保管庫に収納していたが，修正が加えられる度に枚数が増え，また，紙の劣化を防ぐことも容易ではなかった．ましてや，遠方の事業所や協力企業に図面を届けるためには1日以上の時間がかかった．海外との図面のやりとりにさらなる日数が必要なことは言うまでもなかった．これに対して，電子化された図面データがコンピュータのディスク内に保存され，図面管理システムによって部品コード，担当者，作成日，事業所などさまざまなキーワードで容易に検索，抽出することができるようになったメリットは大きい．

しかし，残念ながら2D-CADは，図面以上に設計意図を伝えるという能力はない．つまり，構想設計や基本設計に携わる人や，そのデータをもらいうける製造側にとっては，それほどメリットがなかったと言われている．2D-CADでは，3次元形状を3面図に換える技術，3面図から3次元形状を思い浮かべる技術が依然として絶対必要なのである．

2D-CADの限界，それは，3次元形状を2次元で表現しなければならないことである．金型メーカーなどでは，早くから直接3次元データをコンピュータで扱うことに取り組んできた．いわゆるCAD／CAMシステムの利用であ

る．これは，NC（数値制御）加工機の発達により（X，Y，Z）の座標データがあれば，精度よく目標寸法に加工することができるようになったためである．外観検討のためにモックアップを作製する作業も2次元図面から3次元形状に変換し，質感や手触りといった感性で商品化の検討を行うために必要である．これについても，RP（ラピッド・プロトタイピング）が実用化され，樹脂の光硬化，紙の積層，金属粉末の焼結，レジンの成形などの各種材料によるプロトタイプ製作が短時間に行えるようになってきた．これにも，2次元図面から3次元データを作成するといった事前準備作業が必要である．もっと単純な，「重量を計算する」というような作業も，普通，2次元図面から行っている．

　もし，設計者が3次元形状から2次元の図面を描き，それを受けて多くの技術者が2次元図面から3次元形状に変換する作業を，すべて省略することができれば，大きな効率化と技術進歩をもたらすであろうことは，実にシンプルで誰にでも予測できることである．3D-CADの開発は，必然性があったといえる．

　20年ぐらい前から，コンピュータを使って設計を自動化しようという研究がMITを中心に始まり，1982年には米国のSDRC社から3次元ソリッドモデラ「GEOMOD」が発表されている．当時はコンピュータが高価で，しかも，このソフトウェアーの能力も十分ではなかったため，ごく一部で利用された程度にとどまった．しかし，今，3D-CADは，実用化の時代に入った．例えば，セイコーエプソンでは，3D-CADの評価を1986年頃から開始し，本格的な3次元設計への全面シフトを1994年に決断している．理由は，ソフトウェアーとハードウェアーの進化である．また，3次元グラフィックスの処理機能が大幅にアップした．さらに，モデル修正に膨大な計算時間が必要であったブーリアン演算ベースのソリッドモデラ（従来の「GEOMOD」などが採用）は，モデル作成，修正が容易，設計意図の反映が可能なフィーチャベース，パラメータ駆動のソリッドモデラ（PTC社より発表された「Pro-Engineer」が採用）へと置き換わった．現在では，3D-CADは，設計技術力の向上と製造部門との

リンクによる大規模な経費節減を可能にする経営戦略ツールとして位置づけられて,仮想生産環境の中核をなすものとなっている.

2-2 CAE の意義

CAE (Computer Aided Engineering) は,一般に,設計や製造の前段階で,対象の解析や予測をコンピュータで行うシステムであると定義されている.現在では,まだ,製品機能のシミュレーションシステムを指すことが多い.CAEを支える理論には,非線形連続体(固体)力学,熱流体力学,原子・粒子系力学,量子力学,非線形動力学,計算機械工学,数値計算技法,幾何形状学などがある.構造体の強度評価や材料の加工・成形品質評価のために,とくに重要であると考えられているのは現象モデルであり,ミクロ現象とマクロ現象のどちらに焦点を当てるか,また,ミクロとマクロをつなぐメゾ・スコピックモデルなどをどのように設定するかなどが重要になる.機械設計,製造における工程と CAE の関係の概略を表したのが表 7-1 である.

表 7-1 機械設計,製造の工程と CAE

	工程	対象	CAE
設計	構想図	意匠検討 視界,操作性検討	デザイン CAD 幾何学シミュレーション
	組図 部品図	静応力問題 接触問題 疲労問題 振動問題/油圧回路	汎用構造解析 挙動解析,モーダル解析
	衝撃	破壊応答問題	衝撃解析
	走行性	空気抵抗 騒音,乗り心地	流体解析 騒音解析
	エンジン	燃焼効率,パワー	燃焼解析,熱流体解析
	配管,ハーネス	省スペース,組立性	幾何学シミュレーション
材料	鋳造	型設計 組織,ひずみ	熱流れ・凝固解析 熱粘弾塑性応力解析
	鍛造	内部/表面欠陥	熱+剛塑性変形解析
	粉末成形	密度分布/変形	固体要素解析

材料	塑性加工	成形性	弾塑性変形解析
	プラスチック成形	型設計	樹脂流動解析
	電子デバイス	品質	分子動力学シミュレーション
加工	溶接	板取り ひずみ，加工順序	配置解析 熱弾塑性応力解析
	ロボットティーチング	オフラインティーチング	幾何学シミュレーション
	機械加工	工程設計	工程設計システム
	熱処理	ミクロ組織 誘導加熱／硬度 残留応力，ひずみ	組織解析 電磁場解析システム 熱弾塑性応力解析
	表面処理	浸炭／窒化条件	熱処理硬度予測システム
組立	コンポ	組立日程計画	日程計画システム
	サブ Ass'y	アセンブリチェック	幾何学シミュレーション
	生産，物流	効率化	スケジューリング

一般に，CAEでは，幾何学形状モデルを入力し，物理的境界条件（荷重，熱など）と物性値（その対象物の性質を示すもの，密度，比熱，ヤング率など）を設定する．さらに，FEM（有限要素法），FDM（有限差分法），BEM（境界要素法）などの数値解析方法を用いて，物理現象モデルを離散化（コンピュータで計算できる足し算，かけ算の形に換える）して解く．結果は，コンピュータグラフィックスでビジュアル化され，評価される．幾何学形状の入力と諸条件の設定までを行うのがプリプロセッサ，数値解析方法を用いて現象モデルを解くのがソルバ，計算結果をビジュアルに表示するのがポストプロセッサと呼ばれるモジュールの役目である．3D–CADと同様にCAEシステムも進化している．仮想生産環境実現のためのコア技術の1つとしてCAEは位置付けられているといえる．

3. 航空機でのバーチャル設計の応用状況

B777の開発における大きな成果は，遠隔地における協働活動の実現を可能にした，3次元CAD設計ソフトウェアーであるCATIAである．ボーイングは

それをネットワーク・システムとして利用したのである．それは，300万個を超える部品のデジタル事前組立により変更，エラー，再作業などの時間短縮だけでなく，分散型のネットワークシステムを通じて，これまでの集中型情報システムをさらに使いやすくかつ，広範な統合を可能にしようとしている点である（*Computerworld,* Dec. 23, 1996, "Boeing to shift design to RS/6000," Tim Ouellette）．

　バーチャルな設計を標榜したコンセプトとしてIPD（Integrated Product Development）と呼ばれる概念がある．これは，1991年に，軍事機器において率先して採用され，B777型機にも応用されているものであり，手直しコスト，デザイン作業，製造作業のサイクルタイムを減少させようとするものである．内容としては，デザインに関わるツールを統合し，最適化することに貢献した（*Mechanical Engineering, CIME,* Jan. 1998, "Reengineering aerospace design," Michael Valenti）．このIPDを支えるためのECC（Electronic Change Control）ソフトウェアーがある．これは，エンジニアー，組立作業者，工場技術者それにロジスティクス担当者などに，ネットワークを通じて，エンジニアーによる設計変更などの追跡・管理可能にさせた．さらに，EDF（Electronic Development Fixture）と呼ばれる3次元モデルにより電子空間の上で，部品間の適合性，形，機能，干渉部分の調査が可能になった．これは，（*Mechanical Engineering, CIME,* Jan. 1998, "Reengineering aerospace design," Michael Valenti）分析用，加工用あるいは支持器具の設計に貢献し，組立指示書，組立作業図，工場レイアウトの検討，などの効率化を支援する．

　このEDF内部の製品データマネジャーを利用して，ボーイング社のエンジニアーは，先工程での仕事を承認あるいは拒否をしたりできるようになった．その結果，社内の全てのエンジニアーが同じデータを同時に見て内容をチェックでき，現在の設計の進捗についても，お互いに情報を共有できるというものである．すなわち，コンカレント・エンジニアリングが，3次元映像の共有を通じて可能になったと言える．

　このIPDに関して，ボーイング社の責任者の1人である，ハートハンフレ

イ女史によれば，IPDにより，最適デザインが可能になるだけでなく，それが，プロセスベースのマネジメントシステムを通じて，達成されることからIPDがマネジメントのチームに重要なプロセス要素を定義する責任を与え，継続的改善を行うプロセスをシングルプロセス化し，顧客への製品情報の首尾一貫した手段の提供，顧客中心のプロセスと優先順位へのマネジメントの関心を高めるといった便益を生み出したと述べている．

4. ボーイングとエアバスの戦略と技術融合
4-1 ボーイングの組織改革：垂直的階層組織から水平的組織

航空機の製造は，自動車のように，時間あたり何台作るという程には，サイクルタイムは早くない．ボーイング社の新鋭機B777型機（200-350座席まで種類がある．）では，フル生産で月産12機程度（週に3機）である．一方で，それより生産性が高いとされているエアバスのA320（130-220座席までモデルがある．）で，月産18機（1999年実績，年間222機）である．さらに旅客用航空機は，1機が，約40億円から，160億円（$150 million以上．ボーイング747-400）までの価格帯をもち，建物・橋梁のように耐用年数が，長く（20年以上），建物・構築物に近い特長をもつと言える．このような製造会社は，垂直的な階層組織に基礎をおき，開発を頂点にして，製造，マーケティング，営業というように，ものを川下に流すかたちで事業を展開してきた．とりわけ，研究・開発組織は，全く他の組織は関与しえない位置にあったとされている．しかし，新しい設計・生産技術（CAD・CAM）を戦略的に活用するには，共同開発を他社・顧客・他部門と共同して進めることが必要である（ボーイングのB777型機で，世界17カ国の企業と提携），そのためには，開発組織が，責任部門別から，製品の機能にあわせて繋がるネットワーク型を戦略的に採用することになった（1988年）．新鋭機B777型機の開発においては，顧客ニーズ，生産ニーズを開発に生かすという試みが，DBT（Design Built Team）ということで10人から数十人からなるチーム組織が，製品の機能という切り口で，数百つくられたとされている．その中身としては次のようなものがあげら

れる．

　1) 開発組織への民間旅客航空会社エンジニアーの参加
　2) 生産エンジニアーの開発組織への参加
　3) 開発エンジニアーの責任範囲の明確化
　4) 開発組織へのサプライヤーエンジニアーの参加

　製品開発組織への旅客航空会社に所属するエンジニアーの参加，生産エンジニアーの参加，サプライヤーに所属するエンジニアーの参加は，自動車会社で言えば，ディーラー，製造技術者，サプライヤーの参加である．これ自体は，それほど新しいことではない．しかし，課題は，航空機は，300万点を越える部品から構成されているにもかかわらず，部品そのものが，非常に厳密な品質基準を満たす必要があること．また代替品関係が少なく，一機種一品種製造を多く含むこと．かかる部品のコスト競争で勝利するためには，多数のサプライヤーから競争的購入をする必要があった．しかも，その部品間の組み付け，接合にあたっては，干渉や齟齬を最小化する必要があることである．ボーイング社では，これまでの開発方式を見なおし，特定の条件を満たす少数のサプライヤーをサプライヤー・インテグレーター（統合部品の供給者）として位置付けた戦略的参加型の開発体制を進めることとなった．この結果，技術者を1カ所に集めるコーロケーションと具体的な開発・製造になると分散的に活用する方式を組み合わせたシステムが，有効に機能できる組織体制を作り上げた．その状況を典型的に示すのが，図7-2である．これを見ると，開発から始まり顧客への引渡しまでのいかなるプロセスへも，顧客の声が反映される組織プロセスが強調されている．

　この新型航空機製造技術に欠かせない概念が，共通の規格を採用して，組付け機器の無駄や派生型（規格の拡張で例えば短胴から長胴へモデルが展開される）を排除するためのプラットフォームの採用である．これは，航空機の胴体のタイプを2つに分けて，広胴型（通路を2つとれる）と狭胴型（通路1つ）に分けて，開発組織を2グループ編成に大括りして，製品種類間での開発組織の調整を容易にした．また開発組織を，プラットフォーム別のプログラム責任

図7-2 ボーイング社の製品開発プロセス

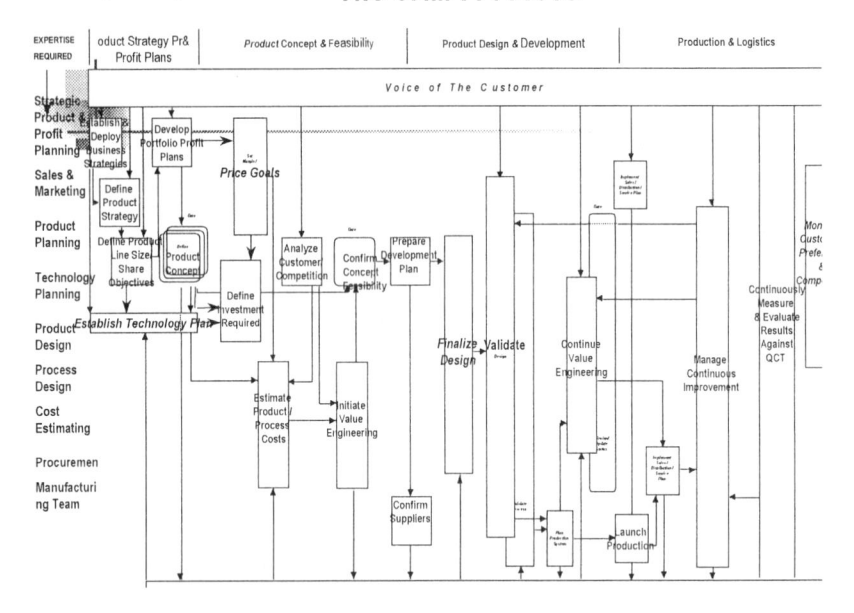

者を基点において，製品種類別のプロジェクトと参加する部門とのマトリックスとして，その特定の製品タイプ別に，構成する製品の機能別（機首，前胴，油圧機器，エンジン，昇降装置，主翼，中胴，後胴，尾翼，管制装置など）に10－13のチーム（その下に，さらに，機能部品別のチームがある．）を作る編成方法を採用した．3つめは，プロセス・オーナーシップという考え方で，後工程に対して前工程の責任者を明確にし，所属組織と作業組織（プロセス）との関係を，前者は後者に従属する組織編成方針（聞き取り調査（1999年9月－10月実施）では，エンジン組み付け事業部が採用．）を採用した．

以上のように，これまでの縦割り・逐次的な開発中心の航空機開発組織をすっかり変更したのである．そしてもっとも困難なチャレンジは，ビジネスの進め方の基本的な思考方法を変えることにある．

繰り返し言えば，階層的な組織からチーム型（T型）組織への変革とそれが稼動するための開発から販売までプロジェクト中心の組織体制の確立である．

これにより，前述した新しい設計・製造方法である，CAD／CAE／CAM／PDM（Product Data Management）を中心にしたバーチャルな製造技術が大いに活用されるようになったことである．ボーイング社では，IT 技術と製造技術とが，チーム型組織を媒介にして新たな関係を 1994 年には作り上げたことになる．

4-2 エアバスと EADS の戦略

エアバス社は，ボーイングと対抗して生み出された欧州（イギリス，フランス，ドイツ，スペイン）による主に民間航空機の製造会社であり，2000 年 2 月より持株会社 EADS の傘下にある．エアバスを語るにはまず，EADS の特色を見ることから始めよう．この持株会社の目的は，M&A，による組織力の強化と SBU（エアバス，1970 年設立，ユーロミサイル 1972 年設立，アリアンスペース，1980 年設立，ユーロファイターとユーロコプターは，1992 年設立，その他に，FLA 1993 年設立，Astrium 2000 年設立，などがある）による事業評価・調整のマネジメントである（EADS の資料によれば，EADS の戦略課題は，グローバル市場で No. 2（ボーイングの次）になること，各 SBU の価値連鎖に沿って事業ポジションを強化すること，2004 年で 8％ の EBIT を達成すること，事業部の横断的なシナジー創出をあげている）．EADS の財務担当副社長との 2001 年の 2 月の聞き取り結果から．この 10 年間に，EADS の母体となる，フランス・マトラ社，ドイツ DASA 社（ダイムラーの子会社），それにスペイン CASA 社をベースに 800 社近くを買収し現在に至っている．EDAS の最大の子会社である，エアバスは，製造・マーケティングに独立性をもつと同時に，その他の SBU とシナジーを持つという両立性を図るように仕組まれている．例えば，そのためのプロジェクトの横断的な設定など．

その EADS の事業収入を見ると，図 7–3 のように，61％ をエアバスの収入からあげており，いかにも，エアバス社の成功が大きなウエートを占めていることが分かる．エアバスは，ボーイング社と事業規模で比較すると，依然として 2 : 1（ボーイング社の売上高 513 億ドル，エアバス社は 276 億ドル，2000

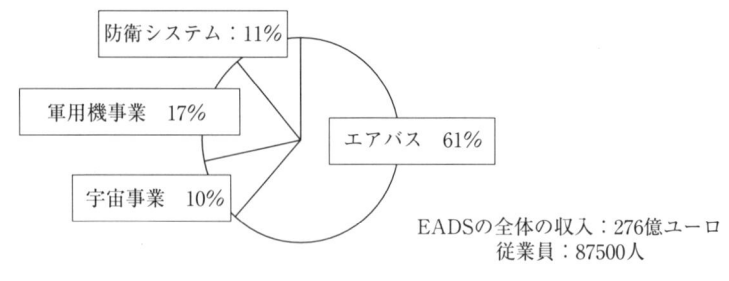

図 7-3　2000 年度の EADS 社の事業収入内訳（2001 年の EADS 資料より）

防衛システム：11%
軍用機事業　17%
エアバス　61%
宇宙事業　10%

EADS の全体の収入：276 億ユーロ
従業員：87500 人

年会計年度）であるが，これは，ボーイング社が民生品以外の部分でも大きな事業領域をもっていることと，1997 年にマクダネルダグラス社を買収したことによる．以下では，そのようなエアバス社の生産戦略と技術戦略を解説することにしよう．

以下の部分は，HEC 大学院（ベルサイユ市）とツールーズにある，エアバス社でのエンジニアリング事業部担当者からの聞き取り調査に基づくものである（小原（2002）参照）．

(1) 地域発展と地域企業の強化とを両立させる．その結果として，分散的な産業の立地と事業全体としての統合とを両立させることがなされた．分散拠点はヨーロッパのスペイン，フランス，イギリス，ドイツの各拠点，統合としては，ハンブルクとツールーズの最終組立拠点化である．

(2) バーチャル企業による，IT 技術と生産技術（新要素技術として複合材としての炭素繊維なども含む）の融合・発展を最大限活用する．とりわけ，フランス・ドイツの生産力と設計（CATIA : Computer-Aided Three-Dimensional Interactive Application）・開発での IT 技術を最大限利用した．

(3) 新しい技術の汎ヨーロッパ的開発とリスクの吸収．1 国での防衛産業や国内向けの消費財生産では，採算性がとれない．それをヨーロッパ全体がシェアーすることで，コスト競争力のある製品の開発にむすびついた．

以上のような，EADS の戦略（スポンサーである各国からの期待）の背後に，エアバス社の事業戦略は，1 つには，フルライン政策による，ボーイング社への追撃であり，これには，最大の課題は，2 点間の輸送統合としての大型

旅客機の就航である．2005年にA380新型機の登場により，累計14,000機にのぼる1960年代のモデルであるB747型機との代替化が一挙に進む可能性がある．

4-3 エアバス社の生産戦略

エアバスは，1970年12月18日にフランスの法律により「相互経済利益団体（GIE）」として正式に発足した．本社は，ツールーズにあり，民間機を中心に，航空機の開発・生産・販売・引渡し・訓練・顧客支援を行い，従業員は約30,000人（2001年）であった．このエアバス社の戦略を纏めると，以下の開発・生産にからむ戦略に大きな特徴を見ることができる．

(1) エアバス社はこれまでの各国別の分散事業拠点（ハンブルク，ブレーメン，ミュンヘン，ツールーズ，など）をベースに，概念設計の共通化を重視し，ボーイング社以上に設計・開発での外注化を行っている．
(2) エアバス社は，開発と生産のトータルなシステムを構築している．しかも，マーケティングについては，EADS設立後は，エアバスに集中した．
(3) エアバス社は，統合的生産（integrated final assembly）の概念を基礎にしている．

この(1)については，エアバス社は，欧州全体で，37,000人を雇用しており，1,000社を超えるサプライヤー，10万人がエアバス関連のビジネスに関わっている．また，米国でも，800社がエアバスの生産に関わっている．このような多くの外部サプライヤーを利用することで，共生の理念を体現しているかのようである．それを実現するためのおおきなコンセプトが，設計のアウトソーシングであり，「エアバスのコア競争力は，コンセプト設計（設計コスト全体の約20%）であり，詳細設計ではない．詳細設計は20社ほどの外部組織に秘密協定を締結して外注されており，ツールーズ他での設計事務所は知的労働者を多く雇用し，コンセプト設計の需要は安定している．受注の多少により比例して詳細設計や生産設計は変動するが，アウトソーシングしているので変動はIT化で吸収できる．」（小原，114ページ）という．

(3) については，大型機（A 340）と中型機（A 321, A 219）で，最終組立が，ツールーズとハンブルクに集中されている．一方で，機体の95%は，欧州のパートナーの工場で製造される．そして，エアバスの生産輸送本部は，パートナー企業と密接な連携をとり，完成した各ボディーパーツやモジュールを最終組立地に大型の輸送機などを利用して，空輸あるいは陸送する．その典型的なものが，A 340型の主翼・胴体・尾翼などを輸送する大型輸送機（ベルーガ）である．これにより，ジャストインタイムに各モジュールを19時間以内に最終組立地に集められる．A 340 の組立ラインを見ると，主翼，前胴体，後胴体，垂直尾翼，スタビライザーが，完全なモジュールでツールーズに集められ，わずか，1カ月あまりで完成することになる．勿論その後に外部塗装とキャビンの艤装（このために，ツールーズからハンブルクに飛ぶ）に時間が掛かること．いずれにしても，このモジュール化された5つの完成部分を接合することで，完成する方式は，ボーイング社の伝統的な組立方式とは大きな差異を放っている．

著者らにより見学した，ラインの様子では，例えば，「接合部のアライメントは極めて高い精度と接続作業を必要とするので，位置決めや接合に自動化装置や自動計測精査が多く利用されている．したがって，作業員が日本（三菱，川崎）や米国（ボーイング）に比して少数である．モジュールを台車やクレーンで移動し位置決めして仮止めボルトを入れ調整後には，ロボットでリベットを自動機械接合する方式をとっている．（小原，112頁）」．

以上が，生産戦略の中核と思われるところであり，エアバスの生産の仕組みをスケジュールでまとめると次のようになる．

ウォールストリート・ジャーナル（*Wall Street Journal Europe,* Tuesday April 3, 2001）によれば，エアバスの，A 320 の組立は，次のようなスケジュールで進行する．これは，アメリカのJetblue社により，購入された機体のケースである．

No. 1398 の購入でのケース（2000年）

11月14日，セントナザールからツールーズへ，前胴が運ばれる．

11月16日，後胴が，ハンブルクからツールーズへ，運ばれる．

11月22日，後尾（tail）が，マドリッドからツールーズへ，主翼がウェールズのブロートン（Broughton）から，ツールーズに運ばれ組み立てが，ツールーズで始まる．

11月28日，ハンブルクからツールーズへ垂直尾翼（Fin and Rudder）と水平尾翼が運ばれる．

1月 4日，2001年，ツールーズで，第1回のフライトが行われる．

1月 9日，ハンブルクに艤装のために飛行．

1月10日，キャビンの据付が始まる．

1月23日，ツールーズに艤装のあと戻る．

1月25日，塗装が始まる．

1月31日，塗装が終わる．

2月 8日，jetblueの引渡し．

休みを除くと全部で，28日で終了する．

4-4 ボーイング社とエアバス社の戦略課題

　エアバス社の課題は，EADS社の事業会社となったことで，統合を果たしたが，依然として，欧州多国籍企業でしかも，資本関係として，イギリス，フランス，ドイツの並列したなかでの企業であることから，これまでの流れでは，①統合までコストがお互いに公開されていなかった．②株式の持分比率に応じて，仕事が配分されているので，パスポートポリティクスと呼ばれており，振替価格をどう決めて自国企業の取り分を大きくするかが，各政府系企業のこれまでの仕事であった．③仕事の配分が固定されているので，A320ケースのように，配分率のために，例えば内部艤装のためにハンブルクへ回送するむだがあった．そして，今回の統合により，上記の問題が，それぞれ大きく変化する．例えば，コストが開示されるので，どの工場が，効率的かも明らかになるが，ただ，株主が4カ国の企業であることから，依然として，パスポート政策は残るであろうと言われている．しかし，③のあるような，仕事率の固定的配分は

改められる．すなわち，A 320 のような狭胴体型は，すべて，最終組立をハンブルクに集約する．そのかわりに，広胴体型の A 340 と A 380 は，ツールーズに集約することで，ムダな輸送を最小限にする予定である．しかし，依然として，パスポートポリティクスは残ることだろう．一方でその問題について，株主の1つである，BAE は，企業としての採算を強く訴えて CEO（Noel Forgerd）に圧力をかける意向であるとも報じられている．このようにエアバス社の最大の課題は，コスト低減・リードタイム短縮の実現に向けて，外部からの干渉や介入をどう除いていくかにあるだろう．

ボーイング社は，1997年にマクダネル・ダグラス社を買収して，世界最大の航空・宇宙会社になった．基本的な組織は，事業持株会社で内部事業部制である，コンピューター事業とロケット事業（タイタンロケット），それにマクダネルダグラス社は，子会社である．

ボーイングの旅客事業は，1998年に事業本部制を採用して，それまでの製造別の縦割り構造から，市場別の社内分社となった．そのねらいは，マーケティングから製造まで全ての責任を明確にすることにある．ボーイング社は，エアバスとは異なる生産戦略をとり，設計・組立とサービスに注力し，製造活動は，最終組立と操舵室部分を除いて外部化を強化している．また，日本から，トヨタ生産方式（JIT），リーン生産方式を導入し，外部サプライヤーを統合的に利用し，それ自身は，サービス会社（西頭恒明（2000））への進出を図っている．生産戦略は，前述したように，チーム設計・生産というネットワーク型の柔軟な生産方式を採用することであり，この課題に答えるために，IT 技術の活用が大きなカギであり，そのための投資を確保することと IT 技術を最大限利用しうる生産・設計環境をどう進化させていくのかが大きな課題であろう．

5. 日本企業にとっての意義と課題

エアバス社とボーイング社とは，同じ IT 技術を設計・生産の核にしており，いずれも，ソフトウェアーとして CATIA 設計・開発に利用している．し

かし，その利用方式や生産戦略との関係は大きく異なっていることが指摘された．組立産業の強さは，どう市場の顧客の声にあった製品を作るかであるが，その過程において，それぞれ，企業風土や社会環境からの要請に応じて，重要なコアとなる要素技術間の組み合わせの選択が，経営者により行われていることが，示唆されているとも言えるだろう．これまでの議論では，エアバス社の設立は，国益を反映した国内の地域ネットワークとEUの地域益を考慮した国際ネットワークを目的に応じて，使い分けて，米国に対抗する欧州のグローバル企業としての重要なポジションを固めつつある．一方で，ボーイング社は，地域ネットワークという概念はなく，基本的には，最も優れたパートナーをサプライヤーに組み入れてアライアンスを結び，プロジェクト方式で，事業を進めており，そのシステム・インテグレイターとしての位置を確保できることが，競争力の源泉である．

　オープンな競争が展開されて，情報技術や生産技術が一瞬の内に，データとして，移転される時代において，企業がどのような仕組みで競争力を維持・強化するのかを，考えずには，大企業でも存在できない時代である．世界が，厳然として，先進地域，発展途上地域，未発展地域に分かれており，国と企業との関係は，依然として，密接である．ボーイング社が米国の国益をにらんで存在するように，エアバス社は，EUの地域益と国益とのバランスのなかで存在している．これほどまでに，両者が，市場のみならず先進的ソフト技術や生産・設計技術で，競争するのも，この2社は，膨大な国益，地益をもたらす故であり，しかもそれは，市場価値のみでは，計れない深さと幅を技術の地域・産業への伝播という点ではもっていると思われる．その例証として，EADS社の過激なまでの統合やM&Aは，アメリカの企業統合の流れと無縁ではない．アメリカでは，1992年から10年の間に，航空・宇宙関係企業22社が，4社（ボーイング，ロッキード，グラマン=ノースロップ，レセオン）に統合された．同じく，欧州では，1980年に20社あったものが，4社（Finmecc=Alenia，BAE，Thales，EADS社）に統合された．このような大きな変化は，この分野が如何に，大規模でリスクの高い投資と厳しい競争にしのぎを削っているかを

示唆しているだろう．

　組立産業は，前述したとおり，極めて多くの技術創出の宝庫であり，他産業への影響も広範囲な産業である．そのために，高度技術としてのIT技術，複合材技術，生産管理技術，設計技術の融合化が行われている．それらを統合的に指揮・運営する戦略が，非常に重要である．その指揮・運営する戦略として，EADS社では，トップマネジメントの強い財務および業務コントロールの確保が財務担当VPから指摘されている．これは，EADS社も市場で評価を受けることから，資本市場で表明した財務目標の実現を無視できないことである．EADS社の成功には，エアバス社の今後のグローバル企業としての継続的な成長と技術開発が重要であり，現在はそれを賄うだけの市場とスケールをもっていると言える．

　ドイツやフランス，1国では成功しなかったことを，欧州では成し遂げたかに見える．日本企業は，依然としてこのような大きな流れのなかで，三菱，川崎，富士などいずれも，統合的部品あるいは個別部品のサプライヤーに甘んじる可能性が高いように見える．同じような現象は，自動車や化学，それに薬品などの産業にも見ることができる．

　日本を代表する多くの大手企業が，グローバル・パートナーとして，生き残れるか否かの，まさに瀬戸際にあるかの状況である．松下，ソニー，東芝，日立，NEC，それに富士通などの電子・電気関係の産業も同様である．今後の課題を考える上で，航空産業でこの10年間に起こったことは，他の産業においても，起こりつつあると言えるであろう（例えば，自動車，携帯電話）．欧州，米国いずれも，ベンチャー企業での産業振興により国力あるいは経済力を確保できるとは思っていない．むしろ，技術融合が頻発する組立産業のなかでのインテグレイターの地位確保と事業価値連鎖のなかでのコア・ポジションの確保が依然として大きな意義をもっていると言えるであろう．

まとめ

　1999年に欧州で生まれたEADS社は，ABB社や，ダイムラー・クライス

ラー，ロイヤル・ダッチ・シェルさらには，BP社などの欧州グローバル企業の戦略の1例を示すものであるかもしれない．日本企業は，この10年間，グローバルな場所での競争から次第に国内問題に精力を割くという不幸を経験してきた．国外の事業は，一部のメーカー（キヤノン，ホンダ，トヨタ，タケダ，ブリヂストン，ソニー）を除いて，むしろ撤退を余儀なくされている．しかし，今後の企業の成長性と財務強化には，国際的プレイヤーとして，積極的に顧客を海外に確保し，先進的技術の開発と技術融合により長期的な利益を確保していくことが必要である．航空産業で行われてきた，技術融合はその大きな前触れの1つであろう．今後は，医薬，機械，自動車，電気・コンピューターなどでも同様な現象がますます頻発するであろう．その意味ではこの技術融合の現象と組織・企業の新たなデザインとの関係をどう理解し我々の課題として利用していくかは，日本企業の経営においては，重要な課題であることを，示唆したということである．なお，ここでは，技術融合がもたらした地域経済への影響については，考察していないこれも，大きな検討課題である（金井一頼（2002）97–103頁，小原重信（2002），87–96頁）．

参 考 文 献

浅田孝幸「経営戦略にリンクした管理会計の課題：ボーイング社の事例からの考察」『大阪大学経済学』第51巻2号，11月，2001年．

小原重信「大型航空機開発における技術融合と地域進化：Toulouse エアバス社フィールド調査」104–115，『技術融合と地域産業進化の国際比較研究』代表：小林敏男，平成13年3月（科学研究費補助金成果報告書）．

小原重信「携帯電話とインターネットの技術融合と北欧地域進化の研究：ノキア・フィールド調査報告」81–86頁，同上書．

金井一頼「サッポロバレーの形成と展開」97–103頁，同上書．

小原重信「日本航空産業における技術融合と地域産業進化」116–127頁，同上書．

仲町英治「バァーチャルファクトリー」工業調査会，1994．

西頭恒明「ボーイング，超製造業への急旋廻」『日経ビジネス』9月18日号，44–49頁，2000年．

日経デジタルエンジニアリング，日経BP社，1号〜3号，1998．

有泉徹，「3次元CADによる設計の改革術」日刊工業新聞社，1996．

今岡善次郎「経営力学」日本工業新聞社，1994．

徳田　昭雄「ボーイングの経営戦略と戦略的提携：戦略的提携を通じたコア・コンピタンスの獲得」『立命館経営学』第37巻6号，3月，1998年．

金丸允昭「ボーイング777の国際共同開発」『日本機械学会誌』第93巻，第932号，1996年．

青島矢一「3次元CADによる製品開発プロセスの革新：ボーイング777開発の事例」一橋大学，イノベーション研究センター，WP97-01，1997年．

青島矢一「日本型製品開発プロセスとコンカレント・エンジニアリング：ボーイング777開発プロセスとの比較」『一橋論叢』第120巻5号，1998年11月．

Baba, Y and K. Nobeoka, "Towards Knowledge-based Product Development : the 3-D CAD Model of Knowledge Creation," Research Policy, 1997.

延岡健太郎「新世代CADによる製品開発の革新」『国民経済雑誌』第176巻6号，1998年．

藤本隆宏「自動車製品開発の新展開：フロントローディングによる能力構築競争-」『ビジネスレビュー』第46巻1号，1998年．

財団法人日本情報処理開発協会，「EC／CALS調査委員会」報告書「企業間電子商取引の実用化動向」，1999年3月．

松浦　一夫「最新鋭旅客機「ボーイング777」の開発」『品質管理』7月号，1996年．

Ansari, A and Diane L. Lockwood, "Supplier Product Integration : A New Competitive Approach," *Production and Inventory Management Journal,* Third Quarter 1999, pp. 57-61.

Frederick Chen, "Issues in the Continuous Improvement Process for Preventive Maintenance : Observations from Honda, Nippondenso and Toyota," *Production and Inventory Management Journal,* Forth Quarter, 1997.

Yoko Takade, "Framework for Empirical Studies Conveying Impact of 3-D CAD on Product," *Research Policy*.

Nobeoka, Kentarou, and Yasunori Baba, "The Influence of New 3-D CAD systems on Knowledge Creation in Product Development," *Research Policy*.

http : //www.boeing.com/commercial/777 family/background.html/
　　（boeing 777 Background Information, 1999. "Cost awareness design : The role of data commonality", *Cost Engineering,* Oct. 1996, Hoult, David P ; Meador, C Lawrence ; Deyst, John ; Dennis, Maresi, Volume 38, No. 10.）

第 8 章

米国航空規制緩和と Low Cost Revolution
——サウスウェストの戦略モデルを事例として——

1. 分析の対象と課題

　航空輸送の規制緩和が先行してなされた欧米では，90年代以降，サウスウェスト（米国），ジェットブルー（米国），イージージェット（英国），バージン・エクスプレス（ベルギー），ライアンエア（アイルランド）など低コスト企業が躍進するようになっている．規制緩和は全体的には，寡占化を促進し，そのなかにあって，価格とサービスの選択の多様化と，実質運賃の低下といった帰結をもたらした．とくに，1990年代以降，資本力や経営規模の点で大手企業に劣る低コスト企業が，コストリーダーシップを発揮し，大手企業への強い競争圧力をかけ，この結果，消費者余剰が増大している．規制緩和後の更なる新たな段階である．このような影響を与える低コスト企業ビジネスは，欧米で大きなトピックスになっている．

　これらの企業は，殆どが規制緩和後に参入し「低コスト革命」と称されるほど大幅なコスト削減をもたらす経営の刷新を行い，デフレの時代にマッチして，低運賃，ノンフリルのサービスを提供し，次第に市場でシェアを高めている．米国では低コスト企業が参入を果たしている路線は約2,000路線の多数になる．そのうち，一部企業は大手企業まで躍進し，サウスウェストは輸送実績と売上実績において，大手上位の仲間入りを果たしている．そのビジネスモデ

ルは,「サウスウェスト・モデル」と称され,躍進を試みる他の企業が追随している.

以上から,低コスト企業の分析は,1990年代以降の規制緩和下の航空市場の動態を把握するうえで,欠かせないものになっている.本章では,まず低コストの新規企業の躍進の経過を市場環境の変化との関連でとらえ,その躍進の背景について考察する.次いで,低コスト企業によるコストリーダーシップを全体の戦略パターンのなかに位置づけたうえで,革新の典型モデルとなる「サウスウェスト・モデル」について説明し,躍進の要因について分析を試みている.最後に,低コスト企業の経済的影響と課題について検討を行っている.

2. 市場環境の変化と新規企業の動向——3つの波

米国国内における航空規制緩和は,カーター政権下,1978年の航空規制緩和法によって本格的に開始された.規制緩和への転換は,1982年の参入規制の完全撤廃,1983年の運賃規制の完全撤廃と段階的になされ,これに,規制機関のCABの廃止が続いた.規制緩和後,23年が経過しているが,長期的にみると,実質運賃は低下し,消費者便益は向上していると評価される.市場構造を全体としてみれば,寡占体制は変わらぬものの,この間,企業間の競争関係は変化している.

競争関係を,新規企業の動向と市場環境の変化との関連について着目すると,おおよそ,3つの変化の波を指摘できる.第1の波は,規制緩和導入初期の頃の波である.それ以前には規制が厳格であっただけに,規制緩和によって企業の事業活動が活発化し市場での活動領域が拡大した.以前,州内で就航していた州内企業の州際市場への参入,新規企業の設立による参入,既存企業の参入促進によって,これら企業間での激しい競争が展開された.新規企業は,景気後退にあたり安価で経営資源を調達し,これをもとに,低コストでの経営を行い低運賃での競争力をもった.既存企業が,長い規制下での経営慣行から抜けきれず,組織上,高コスト体質であったことも,新期企業にとって幸いした.図8-1は,DOTによって集計された国内の収入旅客マイルでのシェアを

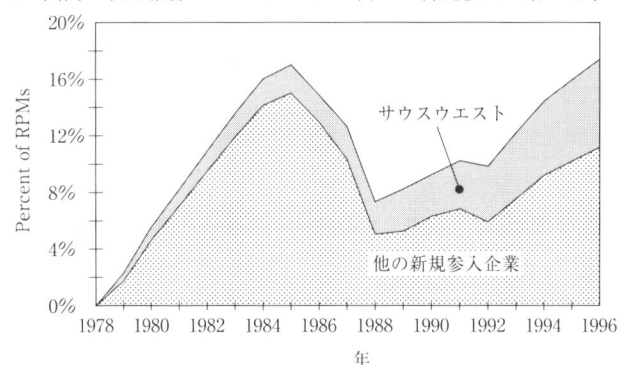

図 8-1 国内の収入旅客マイル（RPM）に占める新規参入企業の比率の推移

（出所）U. S. Hearing before the committee on the Judiciary, United Stated, House of Representatives (1997), p. 7.

示したものである．新規企業の国内全体に占めるマーケットシェアは，1980年代半ばまでに一貫して上昇を続け，1985年にピークを迎えている．

第2の波は，1980年代半ば以降，1980年代末までの波である．これは，企業合併による企業の集約化が著しく進展し，新規企業の倒産による撤退が相次ぎ，大手既存企業が情報システムを駆使した戦略展開により競争優位を確保していった時期である．企業の合併は，大手企業相互間の統合合併と，大手企業による中小規模の企業の吸収統合とを含んでいた．経営戦略については，大手企業は，それぞれ独自に開発したCRSをもとに，イールド管理と差別的運賃によって実収単価を高め，FFPによって常用顧客を囲い込みロイヤリティを高めて収入の最大化を図る戦略を展開し，市場での競争優位を確保していった時期である．新規企業のシェアは，1986年以降1988年にかけて，一貫して大幅に下降しており，1989年にややもち直しているにすぎない．

この間の企業の合併促進は，コンテスタブルマーケット理論の考え方の影響をうけて，規制当局が反トラスト法の適用を緩和させた結果によるものである．もっとも，コンテスタブルマーケットの検証は，1980年代半ばから後半にかけて相次いでなされるが，全体的に疑問を呈する結果となっている．合併促進を通じて促進された産業の集中は，相対的に運賃を上昇させ，大手の市場支配力を強化させた．この間，大手企業の戦略そのものよりも，シェアは低い

ものの，低運賃で競争圧力を与え続けている新規の低コスト企業の行動と競争圧力が，消費者便益に相対的により大きな影響を与えているといえる．

新規企業の動きが活発化するようになったのは，第3の波にあたる1990年以降の段階である．新規企業のマーケットシェアは，1992年の一時落ち込みはあるが，1990年以降，増加し続けている．とくに，この段階で目立つのは，1988年以降から上昇を続けているサウスウェスト企業の大幅な躍進である．図8-1のように，サウスウェストは，新規企業全体の約3分の1強を占めるマーケットシェアで推移している．

大手企業の国内の路線ネットワークはハブスポーク・ネットワークをもとに確実に定着し，ハブ拠点空港のなかには，出発便でのマーケットシェアを1-2社で割拠しているケースさえ発生している．この路線編成は，大手企業のハブ支配力を強化した．その結果，長距離路線では，大手企業のネットワーク間の競争が激化し運賃が低下する傾向がもたらされた．しかし，ハブ空港を含む一定市場と，短距離路線では，大手企業の運賃は高い水準が設定された．低コスト企業は，この間隙を縫って，市場に進出し，大手企業の支配力に影響を与えるようになった．しかしながら，一貫して高収益をあげ，大幅に躍進したのは，サウスウェスト1社にしかすぎない．戦略として有効なコストリーダーシップを発揮する低コスト企業の進出と躍進は，1990年代以降になってからである．国内全体のODによる旅客数でみたマーケットシェアでは，低コスト企業全体が1995年18.4%，2000年19.4%を占めているが，このうち，サウスウェストが占めるシェアは，それぞれ73%，87%と圧倒的に高く，しかも増加傾向を示している．

その成功は，外部コンテクストの市場環境に適合する優れた戦略の体系と内部の組織・運営でえられた競争優位性によってもたらされている．この段階，一部市場で，新規企業の市場参入促進を阻害する大手企業による略奪的企業行動が顕在化し，これによって，新規企業が撤退する傾向が生じている．他方で，サウスウェストのように，この影響をうけることなく，自ら提供するサービスの特性と低コスト条件を生かし，競争に挑戦し大きく躍進する傾向もみら

れるようになっている.

3. 費用効率と航空企業の戦略パターン
3-1 費用特性と費用効率

航空輸送産業のコスト効率については，R. Caves (1962) 以降，これまで様々な指標を使ってこれまで分析がなされてきた．この分析の結果，航空産業には，一般的に大きな規模の経済は存在しないことが指摘されている．例えば，包括的な研究を行ったR. W. Caves, L. R. Christensen & M. W. Trethway (1994) は，幹線就航企業とローカル就航企業とでは，ほぼ同一のコスト効率が存在し，これら2つのグループ間でのコスト差は，主として産出規模に応じて異なることを指摘している．ネットワークを一定とし，産出量を増加するにつれ平均コストが低下する密度の経済の存在を検証結果として示している．

R. L. Reed (1999) と S. C. Kumbhakar (1990) は，これに対し，ネットワーク規模との相関での範囲の経済性も作用する結果を提示している．彼らは，1974年以降1994年までの収入旅客マイルでの産出でみた企業規模別での平均単位コストを検証し，収入規模別でのコスト効率を比較した．平均単位コストは，収入旅客あたりの平均コストである．R. L. Reed (1999) は，分析から，企業規模が上位グループと中位のグループとでは，実質平均コストに大きな差異はないことを示している．上位グループは，下位グループと比較して，航続距離が長い分，その水準は低くなっている．しかし，経年でみると，規制緩和後の平均単位コストは，初期の僅かな低下を経て，その後，下降の増勢が続いているが，グループ間で差異がみられる．1978年を1994年とで比較すると，上位グループ31%減，中位グループ40%減，下位グループ48%減となっており，下位グループが他グループを上回っている．下位グループは1980年度末に上昇に転じるが，1990年以降，再び減少傾向が続く．

以上から，上位グループに属する大手企業は，規制緩和下，ハブスポーク・ネットワーク型の路線の展開によりネットワークの経済性と密度の経済性を発揮し，コスト効率を高めてきたといえる．ネットワークによる効率性の確保に

は，サービス供給地点，サービスと需要密度，ネットワーク配置，ロードファクターの要素が絡んでいる．ハブスポーク・ネットワーク型のネットワークは，これらの要素を効果的に結びつけ，効率性を高める．しかし，この間のコスト改善はほかのグループより劣っており，この間の情報技術や技術革新によるコスト低減の貢献分を除けば，効率の利得を過度に評価できない．全体でかかるコストは大きく，費用の優位性は，比較的，長距離を核とする限られた路線に限定されている．

3-2 航空企業の戦略パターン

以上の航空企業の費用特性に照らし，航空企業の戦略パターンについて検討してみよう．M. Poreter (1980) は，一般企業の戦略パターンについて説明しているが，このパターン分類は，航空企業にも適用可能である．それは，図8-2で示される，①差別化（Differentiation）②包括的コストリーダーシップ（Overall Cost Leadership）③専門特化（Focus）の3つである．

①の差別化は，大手航空企業によって主導される．このパターンは，複合したネットワークを形成し，異なる市場セグメントを組み合わせ異なる生産物を生み出すことによってシナジー効果を発揮する．運営上，様々な顧客と生産プロセスのニーズに同時に対応することが求められる．複合サービス生産によるシナジー効果が発揮されるメリットがあるが，複雑なネットワークと生産体制から，全体として高コスト構造になる問題を生じる．複雑な機種編成，空港と

図8-2 航空企業の競争的優位のパターン

	戦略的優位性	
	顧客によって認識されるユニーク度	低コストポジション
全般的　　戦略目的	差別化	包括的コストリーダーシップ
特定セグメント	集中化	

（出所）M. Porter (1980), p. 39.

ターミナルの多くのスペース利用，ブランド・イメージの形成，FFP レベニュー・マネジメントの最大限の活用によって，生産・流通活動に多大な費用を要する．競争優位の戦略としては，市場セグメントでの需要特性，需要弾力性などを加味して，運賃とサービスを中心に差別化が行われる．コスト削減の主力は，外生的要素が少ない人件費に注がれる．しかし，このコスト削減にも制約があり，合理化の究極の選択は，合併か提携のコースを辿る．

②の包括的リーダーシップは，サウスウェストを中心とする新規航空企業によって主導される．2地点間の短距離のネットワークを形成し，これに適合する編成機種の標準化，機材を中心とする経営資産の効率的活用，2次的空港の利用，チケットレスとe-コマースによる販売体制の強化によって，コストの削減を図っている．包括的分野にわたるコスト削減と効率的運営によって単位コストの削減を達成し，競争優位を確保している．

③の専門特化は，インテグレーターのフェデックスなどによって主導される．ノウハウと専門的知識を生かし，ネットワークを活用のうえ，単一の専門サービスの生産に特化して競争優位性を確保する戦略パターンである．フェデックスは，重量70ポンド以下の小荷物と急配のパッケージを輸送対象として取り扱い，陸上輸送手段と組み合わせドア・ツー・ドアの迅速な一貫輸送を行うことに特化している．近年では，SCM戦略が活発化していることに伴い，メンフィス空港を拠点に情報システムを駆使し，この基幹的プレイヤーとしての役割を果たしている．その代表的なものは，半導体メーカーのインテル，開発・計画の役割を担うデル，最終顧客をプレイヤーとして取り結ぶ仮想SCMにおいて，ロジスティック活動の重要な役割を担っている．顧客のニーズに迅速かつ機敏に対応し，特定の専門的サービスに特化することによって競争優位性を発揮している．

4．「サウスウェスト・モデル」と低コスト企業の躍進

サウスウェスト社は，1967年にテキサス州の州内で運航する企業として設立された．しかし，地元の競争相手との法廷闘争があったために，運航の開始は

1971年まで待たねばならなかった．1978年の規制緩和法の制定によって，州際事業へと事業を拡大した．1990年にいたるまでは，比較的，過剰な投資を避け，南西部と西海岸地域での路線開拓に集中してきた．1990年代の当初に，シカゴとボルチモアに相次いで乗り入れて中西部での拠点を構築し，次いで，1990年代半ばにフロリダでの進出を果たした．就航以来，ほぼ継続的に利益を計上し，1990年代末には，米国内で旅客数で上位5番目，旅客キロで6番目の航空会社へと急成長を遂げている．成功した事業戦略は「サウスウェスト・モデル」と称され，後続の企業はこれに追随しその影響は欧州にまで拡大し，低コスト企業の革新をもたらしている．

4-1 「サウスウェスト・モデル」

「サウスウェスト・モデル」とは，どのようなものであろうか．それは，低コストと高収益での競争優位をもたらす戦略と，それをサポートする組織と組織構造，顧客満足度の重視と情報の最大限の活用などから構成される．

競争優位の戦略は，市場におけるポジショニングと包括的な低コストを達成する戦略から構成される．前者については，どの企業も参入していない路線か，高頻度ならびに低運賃の提供により支配的な市場占拠率を獲得できる路線のいずれかを選択し，いずれも，ビジネス客を中心とする顧客の利用の拡大が見込める市場を選定している．後者の低コストは，都市近郊の混雑しない2次的空港を利用拠点にとし，2地点間の短距離路線を単一の標準機材の編成で，高頻度，高回転で就航させることによって達成している．高頻度，高回転による機材の利用率の高さは，数多くのビジネスプロセスについての周到な計画によるものである．

就航空港については，混雑をさける明確な方針に従い，ダラスでは，アブ・フュールドを，シカゴではミッドウエイを選定している．これらは都市の中心地に近く，短時間で市街地にアクセスできる利便性を旅客に提供している．着陸料や空港使用料については，空港当局に対し新規参入の立場から交渉し，低い水準の契約をとりつけている．空港当局も，地域コミュニティの活性化のた

表 8-1　企業のボーイング 737-300 運搬費の比較

航空会社	1 座席マイル当りコスト(米セント)※	2 コスト指数※※	3 平均区間距離(マイル)	4 1日の稼動(時間)	5 1機当りの座席
デ ル タ	5.54	100	708	9.80	126
ユナイテッド	5.20	94	668	10.32	128
US エ ア	5.04	91	698	10.00	126
コンチネンタル	4.28	77	1007	10.55	129
アメリカウェスト	3.91	71	701	11.85	131
サウスウェスト	3.10	56	461	11.31	137

(注)　※燃料費運搬にかかる人件費，整備費，機材減価償却費とレンタル料を含む直接運搬費のみを表示している．
　　　※※デルタを 100 として指数をとっている．
(出所)　Doganis (2001), p. 131.

めに，それに譲歩してきた経緯がみられる．混雑回避は旅客にとっての利便性の確保であるとともに，企業にとっても，滑走路と駐機場の利用可能性を高め，高回転での運航を可能にしている．

また，平均 470 マイルといった短距離で限定したルートでの 2 地点間輸送は，ボーイング 737 の単一機種の装備による機種編成を可能とし，燃料補給時間を短縮し，ケータリングなどの労力を省略して，コストの大幅な節約をもたらしている．機種の標準化は，パイロットの訓練費と整備費，部品の調達・在庫コストの節約につながる．短距離での運航は，機内食の提供がないことに対する利用者の不満を解消し，低運賃がノンフリルでのサービスを補償する．

表 8-1 でも示されるように，コスト優位の原動力は，機材の稼動率が高く，稼働時間が長いことにある．機材が稼働する時間は，業界平均が約 8 時間であるのに対し，約 11 時間と長い．混雑ハブ空港を経由しないために，他の航空機の到着を待つ時間が少なく，給油時間等も少ないことから，機材稼働の回転率も高い．地上での待機時間を 20 分以内まで短縮し，必要とされる機材数を減少させている．労務費については，労働組合があるにもかかわらず業界平均

より低く，就労が複数の職種にまたがるために，単位コストの節約がもたらされている．これらの効率化の取り組みによって，座席マイル当たりの直接運航費については大手企業が5セントを上回るのに対し，僅かに3セント台で維持している．

さらに，業界で負担が増勢傾向にある流通コストについても，直販体制，インターネットを媒体に，節約を実現している．流通コストの主要な項目は，GDSによって課される予約料金と，旅行代理店に支払われる手数料とに分けられる．サウスウェストは，主要なGDSと関係をもたず，自ら所有する「ニューレス」と称される基本的なコンピュータシステムのターミナルを，設置を希望する旅行代理店のオフィスに設置している．手数料については，専ら，電話による直接予約か，インターネット経由での直接予約を推進することによって，節約している．近年，インターネットでのオンライン利用による予約は増加傾向を辿っている．

同社は，搭乗に先立って，ペーパー状のチケットの発行を行わないチケットレス・システムのパイオニアであった．それは，旅客が直接，サウスウエストを相手に予約をし，その際にフライトの出発前に空港で提示する予約番号の通知をうける方式である．このようなシステムをとりながら，一方では，FFPを採用し顧客の囲い込みを行っている．ビジネス客を主要なターゲットにおいた有効な施策といえる．運賃については，レベニュー管理をもとに，ピーク時とオフピーク時と異なる設定を行うなど柔軟な対応を行っている．

以上の戦略の体系は，ユニークな組織と組織構造とに密接に関連している．同社では，機能部門を超越したチームが各ルートに配属され，これによってターンラウンド時間の短縮ときめ細かな顧客への対応がなされている．これらのチーム編成は，問題が発生した場合に，それに対する迅速かつ弾力的な対応を可能にし，これによって顧客満足度を高めている．全社的に，顧客満足度をたかめるコンセプトが共有され，部門間やグループ相互間での話し合いやコミュニケーションが重視される．また，士気を高め顧客を楽しませることを奨励する企業カルチャーが尊重されている．これらに対応する人材は，採用政策

と研修によって確保される．さらに，社員は，利益配分プログラムや ESOP による自社株所有などによって，株主の立場で考えるよう奨励されており，このことが賃金が低いにもかかわらず，社員の士気を高めている．さらに，階層が少ないフラットな組織構造をとっていることもあって，社員の提案が採用されるケースも多い．

　顧客満足度の充足は，以上に述べた様々な顧客ニーズへのきめ細かな対応のほか，安全性の確保と，時間厳守の励行によってえられている．創業以来，無事故の実績は記録的であり顧客の評価を一段と高める要因になっている．これは，追随したライバルのバリュージェットが 1996 年にフロリダで墜落事故を起こし，これの原因もあって事後，吸収合併の対象となり消失したケースと対照的である．また，同社は，スケジュールの点で，これまで，長期にわたり，最も時間に正確な航空企業として認識されている．これらによって，顧客は，全米航空会社のなかで最も高いバリュウ・フォー・マネーの評価を与えている．1981 年から 1987 年まで就航した新規企業のピープル・エキスプレスが破産した原因の 1 つとして，時間の正確性が低い点が指摘されており，同じ低運賃企業でありながら，この点では対照をなしている．

　以上のように，「サウスウエスト・モデル」は，戦略体系，組織構造，コンセプトの共有などが重要な構成要素となっており，それらが一体となって効果が発揮される特徴を有している．

4-2　競争優位性のモデルと低コスト企業

　G. Saloner, A. Shepard & J. Podolny（2001）は，外部コンテクストと内部コンテクストの相互関連，さらに，内部コンテクストを構成する 2 つの問題，4 つの要素の相互関連によってモデルを提示し，競争優位性が獲得される説明を行っている．航空企業の動態的な競争市場に対応する戦略を説明するうえは説得的なモデルと思われる．サウスウェストの戦略にも言及しているが，上述の戦略体系に関連させて検討してみよう．

　外部コンテクストは，社外にある競合他社の状況や規制・社会的環境などを

図 8-3　戦略的整合性と ARC

```
            戦略
          競争優位性
         ↙       ↘
  コーディネーション ⇄ インセンティブ
         ↓         ↓
      カルチャー    ルーチン
           ARC
         ↕       ↕
        アーキテクチャー
```

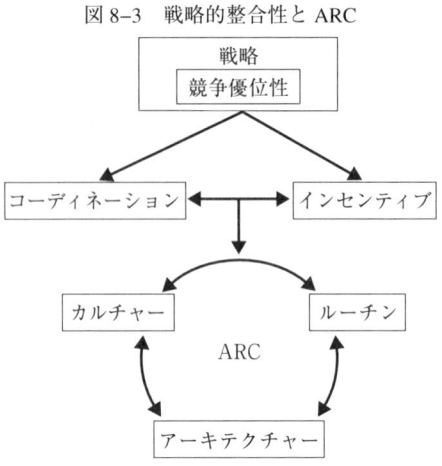

（出所）Saloner, Shepard and Podoly (2001), 石倉洋子訳（2002）118 ページ.

意味するが，サウスウエストの競争優位との関連でいえば，規制緩和環境，競合相手である大手企業の高コスト構造などがこれに該当する．内部コンテクストは，企業がもつ資産やその組織のありかたを意味する．それは，組織設計にかかわる，コーデネーション，インセンティブ，といった課題を伴う．コーディネーションは，企業の目標を達成するのに組織がどうはたらきかけるかという問題である．インセンティブは，行動をいかに効率的にしかけるかの問題である．サウスウェストに関しては，前者は，低コストで機材を稼動し，顧客満足を高める運営，チームと本社間での目標と顧客ニーズについての情報の徹底などによっている．後者は，顧客ニーズの充足とコスト削減の達成に該当する．

　内部コンテキストの組織の手段は，図8-3 に示されるように，アーキテクチャー（Architecture），ルーチン（Routine），カルチャー（Culture）の要素からなりそれらは相互に作用し，上記のコーディネーションとインセンティブに一体的に結びつく．それらの組織手段の要素は，英語の頭文字をとってARCと呼ばれる．アーキテクチャーは，部門間の関係，ヒエラルキーとルール，人の採用・給与制度などを意味する．サウスウェストでは，これには，小規模で機能を超越するチーム編成，フラットな組織，チーム業績をベースとして給与

の支払い，利益分配プログラムなどが含まれる．ルーチンは，日々，繰りかえされる活動や意思決定，通常，受け入れられている仕事のやり方を意味する．サウスウェストでは，これには，顧客との直接コミュニケーション，マネージャーによる調査などが含まれる．カルチャーは組織内の個人がもつ価値観や信念などを意味する．サウスウェストでは，これには，チームワークと職場での楽しさなどが該当する．以上の競争優位性のモデルは，サウスウェストの事例に照らしてとらえると，典型的に適用できる有効なモデルであるといえる．

　サウスウェストでは，戦略体系と組織設計が相互に密接に関連しているが，他の企業が，サウスウェストに追随しうまくいかないのは，戦略体系自体の差と，戦略と組織との融合の失敗に原因がある．サウスウェストでは，路線のルートで各ルートが独立しているが，業績に影響を与える変数を管理しやすい組織構造がとられている．欧州でも，ライアンエアなど，1990年代以降，サウスウェストを範として低コスト企業が台頭しているが，サウスウェストほど，低コストを実現しているわけではない．機材の稼働率と後続区間距離は長く，空港使用量と燃料費は低い．空港のロケーションの利便性も高く，時間の正確性も高い．包括的なコスト節約は類をみない．

　サウスウェストの戦略のコンセプトは，社員全体に共有され，株主にも情報開示されている点でも特徴的である．1997年の年次レポートは，サウスウェストのビジネスモデルの構成要素ともとれる「5つの自由の象徴」を掲げている．その概要は次のようなものである．①積極的姿勢で仕事に取り組み，職場環境に喜びを見出し，ファミリーロイヤリティの精神を共有する人材の確保，②簡素な構造を伴った低運賃サービスの提供，③短距離路線での多頻度の直航サービスに見合う低運賃で行きとどいた旅客サービスの提供，④包括的な低コストをもたらす効率的な運営，④楽しませる会社として差別化し，低運賃の先鋒として評価を高める広告および販売促進とマーケティング，である．

　サウスウェストは，通常の企業の広告のほかメディアによる宣伝媒体を巧妙に利用する点でも秀でていた．ニュースとなる継続的なイベント企画や新たなサービスの取り組みは，口コミで伝わり，メディアをもひきつけた．

以上のように，サウスウェストは，ネットワークの特性を生かし，人的・物的資源，それを支えるフラットな組織と柔軟な運営方式を巧みに結びつけて，包括的な低コストを実現し優位性を確保している．証券市場ではAランクに評価され，資本支出の90%を流動するキャッシュフローから捻出している優良企業である．これに対し，大手企業は，ハブ・スポーク・ネットワークをとることから，運営が複雑になり仕事の処理もマニュアルにそったものとなりがちである．組織運営も中央集権的になり，相対的に高コスト構造にならざるをえない．資本支出についても，過剰な負担を負うことを余儀なくされる．

サウスウェストは，基本的長期目標として，年率10%の成長を掲げている．最近では，その数値は前後するが，長期的な持続的成長を遂げていることにかわりはない．ほかの低コスト企業は，全体として，この成長率にははるかに及ばないが，とくに，2000年のテロ以降，大手企業の需要が低迷しているなかにあって，需要を増進させていることは注目される．

5. 低コスト企業の経済的影響

低コスト企業は，業績顕著なサウスウェストに代表されるが，全体として，1990年代以降は，航空市場での競争関係に大きな影響を与えるようになっている．全航空企業の競争の促進に影響を与える要素は，①既存航空企業間相互の競争，②航空に代替するサービスの拡大，③新規企業の参入促進，④流通経路における代理店との相互関係，GDPや航空機メーカーを含むサプライヤーとの相互関係，などがある．

①の既存航空企業相互間の競争については，戦略的意思決定のモデルに限定して説明されることが多い．これのみの限定は，ハブ拠点で既存企業の占拠率が圧倒的に高い寡占市場では有効性をもつ．②の航空に代替するサービスについては，交通に関しては陸上交通サービスがあるが，米国の国内旅客市場では，長距離の鉄道が弱い．中・短距離では，自動車の利用のシェアが高いが，サウスウェストは，これに対し自動車のシェアを奪っている．

③の新規参入の参入促進については，その制約要因として，規制制約，資源

制約，コスト制約が存在する．規制制約については，規制緩和法により企業の経済活動に大きな影響を与える経済的規制はなくなったが，当局による統制がまったくなくなったわけではない．資源制約については，主要空港では容量不足に伴うスロットの制約が，潜在的な競争を阻害するものとなっている．ほかに，機材と人材があるが，規制緩和以降，比較的，入手しやすい状況にある．機材については，初期の過大投資を回避してリースによって，人材については，労働市場の流動化とアウトソーシングによって，安価に調達可能である．コスト要因については，規模の経済性が大きくないことから参入制約の決定的要素とはならない．

④と⑤は企業取引に関するものである．④の流通経路における代理店との取引交渉力は，企業が関係をもつ代理店数と，相互の間での取引交渉力，スィッチングコストの大きさに依存する．規制緩和後，旅行代理店は，ブランドにこだわらない顧客に情報を提供する大きな機能をはたすようになっている．中小規模の独立系の代理店の数は縮小し，これに対し，外資を含む大手代理店は数が増えて，航空企業から，オーバーライドやインセンティブ手数料を受け取るなど，有利なバーゲニング・パワーを発揮している．スィッチングコストは，代理店が取引相手，例えば，サプライヤーとしての航空企業を切り替えるのに要する時間とコストを意味する．航空のマーケティング分野では，それの防御はほとんどないかあっても少ないと考えられる．

⑤のサプライヤーとの相互関係については，基本的には，大型航空機メーカーは著しい寡占体制にあって自ら有利な取引の立場にあるといえるが，航空機市場が不安定になりがちであるが故に，販路をめぐってメーカー相互間での熾烈な競争が展開され，これによって航空企業は調達コストや機材編成計画などの面で恩恵をこうむっている．また，リース市場も拡大しており，これは需給のギャップを緩衝させるものになっている．GDP産業については，高度に集中化しており，それぞれ特定の地理的分野での支配を強めており，航空企業はこれに対し，多大な予約使用料の支払いを余儀なくされている．

以上の競争促進の要因についてみる限り，規制緩和後，全体的に，米国国内

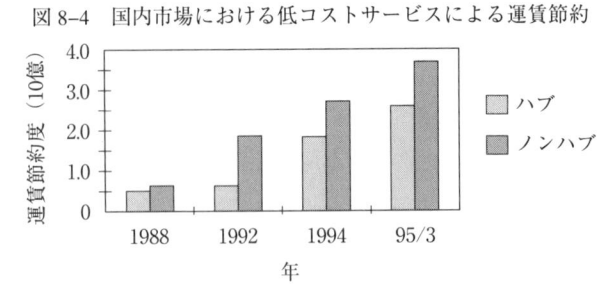

図 8-4　国内市場における低コストサービスによる運賃節約

　縦軸：運賃節約度（10億）
　凡例：ハブ／ノンハブ
　横軸：1988　1992　1994　95/3　年

（出所）U. S. Department of Transportation (1996), p. 10.

表 8-2　国内路線における実質運賃の変化（1978年4月-1996年4月）

路　線　タ　イ　プ	運賃変化 （1996年4月の 旅客数で加重）
1996年4月時点で新規参入企業によってサービス提供されていない路線（5,983路線）	−14.7%
1996年4月時点で新規参入企業によってサービス提供をうけているが，サウスウェストが入らない路線（1,579路線）	−30.5%
1996年4月時点でサウスウェストによってサービス提供されているが，他の新規参入企業が入らない路線（372路線）	−47.2%
1996年4月時点で，サウスウェストと他の新規参入企業によってサービス提供されている路線（360路線）	−54.3%
全路線（8,294路線）	32.2%

（出所）*U. S. Hearing before the committee on the Judiciary,* United States, House of Representatives (1997), pp. 7, 9.

で全体的に競争が促進され，重層的な取引関係が自由化される可能性，新規企業の参入促進の可能性が示される．しかし，実際に，新規企業が競争促進の実効的な影響を持ったのは，1990年以降である．1990年以降は，それらは，戦略的に，経営資源やインフラ利用の選別によって，コストリーダーシップを発揮し，市場で大きな競争効果を与えている．

　新規の低コスト企業による影響面について，運賃を中心とした消費者への便益への影響，旅客需要への影響，戦略的対応への影響，運賃構造変化への影響，全体ネットワークと市場分布への影響についてそれぞれ検討してみよう．

低コスト企業による消費者にとっての運賃節約は，DOT の OD 調査のデータをもとに推計されるが，低コスト企業の利用に伴う旅客1人当たりの節約額と旅客数の乗数によって積算される．これによると，図8-4でみるように，1990年代になって大きな増加傾向をとっており，しかも，ネットワークが集中するハブでその額が高いとはいえ，1992年以降には，ハブ以外の市場での増加率がこれを上回るようになっている．さらに，表8-2で示されるように，1978年から96年までの長期間の国内全路線での実質運賃の変化をみれば，運賃低下率は，新規の低コスト企業参入がない路線で14.7%に対し，サウスウェストが参入している路線が47.2%であり，サウスウェストに加えほかの低コスト企業の参入がある路線では，さらに54.3%と一層，大きなものになっている．また，低コスト企業の運賃に与える影響は，大手企業のハブを基点とし，低コスト企業が参入している市場とそれ以外の市場での大手企業が設定する平均運賃の推移を比較することによっても示されるが，同様な傾向が指摘される．

　旅客数に与える効果については，DOT（1996）が1992年と1995年について700人前後の旅客のサンプルをとり，利用するすべての2地点市場でのデータをもとに，①両年について低コストサービスが存在しない市場，②両年について低コストサービスを伴う市場，③1992年には低コストサービスが存在しないが95年にそのサービスを有するに至った市場にわけ，比較検証を行っている．①では，5%の増加があるが，これは，一部，低コストサービスによるハロー効果か，近郊の空港の価格と輸送量による影響とされる．②では，15.4%と高く，それ以上に，③では73%もの著しい増加が示される．しかも，その増加は，収入の増加を伴っている．以上の結果は，HASによるサービスと2地点間のサービスがともに，消費者便益を生み出していること，両者は共存しつつ競争関係が維持できることを裏付けている．

　運賃構造に与える影響については，1977年における各距離帯での制約がない最低水準のコーチ運賃の水準を基準に，1988年と1990年代の複数年度の実質イールドの水準の比較によって示される．図8-5で示されるように，低コ

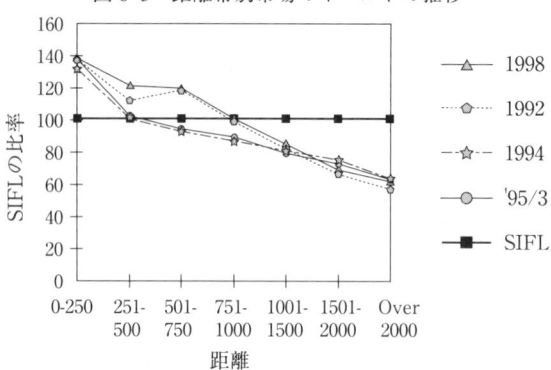

図8-5 距離帯別市場のイールドの推移

(注) SIFL は基準となる 1977 年 7 月 1 日時点での各市場での制約条件のないコーチ運賃の最低レベルを示している．
(出所) U. S. Department of Transportation (1996), p. 17.

スト企業が就航する短距離を中心に 750 マイルの距離帯において，大きな低下が生じている．これによって，低コスト企業が運賃構造の変化に大きなインパクトを与えていることが分かる．1990 年代半ばまでは，低コストサービスは短距離路線に集中していたが，それ以降は，中距離へと拡大している．ごく最近では，一部に，長距離市場への進出がみられる．サウスウェストは，1990 年代半ばまでのビジネス旅客をターゲットにした短距離市場での路線集中から，それ以降は，それまでの経営基盤形成を足がかりに，短距離市場に加え，南北地域間を移動する余暇旅客をもターゲットに含む中距離市場への進出を果たすようになっている．

　全体の市場状況をみると，低コストサービスは，全国的に広がっている．FAA のハブ分類による大・中ハブ，総計 60 都市についてみれば，7 都市を除くすべての都市で低コストサービスの提供がみられ，そのほとんどで，旅客の大部分が低コストサービスにかかわっている．19 都市で 3 分の 2 に該当し，26 都市で 50％ 前後に該当し，38 都市で 3 分の 1 に該当している．

6. 低コスト企業と戦略の課題

　以上でみたように，1990年以降の国内航空市場での競争は新規の低コスト企業によって大きな影響をうけている．その躍進は，包括的なコストリーダーシップを発揮し，競争優位の戦略モデルを採用するサウスウェストに代表される．

　サウスウェストは，大手と直接，競合しない短距離の2地点間を中心にネットワークを選定し，そのうえで機材の稼働率と運航の回転率を高め，効率をあげてきた．その運航体制に，効率を高め顧客満足度を高める組織と組織運営を組みあわせ，優位性を確保している．大手企業のネットワークでは，真似ができない運営である．これは，Kotlerがいうニッチ戦略に該当する．さらに，注目すべきは，2次空港利用による利用料の節減である．空港当局が自由に料金の交渉に応じる経過が示される．

　大手企業は，情報を駆使した戦略展開にあって取引コストが高く，組織構成上，人件費も高い．独立系の低コスト企業に対抗すべく，子会社設立の形で，低コスト企業の分野での進出を行っている．しかし，この取り組みも，同じ組織と人の系統のつながりから，所期の効率達成にはほど遠いものになっている．大手企業にとっては，本来もつ強みである差別化戦略に，コストリーダーシップをいかに融合していくかが今後の課題となろう．

　これに対して，わが国はどうであろうか．2000年の自由化以前に新規企業の参入が実現し，参入当初，しばらくは既存の大手に低運賃で競争圧力をあたえたが，その後，大手企業の攻勢もあって新規企業は疲弊している．わが国の場合，新規企業の参入は，大手と競合する幹線が中心となっており，混雑空港に乗り入れている．整備体制が委託であるほかは，おおよそ，その運営体制と組織構造は大手と類似しており，設定される運賃も硬直的である．これは，大手に追随する形でのフロー戦略に近い．負担する空港使用料も大手と同様である．自由化の真価は，事業面の自由化の施策だけでは発揮できない．市場条件に応じて，空港当局が自由に意思決定できる体制が望まれる．稼働率が低い空港の活用とコミュニティの活性化をはかるためにも，空港の経営と運営の制度

改革が必要となる．さらに，新規企業としても，レベニュー・マネジメントやマーケティングなどの面での工夫をこらす必要があろう．競争政策上は，大手企業の略奪的運賃設定など，新規企業による競争促進を妨げる行為を適切に抑制できる独占禁止法の具体的運用措置について検討を深めていかねばならない．

参考文献

Caves D. W., L. R. Christensen and M. W. Tretheway (1994), "Economics of Density versus Economics of Scale : Why Trunk and Local Service Airline Costs Differ." *Rand Journal of Economics,* Winter.

Caves R., Air Transport and Its Regulators.

Doganis Rigas (2001), *The Airline Busines in the 21 st Century,* Routledge.（塩見英治・木谷直俊・内田信行・遠藤伸明・戸崎肇訳（2003）『21世紀の航空ビジネス』中央経済社）

Dresner, M, J.-S. C. Lin and R. Windle (1996), "The Impact of Low-Cost Carriers on Airport and Route Competition," *Journal of Transport Economics and Policy,* 30.

Dresner, M. and R. Windle (1999), "Competitive Responses to Low Cost Carrier Entry," *Transportation Research* E.

Gaudry M. and R. M. Robert (Edit.) (1999), *Taking Stock of Air Liberalization,* Kluwer Academic Publishers.

Ito Harumi and Darin Lee (2003), "Low Cost Carrier Growth in the U. S. Airline Industry : Past, Present, and Future."

Kumbhakar S. C. (1990), "A Reexamination of Returns to Scale, Density, and Technical Progress in U. S. Airlines." *Southern Journal of Economics,* April.

Porter M. (1980), *Competitive Strategy,* the Free Press, 1980.（土岐坤・中辻萬治・服部照夫訳（1990）『競争の戦略』ダイヤモンド社）

Reed R. (1999) "The Impact of Airline Deregulation on Costs and Efficiency", in *Taking Stock of Air Liberalization,* Klumer Academic Publishers.

Saloner G., A. Shepard and Joel Podolny (2001), *Strategic Management,* John Wiley & Sons, Inc.（石倉洋子訳（2002）『戦略経営論』東洋経済新報社）

Show Stephen (1999), *Airline Marketing and Management,* Ashgate.

U. S. Department of Transportation (1993), The Airline Deregulation Evolution Continue, The Southwest Effect. Washington, D. C.

U. S. Department of Transportation (1996), The Low Airline Cost Service Revolution, Office of Aviation and International Economics, Washington, D. C.

U. S. General Accounting Office (1999), "Airline Deregulation : Changes in Airfares, Service Quality and Barriers to Entry," GAO/RCED 99-92, Washington, D. C.

U. S. Hearing before the Committee on the Judiciary, House of Representatives (1997), Airline Deregulation and Fares At Dominated Hubs and Slot-Controlled Airports, Statement of S. A. Morrison.

U. S. Hearing before the Committee on the Judiciary, House of Representatives (1998), New Entrants, Dominated Hubs, and Predatory Behavior, Statement of S. A. Morrison.

Southwest Airlines, *Annual Report*, (1997).

Southwest Airlines, *Annual Report*, (2000).

第 9 章

加工・組立産業における戦略的提携
——企業環境の新潮流と戦略的提携の進化——

はじめに

　従来の経営戦略論においては，企業は戦争や市場環境といった企業の「外部環境」と，企業が持つ経営資源（ヒト，モノ，カネ，情報，ナレッジ）およびそれを動かす上で必要な組織構造といった「内部環境」との間に如何に適合性を見出すか，に焦点が当てられてきた．

　経営戦略論のこれまでの潮流を概観すると，外部環境重視か，内部環境重視かで振れてきた歴史であった．既存の経営戦略論では，外部環境と企業との間にある境界の基準も，企業がコントロールできる資源や活動に限定され，コントロールできないものは全て「外部環境」として位置づけられてきた．すなわち，内部要因と外部要因というように企業と環境は二分して考えられていた．しかし，今日のグローバルな競争場裏での企業活動を考えると，実は今日の企業行動を的確に捉えることは不可能である．すなわち，これまでの主流であった「内部化理論」では現代の企業の戦略行動を正しく把握することは困難であるといえる．

　特に，90年代以降のグローバリゼーション，デジタル化・ネットワーク化，サービス経済化の3つの潮流によって激動する市場競争の中での企業行動はこれまでと大きく異なってきている．グローバル市場において勝ち残れる企業は

せいぜい3社までである．限りなく短縮化するプロダクト・ライフサイクル，限りなく巨大化する研究開発費，限りなく広がる業際的な事業領域の中で，企業1社のみでの「フルセット型経営」すなわち，「自前主義」経営はもはや限界があり，「外部資源」をいかに戦略的に，うまく取り込んで競争力を向上させるかが勝ち残りの至上命題となっている．

この論文では，従来の議論である「内部化理論」の限界を指摘するとともに，「内・外部要因結合」戦略としての戦略的提携の重要性をエレクトロニクス産業の事例を示しながら筆者の見解を提示したものである．

1. 戦略的提携とその進化

1-1 戦略的提携とは何か

戦略的提携とは，希少性の高い経営資源の蓄積に向けて，他社から経営資源を獲得し，それらを他社の経営資源を利用してうまく活用し，自社の経営資源を経営環境に有利に展開していくための手段と定義する．

戦略的提携固有の「戦略性」とは，

1) 組織間学習を通じた情報的資源の効率的な獲得
2) 希少性の高い経営資源への経営資源の集中的な配分，それをストレッチさせた迅速な活用，そして，他社の経営資源と自社の経営資源を組合せることによるシステム全体の効率性の向上．
3) デファクト・スタンダードがものをいう産業で，経営資源を有利に活用するための基盤の確保，ということができる[1]．

また，最近はグローバル化の進展による世界的な競争激化の中での生き残り策としての有力な戦略手段として戦略的提携が事業戦略の重要な位置を占めるようになった．

1970年以降のグローバルな戦略的提携件数の推移をみると，1980年代から急速に増加しており，特に情報技術やバイオテクノロジー等ハイテク産業での増加が目立っている．この傾向は現在も継続しており，グローバル化の進展に伴う世界的な競争激化の中で，生き残りをかけた提携戦略が日常的に行われる

ようになってきた．特に1990年代以降の企業環境を劇的に変えたグローバリゼーション，IT・ネットワーク化，サービス化の3つの新潮流は従来の戦略的提携の性格を変えつつある．

1-2 戦略的提携をめぐる議論
(1) 内部化理論

従来の提携に関する議論については，内部化理論では，何らかの優位性を持つ企業による海外生産の問題の中で取り扱われてきた．内部化とは既に存在する経営資源，例えば技術や経営ノウハウを海外に伝播する手段としての海外投資やM&Aにより市場と企業との取引を内部化して利用するという考え方である．即ち，いわゆる「自前主義」，自社の経営資源による外部資源の獲得による内部化である．内部化理論ではそうした内部化の過程において，政府規制や関税のかかわり——取引コスト上不利になる場合の次善の策として提携を位置付けてきた．ハイマー（Hymer, S.）もこの流れを汲む学者である．ハイマーは対外事業を行う企業が現地企業との競争に打ち勝つだけの優位性を保持していること（即ち「優位性の命題」を導き出した[2]．

筆者の見解は以下の通りである．現実には，企業は優位性というよりも現在よりもより高レベルの新たな優位性を獲得する手段として，他社と積極的に提携を行っているのが現在の企業の姿である．国内のみからの経営手段に頼るよりも，世界各地の最適経営資源を獲得することによって資源の節約，開発スピードの加速，事業リスクの軽減を図る．提携は現在ではM&Aや直接投資の補完としてではなく，それらと並列的な戦略的手段として活用されている．それはハイマーの言う「支配」を必ずしも目指すものではなく，もっと多面的，柔軟な競争戦略の形態としても用いられているのが現状である．

内部化理論では結局，提携は対外直接投資の次善的手段として位置付けられているに過ぎない．企業は提携を通じて企業間競争と同時に企業と組むことによってイノベーションを追求し，事業的優位性を強化することができる．内部化理論はこうした企業間の競争といったダイナミズムを無視していることに限

界があるといわざるをえない．

(2) 新内部化モデル

上記の内部化理論をベースにしつつ，その限界を超えようとしたのが，長谷川信次氏である．氏は従来の内部取引に加え，「中間的な取引原理」という概念を導入した．氏によれば，企業間関係の内部タイプ取引の範囲が「階層組織」（M&A，子会社設立，内部ユニットの拡張）と拡張タイプ取引が「中間的な取引原理」（OEM，クロスライセンシング，システム・インテグレーター，戦略的提携，フランチャイズ，合弁事業）と捉える．そして企業がどの選択肢を選ぶかの基準は，最もコスト節約的な取引形態であるという[3]．

しかし，これらの議論は内部化理論の延長であり，提携を内部取引と並列の戦略とは見ていない．

(3) 戦略的提携論

ヨシノ（Yoshino, M.）とランガン（Rangan, U.）は戦略的提携をの役割を，市場ニーズへの迅速な反応，市場への技術の迅速な導入，異なる管理システムの学習，の3点を指摘した．

そして，以下の3つの特徴を同時に備えるものが戦略的提携であるとしている．合意した経営目標に向けて協力する2社以上の企業が提携しながら独立する．提携して得た利益を共有する．技術や製品等複数の重要戦略分野で基盤の維持に貢献する．

ヨシノ・ランガンは以上のように戦略的提携を定義し，その今日的な特性として，国際的な提携，ライバル企業との提携，業際的な提携の3点を指摘した．彼らは提携マネジメントの成否は，価値の最大化，学習の促進，柔軟性の維持，コアコンピタンスの防御のそれぞれに優先順位をつけ，経営者が提携相手との協調と競争間の相互作用の最適化を図ることに帰するとしている．そして，提携のタイプを競争的提携かどうかによって4つに分けて議論している[4]．

筆者の見解は下記の通りである．ヨシノ・ランガンの議論は提携戦略の管理の仕方に力点をおく反面，なぜ経営者が提携を選ぶのかの事業的視点からの分析がないこと，資本の所有や支配にこだわっていることである．例えば，富士

ゼロックスは双方の親会社から独立していないから提携から除外しているし，資本関係のない，あるいは少ない提携を提携から除外するといった点には疑問を感じる．現実には富士ゼロックスはJVとしての典型的な事例であるし，販売提携や生産委託等，資本関係がなくても事業目的をはたしている例は現実に多い．後述するように，提携には事業特性や企業の様々な事情により種々の形態があり，資本関係が多ければ多いほど経営者のコミットメントは大きくなることは事実であるが，それが全てではないことも事実である．

　ハメル（G. Hamel）とドーズ（L. Doz）は提携の戦略面からの重要性を指摘し，論を進めた．

　彼らは提携を通じ，3つの価値を創造するとしている．即ち，Co-option, Co-specialization, Learningである．提携を通じ，「クリティカルマス（Critical mass）」を構築し，グローバルなプレゼンスをたかめることを提携の意義としている．Co-optionは一言で言えば業界での多数派の位置を獲得し，デファクト・スタンダードを握ること，Cospecializationは外部経営資源や，ポジション，スキル，知識の獲得である．Learning（学習）は相手企業から優れたスキルを学ぶことである[5]．

　筆者の見解は以下の通りである．確かに以上3つの価値創造は現実の提携において追求されることであるが，必ずしもそれだけではないということも事実である．提携には広い選択肢があり，それぞれを使い分ける事によってメリットを得る所に意義を見出すことができる．また，以上3つの価値創造は，M&Aという支配的手段によっても得ることができる．

　価値創造がなぜ提携でなければならないのか，という問いに答えていないと言わざるを得ない．

　徳田昭雄氏は，「提携が「戦略的」であるという意味は，提携を使って他社の経営資源を獲得し，希少性の高い経営資源を蓄積する．提携を使って自社と提携相手の経営資源をうまく活用すること．の2点に求めることができるだろう．」と述べている[6]．

(4) 筆者の見解

 提携は他社の経営資源をうまく活用することによって，自らの経営資源を得意分野へ集中的に配分し，自社だけでは達成できない戦略を実施することができる．それは単なる経営資源の補完ではなく，自社資源と他社資源の融合によって，より高いシナジーを追及することができる．それはコスト面のみならず，開発・製造・マーケティング・販売・物流といった広い範囲での競争優位性を確立する重要な戦略手段と位置付けることができる．

 マイケル・ポーター（Porter, M. E.）は「提携はグローバル戦略の多くの面で価値ある道具であり，それを開発する能力はこれからますます競争優位性の重要な根源となるであろう．」と指摘している．

 筆者は，M&Aが内部化であれば，提携は「内・外部要因結合」戦略として並列に置くべきであると考える．その特徴は，機動性，戦略的柔軟性，資源節約性，シナジー性である．

 また，上記に掲げた提携に関する議論の中で，決定的に欠落している点は「時間軸」（スピード）の概念である．即ち，経営者が現実に提携か自力ないし企業買収かを決定する重要な基準は，短期的に事業目標を達成するか否か，ある事業目標を達成する場合の手っ取り早い方法は何か，という視点である．自力や買収は長期的なコミットメントであり，提携は事業目標を達成するために期限を切って競争相手とのコラボレーションを行うというメリットがある．提携は決して未来永劫解消しないのではなく，双方，あるいは複数の企業がその時のおかれた状況に応じて戦略や利害が一致した時に締結され，ある共通の戦略目標が達成されれば解消するという性格のものでもある．また，別の「時間軸」としては「時差」の活用である．IT・ネットワーク技術の進歩は日欧，日米企業間提携によって，互いに24時間営業が可能となった．いずれにしても，今日の戦略的提携の意味は，経営スピードや時間の概念，冷徹な企業論理を除外しては考えられないと考える．

2. 戦略的提携を進化させた企業環境の3つの新潮流
2-1 グローバリゼーション
　21世紀に向けてグローバリゼーション，デジタル化・ネットワーク化，サービス化という世界的規模での大きな波が，企業を取り巻く競争条件を変えつつある．

　グローバル化は国境の壁を限りなく低くし，競争は世界の舞台で行われるようになった．勝者と敗者の区分けが明確化し，敗者は世界のマーケットから退場を余儀なくされよう．

　グローバリゼーションを経営戦略的視点から見ると，世界的な規模での企業間競争の激化である．そしてそれは世界市場で生き延びるための世界規模での企業間合従連衡の進展（企業合併・買収，提携）と強者への集中化（Convergence）を，そして世界的競争力を持った専業メーカーの躍進をもたらした．これをステップ別にみると下記のようになる．

　第1ステップとして，競争の激化と生き残りのための企業間の合従連衡である．自動車のダイムラーとクライスラーの合併，日産自動車とルノーの提携，フォードとマツダの提携等々，自動車のみならず，全ての業種において国境を超えた大企業同士の合従連衡が毎日のように新聞をにぎわせている．

　こうした各業界における世界規模での合従連衡が一段落すると，

　第2ステップに入る．即ち，予選に勝ち残った企業同士のぶつかりあいである．この段階で，更に勝者と敗者に別れる．グローバル市場で収益を挙げられるのはせいぜい1-3位までで，それ以下では利益をあげるのは容易でないといわれている．勝者はデファクト・スタンダードの地位を獲得し，圧倒的な支配力をもつ．現在のマイクロソフト，インテルといった企業がその典型である．

　第3ステップはこれまで認識していなかった全く新しいタイプの企業の市場参入である．

　デジタル化・ネットワーク化の波は，インターネットやエレクトロニック・コマース（電子商取引）に代表されるように，従来の時間・距離・形といった

制約を打破し，これまでの商慣行，取引形態，競争ルールを大きく変えつつある．例えば，Dell Computer は受注生産方式（built to order, configuration to order）という画期的な販売方法で急激な躍進をとげ，また，製造業ではないが，Amazon.com はインターネットを使った受注販売に参入し，わずか2年で世界第1位の本屋となった．米国の証券会社の Schwab 社は世界に先駆けてインターネットによる個人向け証券取引で成功した．また，これまで競争相手として認識していなかった企業が全く違ったタイプの商品を武器にして，突然，競争に参加してくるという現象も多くなってきた．

ソニー，日立等メーカーやイトーヨーカ堂等流通業の金融業への参入等がその例である．また，サービス化の波は経済・産業のサービス化をもたらし，製造業についても，従来のハードウエア中心からサービス分野の取り込み，サービス産業化を迫っている．

2-2 IT・ネットワーク化

改めて言うまでもなく，情報通信革命はネットワーク社会の到来を促進し，従来の常識や商慣行を革命的に変えつつあります．エレクトロニック・コマースの勃興による販売・物流の変化，問屋・卸小売等「中間ルート」の消滅→企業と顧客の直接対話（価値連鎖の短縮化）をもたらしつつある．生産もしかりであり，最近は EMS（Electronics manufacturing Service）のような生産受託専門企業が急成長しつつある．中国でもこうした EMS 企業が進出しつつある．結果として，従来のサプライチェーンの構造が劇的に変わろうとしている．また，時差を活用し，日米，日欧企業が提携することによって同じ業務を連続的に24時間継続というメリットを活用できる．

IT の発展はサービス経済化をもたらし，バリューチェーンの構造をも大きく変えつつある．先進国企業では，付加価値はハードウエアからよりソフト・サービスの部分へと変わり，製造業もサービス産業化が要請されるようになった．

このことは，先進国の電機メーカーの供給者志向→顧客満足志向へのパラダ

図 9-1　IT のインパクト

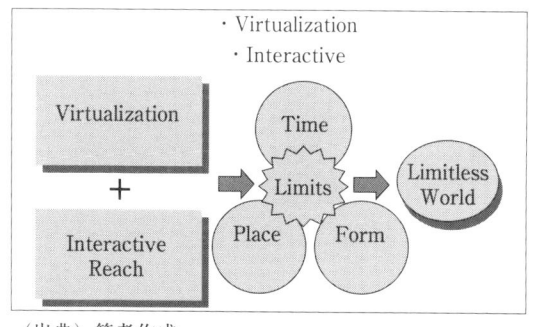

(出典) 筆者作成

図 9-2　グローバル経営とアウトソーシング

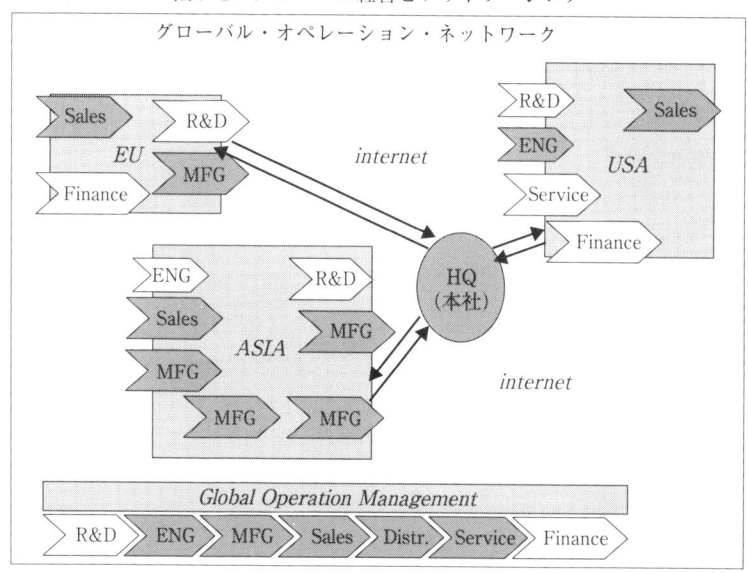

(出典) 筆者作成

イム変換を，ハード中心から高付加価値サービス事業中心への軸足の移動を，更にフルセット型経営（全て自前主義）から世界の最適地に機能（開発，生産，販売，物流，サービス，回収）を配置し，アウトソーシングを推進して，最大効率を追求するマネジメントの高度化を迫っている．

2-3 サービス化

第3の波はサービス化の進展である．

メガトレンドの第3はサービス化である．先進国の産業構造を見ると例外なしに製造業部門のウエイトが減少し，非製造業（広義のサービス業）のウエイトが増加している．

我が国も例外ではない．GDPベースでみると，10年前の製造業のウエイトは約3割であったが，最近は23%まで低下している．一方，米国の製造業のウエイトは現在17%程度である．今後，経済・産業のサービス化は今後も避けられないと予想される．

同時に，企業競争のグローバル化，IT技術の発展は，前述のように商品・サービスの供給者と顧客との距離をを限りなく短縮化していく．そして，そこでの成功のカギはいかに顧客のニーズを摑み，いかにサービスの質を高め，顧客満足につなげていくかにある．

製造業で言えば，もはや，ハードウエアの質や価格が決定的要素ではなく，その上にいかに高付加価値のサービスをつけて行くかが勝負の別れ目である．

このため，企業は情報技術を応用した新たな顧客価値を提供し，競争優位を構築することが今後の重要な戦略目標となっている．

競争優位を確立する方向としては，1つは，中間を排除してこれまでの卸・小売等の流通プロセスを排除し，直接取引することでスピードアップ，コスト削減が実現できる．

パソコンのデル・コンピュータの受注生産はその典型的な例である．

2番目は，ソリューションの提供である．ソリューションの提供とは，単に商品（ハード）やアフターサービスを提供するだけでなく，それを通じて最終的に顧客が達成しようとしているニーズを充足しようとするものである．

3番目は，競争優位な機能への特化であり，これは自社の得意な分野に資源を集中し，競争優位な商品やサービスを提供する方向である．

事業のやり方も，これまでのような規格品のマス・マーケティング，マス・プロダクションではなく，顧客との1対1の商売，即ち，1人の顧客にいかに

多くの商品を売るか，即ち，ワン・ツー・ワンマーケティングにいかに転換していくかである．このための KFS（Key Factors for Success）はサービスの善し悪しによる．

この意味から言えば，メーカーもサービス業にならなければならないことを意味している．GE（ゼネラル・エレクトリック社）のウエルチ会長は 1998 年の株主総会で GE を「高度な製造能力を備えるサービス企業」とすると宣言し，更なるサービス事業の強化拡大を打ち出した．客先の productivity を上げていくためのサービスの提供を行っていく．そのツールとしてハードウエアを位置付けていくという．

これは GE だけでなく世界の一流の製造メーカーは例外なく強いハードウエアの上に，優れた付加価値サービスを加え，それをパッケージとして提供している．

ソニーはサービス事業に積極的に進出している．同社は「プレイステーション」でゲーム事業に進出し，成功を収めたが，1998 年 9 月に米国大手銀行のシティバンクと共同でカード事業に進出，1999 年 6 月には米大手金融会社のヘラー・ファイナンシャル（シカゴ）との合弁のリース事業に進出，次々と金融業務を拡大している．

これから，製造業のみならず，あらゆる業界で，顧客のニーズに応える高付加価値のサービス，ソリューションを提供する企業が勝者となるであろう．

そして，経済・産業のサービス化，顧客満足の充足にここでも IT が大きな役割を果たすこととなろう．

「グローバリゼーション」，「IT・ネットワーク化」，「サービス化」という 3 つの波は互いに影響しあい，加速度を増して先進国メーカーにパラダイム変換を迫っている．

グローバリゼーションは第 1 に，世界的規模での大競争に勝ち残るための世界的競争力の保有による優位性（コアコンピタンス）を持つことを迫り，IT（情報通信技術）・ネットワーク化，サービス化は従来のビジネス慣行や，ビジネスモデルを変革し，新しい経営の仕組みと新しいビジネス・バリュー・チェー

ンの再構築を迫り，更に世界的に標準となる経営ルールがいわゆる「グローバル・スタンダード」として企業に対応を促したことである．国際会計基準，コーポレート・ガバナンス（株主重視，経営の透明性）等がその例である．

3. 我が国加工・組立産業の問題点
我が国加工組立産業の共通的課題を挙げると，下記共通項である．

3-1 横並び体質と「総合化」の限界
戦後の高度成長期において，いわゆる「総合商社」，「総合電機」，「総合化学」といった全面展開型の企業として成長してきた．日本企業は従来，横並び意識が強く，他社がやるならうちもやる，というかたちで多角化を推進し，気がついてみると同業他社のラインアップと似たり寄ったりとなり，似た者同士の過当競争に見舞われ，結果として互いに低収益を余儀なくされるというパターンをたどってきた．こうした企業形態は，世の中が全体的に高い成長を続ける間は，それなりに各部門ともに収益を上げることができた．また，ある部門が不振な場合，他の部門の利益でそれをカバーし，比較的安定的な収益構造を保つことができた．

しかしながら，国内経済が低成長ないし，長期低迷に陥るとともに，世界市場はグローバル化し，世界的に強い競争力を持った専業企業が活躍する時代になるとともに，逆にデメリットが目立ち始めた．しかしながら，今後のグローバル市場での企業競争を考えれば，世界で1-3位に入るくらいの事業でなければ，生存できない事業が多くなる．そんな中で，企業が弱小な事業を多く抱えることは困難となる．

図9-3はマイケル・ポーターの戦略の体系図である．日本企業は競争戦略のうち，左側のOperational Efficiency（業務効率の向上）については，1980年代までOC活動やTQC（Total Quality Control），JIT（Just In Time）等々の手法を開発し，生産性を向上させた．この世界の特徴は，他社と同じことを他社よ

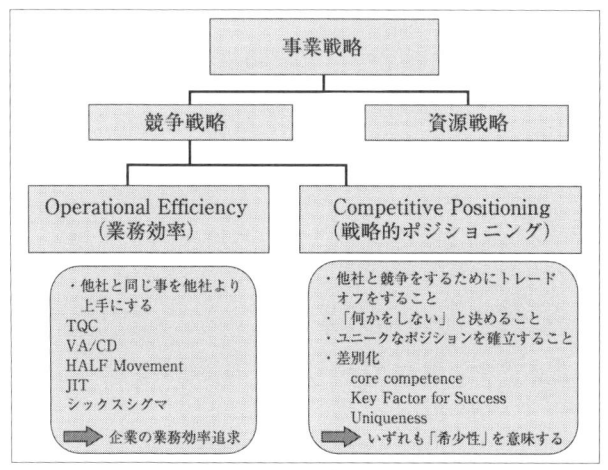

図 9-3　事業戦略の分類

```
                    事業戦略
                   ／      ＼
              競争戦略      資源戦略
           ／      ＼
Operational Efficiency    Competitive Positioning
    （業務効率）              （戦略的ポジショニング）

・他社と同じ事を他社より     ・他社と競争をするためにトレード
  上手にする                  オフをすること
  TQC                       ・「何かをしない」と決めること
  VA/CD                     ・ユニークなポジションを確立すること
  HALF Movement             ・差別化
  JIT                         core competence
  シックスシグマ                Key Factor for Success
                              Uniqueness
⇒ 企業の業務効率追求       ⇒ いずれも「希少性」を意味する
```

（出典）マイケル・ポーター講演資料

りも上手に速くやるということである．横並び体質の日本企業はこの世界については世界の模範となった．しかし，右側の Competitive Positioning（戦略的ポジショニング）の方は，他社と競争するために，他社と違うことをすること，何かを棄てる世界である．競争に勝つために，何かをしないと決めることである．差別化の世界でありユニークなポジションを確立することである．ポーターは戦略とは，何かをしないと決めることであるとしている．

日本企業は横並び体質が強く，永年の間「戦略的ポジショニング」を怠ってきた．ポーターは，「日本企業には戦略がない」と指摘する．他社と横並びで似たような業態をしており，「何かを棄てる」という戦略性が不足しているという．戦略とは何かを棄てることであるとも言っている．

この結果，下記のような状況が顕在化した．
1) 世界的な企業競争の激化の中で，経営資源を分散せざるをえない総合企業は資源を集中できる専業企業に個別撃破されるようになった．
2) 総合企業は多くの異質の事業分野に画一的な基準で対処してきたが，それが限界に来た．

3) 多角化した総合企業は，事業の責任権限があいまいになりがちでぬるま湯体質に陥りやすい．

4) 収益が出ない時は，利益の出る他部門に寄りかかりやすい体質が強くなる．

5) 経営の意思決定や企業行動が遅く，専業企業のスピードについていけない．

競争戦略からいえば，広げすぎた事業分野を自社の強さ，市場の魅力度の面からスクリーニングし，選択と集中を行い，中核事業，それを支える事業，捨て去る事業を決めなければならない．即ち，事業ポートフォリオの組替えである．

そして，資源戦略面から言えば，全て自前主義ではなく，足らざるもの・不得手なものは割り切って他社と戦略的提携を行い，アウトソーシングで事業を推進することを考えなければならない．

最近の加工・組立産業における国内・海外企業との活発な戦略的提携の増加は，生き残りの手段として避けられない動きといえる．

3-2 経営・意思決定のスピードアップ

専業企業に対抗していくためには，経営や意思決定のスピードアップを図る必要がある．現代のグローバル市場で華々しい業績をあげている企業の特徴は，世界的な競争力を持ち，スピードを持った専業メーカーである．組織が簡素でリーダーの決断が早く，フットワークの軽い企業である．例えば，パソコンのデル・コンピュータ，半導体のインテル，マイクロン，ルーターのシスコ・システムズ等々枚挙にいとまがない．

これに対して，総合企業や多くの日本企業は多段階のピラミッド型組織になっており，しかも，意思決定の範囲は極めて広範である．

この結果，提案から意思決定までの時間がかかり過ぎることが最大の問題である．

また，意思決定や業績の評価等の面で，多様な分野を画一的な基準で律する

ことの限界も出てきた．しかも，現在の企業競争ではスピードが成功のカギとなりつつある．

これに対して，専業企業はその分野だけに特化しているために，経営会議での議論も深く，かつスピーディーな意思決定が可能である．

総合型企業としては，多岐に亘る事業分野を切り分け，あたかも専業企業の集団というかたちにして，それぞれの事業分野に責任・権限を大幅に譲渡し，それぞれが自分の責任と権限で意思決定できるようにする必要が出てきた．

3-3　フルセット型経営（自前主義）の限界と他力活用の必要性（提携・M&A）

多くの日本の大メーカーは開発，調達から生産，販売，物流，サービスといった一連の機能を基本的には自前主義，言い換えればフルセット型でやってきた．

しかしながら，世の中のスピードが早まり，開発投資が巨額になり，技術や製品が複雑化・高度化するにつれ，これまでのように，全ての分野，機能を自前主義で賄っていくことは，資源的にもスピード的にも不可能になってきた．

また，全ての分野をカバーする広く浅い事業体では世界規模での競争についていけなくなった．多くの「総合」と名のつく日本企業，あるいはそうでなくても他社と横並びの品揃えで競争してきた企業は，得意分野，競争優位分野に資源を集中し，その他の事業からは撤退するか，あるいは他社との提携，合併によって事業を強化するかの選択に迫られている．

マイケル・ポーターによれば，企業の事業戦略は競争戦略と資源戦略によって構成される．いかに優れた競争戦略であっても，それを支える資源（ヒト，モノ，カネ，情報，時間）の裏打ちがなければ，絵に描いたモチとなる．

グローバルな企業間競争の中で最も重要な戦略は資源戦略と言っても過言ではない．なぜなら，今日の企業間競争は時間を含む経営資源をいかに確保し，配分するかによってその成否が決まる場合が多い．

例えば，半導体メモリー事業の場合がその典型であるが，毎年数千億円の設備投資を必要とし，しかもライバル企業に先んじて製品開発と量産化，市場投

入を行わなければならずそれには巨額の資金と時間的制約を課される．こうした傾向は，半導体事業のみならず，他の多くの加工組立型産業にもあてはまる．

こうした市場で勝ち組となるには，自社だけの経営資源では不十分であり，しかも時間という要素が大きくなっているハイテク業界ではいわゆる自前主義では永続的成功は困難になってきている．他社と組み，経営資源を出し合い，それによって資源投入量の軽減，リスクの軽減，時間の短縮を図ることができる．同時に，先行者利得を得るとともに，業界における「デファクト・スタンダード（業界標準）」の地位を獲得できる可能性も高まる．

4. 加工・組立産業の経営変革

日本経済は1992年以降，バブル経済崩壊後の経済調整の遅れもあり，長期の景気低迷が続いている．また，世界的な規模での経営環境変化が，日本の企業経営にかつてない変革を迫っている．現在，日本企業が抱えている問題は，過剰設備，過剰雇用，過剰債務という「3つの過剰」であり，この問題への対応が当面の課題である．現在，多くの企業がこの困難な課題に取り組んでいるが，景気循環的な要因に加えて，不良債権処理，規制緩和，財政赤字問題等，構造的な問題も多く，その解決には時間を要しよう．

このような世界レベルの大きな経営環境，競争環境の変化の中で，日本企業は過去の成功体験を捨て，大きな痛みを味わいつつ大胆な経営変革を推進している．

その共通的ポイントを挙げると下記のとおりである．

4-1 経営のしくみの変革

多くの大企業で，小さな本社，分権化（カンパニー制の導入や持ち株会社導入），経営意思決定システムの改革，取締役と執行役員の分離，社外取締役の導入等を推進している．これは，経営の監督と執行の分離を明確化すると共に，トップの人員を削減し，スタッフを少なくすることにより意思決定のス

ピードを上げることを戦略目標としている．また，経営の透明性を向上させ，コーポレート・ガバナンスを強化しようとするものである．

4-2 事業構造の変革

事業構造の変革は，2つの側面から推進されている．第1に，多角化し，広げすぎた事業領域を見直し，選択と集中を進めること，その上で何を中核事業とし，何を残し，何を捨てるかの選別を行う．即ち，事業ポートフォリオの組替えである．第2に，製造業では従来のハードウエア中心から，強いハードをベースにしてその周辺ないし延長線上にある高付加価値サービス・ソフト事業の撮りこみを図る企業が増大している．さらに，製造業でありながら，ソフト，サービス産業に参入する企業も増加しつつある．即ち，製造業のサービス化，サービス産業化である．

4-3 企業風土の変革

また，上記の経営のしくみの変革や事業構造の変革を推進していくためには，その企業の「土俵」である企業風土や企業文化までを変えていかなければならない．製造業からサービス事業展開していくためには，企業風土も製造業的風土からサービス業的風土へ転換していくことが不可欠である．このことは長い伝統を持つ企業や巨大企業においては容易ではないが，しかし，これを避けていては，如何に優れた経営戦略や経営組織を構築しても企業は動かない．また，企業風土改革の成否は特に経営者，トップマネジメントの強力なリーダーシップがなければ，成功は望めない．日本企業はこれまで，ミドルマネジメント主導で実質的に経営が行われる場合が多かった．しかし，今後は，特に企業風土改革はトップ自身の強力な牽引力と力量，場合によってはカリスマ性が要求される．

長い伝統を誇る米国ゼネラル・エレクトリック社の企業文化をがらりと変えたジャック・ウエルチは典型的な例と言える．

こうした経営変革やビジネスモデル変革において，戦略提携は重要な手法と

して広範に活用されつつある．

5. 提携戦略の重要性増大の背景

5-1 フルセット型経営（自前主義）の見直し

　同時に，日本企業は一般に開発，調達，生産，販売，物流といった機能を全て自前（系列内取引を含む）で行い，外部資源をうまく活用することに消極的であった．即ち，自前主義である．しかし，企業を取り囲む競争環境は大きく変わり，ビジネスのスピードは格段に上がり，製品開発は巨額の投資を必要とするようになり，また，技術は複雑化している．このような企業環境の中で，全て自社で賄う自前主義だけでは競争に生き残れなくなってきた．最近では，自社で全てを賄うのではなく，他社と相互補完関係を作って，互いの得意分野を生かしあう，アウトソーシングが主流となってきた．

　競争が更に熾烈化していくと，企業活動のスピードアップ，製品開発期間の短縮化，製品の市場投入までのリードタイムの短縮化が成功のカギとなってくる．即ち，時間の節約である．

　上記のような競争市場の変化はIT（情報通信技術）・ネットワーク化によってますます加速している．

　こうした競争条件の中で，事業の成功を収めるためには，自社の力のみに頼る「自前主義」万能から，他社と戦略的提携を行い，上記のKFSを満たすか，外部資源をまるごと獲得するM&A（合併・吸収）によって一気に市場地位を上げる戦略が近年激増している．

5-2 グローバル時代の提携戦略の必然性

（1）グローバル・メガ・コンペティション

　世界的な規模での競争の激化．ボーダーレスな競争市場でのオープンは企業間競争が激化するとともに，各国消費者が欲する製品の同質化が進めば，世界に通用する競争力（コア・コンピタンス）を持たない企業は競争から脱落しかねない．グローバル市場を対象とする商品市場においては世界シェアが1位，

2位，最低でも3位以内に入らないと収益が確保できず生き残れないといわれている．

したがって，こうした市場で勝ち残るには，卓越した事業競争力を持つ事業に徹底的に資源を投入すること，そうでない事業は捨てるか，残す事業についても積極的に他社の経営資源を活用する戦略を推進しなければならない．

(2) 技術革新の加速化と膨大な研究開発費

半導体メモリーの高集積化に象徴される技術革新の加速化によって膨大な研究開発費，設備投資，人的資源が要求される．このため，自社だけの力では賄うには限界があり他社と組んで遂行することが必要となる．このことは，リスク面からも要請される．

半導体メモリー事業はその典型であり，毎年，数千億円の投資が必要となる．しかも，市況次第では急激な値下がりや需要の急減と言うビジネス・リスクも伴う．こうした場合，全てを自社で負担し投資することはきわめてリスキーである．こうした場合，他社と投資を分担することが懸命な戦略と言える．

(3) 製品ライフサイクルの短縮化

3ヶ月毎に新製品を発表するパソコン業界に代表されるように，製品ライフサイクルがますます短縮化しており，独創的な新製品を他に先駆けて市場に投入し，創業者利益を獲得することがKFS（Key Factors for Success）となりつつある．このため，自分の不得意とする技術や機能については，時間を短縮するため，外部の力を活用するのが戦略的に得策となる．

(4) 複数技術の複合化，融合化

単一の技術から複数の技術の複合化，融合化が進行し，一企業で全てを賄えなくなる傾向が強まる．このため，自社にない技術については他社と組み，見返りに自社の強みを相手に生かさせるという技術や人材の相互補完，相互活用をすることにより，業界における優位性を確立するという戦略的提携が特にハイテク分野において主流になりつつある．

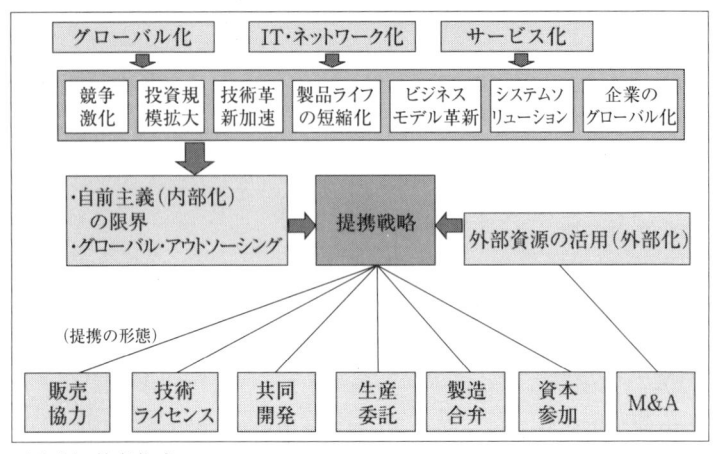

図 9-4 事業環境変化と提携戦略の位置付け

```
         グローバル化      IT・ネットワーク化     サービス化
              ↓               ↓                ↓
    ┌──────┬──────┬──────┬──────┬──────┬──────┬──────┐
    │ 競争 │投資規│技術革│製品ライ│ビジネス│システムソ│企業の │
    │ 激化 │模拡大│新加速│フの短縮│モデル革新│リューション│グローバル化│
    │      │      │      │化      │        │          │        │
    └──────┴──────┴──────┴──────┴──────┴──────┴──────┘
                          ↓
    ┌──────────────┐   ┌──────┐   ┌──────────────┐
    │・自前主義(内部化)│→ │提携  │ ← │外部資源の活用(外部化)│
    │  の限界         │   │戦略  │   │              │
    │・グローバル・    │   └──────┘   └──────────────┘
    │  アウトソーシング│       │
    └──────────────┘       │
         (提携の形態)        │
    ┌────┬────┬────┬────┬────┬────┬────┐
    │販売│技術│共同│生産│製造│資本│M&A │
    │協力│ライ│開発│委託│合弁│参加│    │
    │    │センス│    │    │    │    │    │
    └────┴────┴────┴────┴────┴────┴────┘
```

(出典) 筆者作成

(5) ハードウエア, ソフトウエア技術の統合, システム・ソリューション

近年, ハード単体の商品では通用せず, ソフトウエア更にサービス込みで顧客に売る形態の事業が増大している. また, ソフトウエアとハードウエアが融合して1つの商品・サービスを形成する事業や市場が増加してきた. メーカーの場合, ハードウエアは強いがソフトウエアは弱いという企業が多く, こうした場合, ソフト会社と組んだ方が得策である. 例えば, ITネットワークビジネスにおいて, B2B, B2Cのビジネスモデルではハードウエア企業とソフトウエア企業が組むことによってビジネスを立ち上げる事例が極めて多い. また, 伝統的な事業においてもそうしたケースは増大している. 例えば, ダスキンが家庭にレンタルする家電製品を東芝のサービスマンがメインテナンスするといった相互補完関係がその例である.

(6) グローバル化の進展

前述のように, グローバル化の進展は, 世界的規模での企業間競争の激化をもたらし, また, 企業は自国内フルセット型から世界中の最適経営資源を活用するアウトソーシング型へ転換させるきっかけを作った. アウトソーシングの範囲は研究開発, エンジニアリング, 生産, マーケティング, 販売, 物流, サービス, ファイナンスにまで及び, それを推進する事業戦略として企業間の戦略

連携，戦略的提携戦略が重要視されるようになってきた．提携戦略はさらに相手企業への投資にまで拡大し，ひいては相手企業のM&A（合併・買収）にまで及ぶこともめずらしくなくなってきた．

6. 戦略的提携のメリットと動機

前節で，戦略的提携が近年増加している背景を述べてきた．即ち，要約すれば，全てを自前でやるには膨大な経営資源，開発時間がかかり，また失敗した際のリスク負担が増大する．この結果，自分の持っていないもの，苦手なものは，外部から補完する方が合理的である．ここで，戦略的提携のメリットとしては一般に以下のような点があげられる．

6-1 一般的なメリット

(1) 経営資源の節約

人的資源，設備資源，資金（ヒト，モノ，カネ）という経営資源を節約するための提携．

(2) 時間の節約→スピードを買う

自前でやることによる時間的ロスを提携によって短縮する．

(3) リスク負担の軽減

単独で行うのに伴う人的，物的，資金的，時間的リスクを軽減する．

(4) 規模の利益の追求

他者と組むことによる生産・販売面の規模の利益（スケール・メリット）の享受．

(5) 企業連合（多数派工作）によるデファクト・スタンダードの獲得

複数の企業が連合することによって，その方式が最大シェアを獲得し，技術的にも業界標準となることを狙う．

(6) 強者連合，弱者連合，強弱連合

他社と組むことによってシェア等業界地位を強化する．相互補完関係を構築し，競争を有利に展開することを狙う．強者同士の場合はWIN／WINの関係

を強化することになり，市場での独占的な利益を享受することができる．弱者連合の場合は，集団で強者に対抗する形となるが，技術など特に強力な競争手段を持たない企業の場合，競争優位を保つことは困難である．また，強弱連合の場合，強者が主導権を持つことになり，極端な場合，吸収合併に至ることもあり，弱者にとっては不利となる．

(7) 分業による相互利益の享受

互いに自分の強み，弱みを他社と組むことによって補完し，業界での地位を強化する．電子機器，精密機械，自動車など日本の輸出型加工組立型企業は1980年代以降，積極的にアジアに生産・調達機能を立地し，最適地でのアウトソーシングを推進している．こうした生産にかかるグローバルなネットワーク構築はまさに分業による相互利益の享受と言える．また，重電機器においては，発電プラントに必要な機器を韓国などの企業に生産委託する形の分業もある．また，最近におけるEMS（Electronics Manufacturing Service）への米国パソコン企業，日本企業の生産委託もこうした分業に入る．こうした様々なかたちの分業は，今後，あらゆる分野で拡大しよう．

(8) 新規事業・新規市場への参入

新規事業・新規市場に参入するために，自社が持たない（あるいは弱体な）事業分野を外部と組むか取りこんで果たそうとするものである．

例えば，ソニーやイトーヨーカ堂などによる金融ビジネスへの参入がある．自分の専門以外の業界への参入の際，金融機関のノウハウを吸収するため，大手都市銀行と組み参入を果たしたことなどはこの例といえる．こうした例は，今や，枚挙に暇がないほど日常的に見られる戦略である．

(9) 継続・解消の容易性

提携戦略は複数の企業がそれぞれの企業の事業的ねらいが双方を活用することが適切と判断し，利害が一致したときに成立するものであり，提携したからといった未来永劫継続することを義務付けるものではない．相互の提携契約により，お互いのねらいとする成果が得られれば，そこで契約を解消することができる．ここが，M&Aと決定的に異なるところである．

表 9-1 戦略的提携の動機（技術の部門・分野別，1980-1989 年）

(位置：%)

	技術相互補完	基礎研究・開発	高コスト・リスク	財源の欠如	技術革新・時間削減	技術監視／市場参入	市場アクセス／組織
バイオ	35	10	1	13	31	15	13
新素材	38	11	1	3	32	16	31
コンピュータ	28	2	1	2	32	10	51
産業用機械	41	4	0	3	32	7	31
マイクロエレクトロニクス	33	5	3	3	33	6	52
ソフトウエア	38	2	1	4	36	11	24
通信	27	1	11	2	28	16	35
他の情報機器	29	2	1	0	28	24	35
自動車	27	2	4	2	22	4	52
航空機・国防	34	0	36	1	26	8	13
化学	16	1	7	1	13	8	51
家電	19	0	2	0	19	9	53
食品・飲料	17	0	1	0	10	7	43
重電	31	4	36	1	10	11	23
計器・医療技術	35	2	0	4	40	10	28
その他	9	0	35	0	6	8	23

(出典) Hagedoorn. J, "Understanding the Rationale of Strategic Technology Partnering", Strategic Management Journal, Vol. 14, No. 5, p. 379, Table 3 より徳田昭雄氏作成．

6-2 戦略的提携の動機

　一般に戦略的提携の動機としては，ラグマンの内部化理論ではグローバル市場において優位性を確立するため政府規制や関税等のかかわりから，海外直接投資や M&A により経営資源を内部化を補完するものとして提携が位置付けられていた．しかし，実際には企業は新たな優位性を獲得する手段として他社と積極的に提携を行い，各種技術や経営ノウハウの蓄積，さらに提携を通じたスピード経営の実現，経営資源の節約，リスク軽減などを図っている姿が浮かび上がってくる．

　図 9-5 をみると，こうした提携動機が多くの産業で見られる事がわかる．特に産業の違いを超えて多いのは技術の相互補完，技術革新タイムスパンの削減，市場アクセス容易化である．

図 9-5 提携の分類

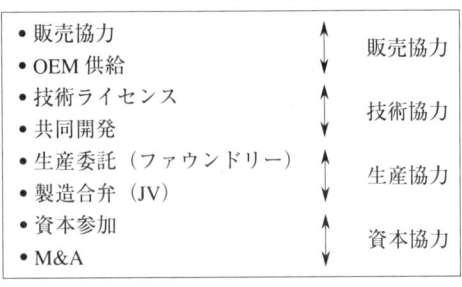

項目	分類
・販売協力 ・OEM 供給	販売協力
・技術ライセンス ・共同開発	技術協力
・生産委託（ファウンドリー） ・製造合弁（JV）	生産協力
・資本参加 ・M&A	資本協力

（出典）筆者作成

7. 提携戦略の形態別分類

企業の提携戦略には提携の程度により，形態的にいくつかの種類がある．下図の分類では提携の程度は下へ行くほど資本投資が増加し深まることになる．換言すれば，提携企業同士のコミットメントが増大することになる．

7-1 販 売 協 力

製品は自社でつくるが，販売を他社に依存するために提携するケース，例えば，わが国企業が有力な製品を開発し，海外に輸出しようと考えたが，現地に自社販売網を持たない場合，現地の有力な販売会社やディーラー，ディストリビュータと組んで商品を販売する場合を言う．わが国加工組立企業の場合，1970年代に欧米やアジアへ輸出を強化しようとした時代，多くの企業は現地に販売会社を設立する力がなく，現地の販売業者に委託して現地販売を行った．しかし，この場合，日本企業が自分の判断で販売戦略を立案し，遂行できないデメリットがあり，次第に販売会社を設立して直接販売を行うようになっていった．

一方，海外メーカーが日本で販売する場合，日本市場の特殊性に通暁していないこともあり，日本の販売業者に委託して販売するケースも多い．自動車のYANASEなどはその例である．

7-2 OEM供給（Original Equipment Manufacturing）

委託を受けた相手先のブランドで完成品，部品を供給すること．家電，自動車，精密機械，事務機器等で広く普及している．メーカー同士，メーカーと大手小売業が契約するものなど様々な形態がある．弱小メーカーが有名ブランドに頼って生産を受託する場合と，大手メーカーが過当競争を回避する目的で受託する場合の2通りが一般的である．東南アジアや中国の安い労働力を使ってOEM供給を利用する企業が増加する一方，欧米から日本への委託も多い．

7-3 技術ライセンス（Technology License Production）

特許など権利化した技術を持つ相手企業から有料でその技術供与を受け，生産する事業形態．戦後の我が国メーカーは技術的に立ち遅れたため，米国企業から技術ライセンスを受けて生産を行った時期があった．これによって技術を習得し，次第に技術力を高め，自力で生産を行うようになった．航空機でいえば，自衛隊が使用する戦闘機をアメリカ企業からライセンスを受けて生産するようなケースである．最近は日本企業がアジア企業に対してライセンスを供与するケースも増加している．

7-4 共同開発

技術的にほぼ同格ないしそれに準ずる企業同士が特定の製品や技術を共同で開発しようとする提携形態であり，近年盛んに行われている．お互いの強みを生かしあって足らざる面を補うケース，どちらも似たような強みを持っているが1社だけでは資金的・人的負担がかかるので共同でやることにより負担を軽減しようというケース，共同で開発することで開発に要する時間を節減し，競争優位を享受しようというケースがある．

半導体，自動車のエンジン開発など巨額の研究開発費を必要とし，かつ，競争上時間的制約がある場合などに，こうした共同開発による提携が多く採用される．

表 9-2　世界の主要 EMS 企業の概要

社　名	本社所在地	売上高(億$)	工場数	従業員(万人)
ソレクトロン	米国	169	57	7.1
フレクストロニクス	シンガポール	112	65	7.0
セレスティカ	カナダ	98	36	3.6
SCI システムズ	米国	91	31	3.1
サンミナ	米国	45	35	2.4
ジェイビル・サーイット	米国	40	24	2.0

(出典) NIKKEI BUSINESS, 2001. 8.

7-5　生産委託

　自社では生産せず，外部のメーカーに生産を委託するケース．発電プラントの場合，発電機本体は自社で生産し，付加価値の低いボイラーは外部メーカーに生産委託するケースなど一部を外部に委託するケースもある．最近は自社ブランドを持たず，複数メーカーからパソコンや携帯電話などの電子機器の製造を請け負う EMS（Electronics Manufacturing System）という事業形態が急成長している．製造だけでなく，設計や部品調達，物流まで一貫して手がける．大手メーカーはコスト削減のために，製造の外部委託を拡大しており，その需要を取り込むことで急成長した．EMS は量産効果を高めるために積極的に工場買収を進めている．ソレクトロンはその代表格である．

　米国のパソコン・メーカーであるデル・コンピュータ（Dell Computer）は自らの生産能力を持たず，丸ごと他社に生産委託している．生産委託は自社で生産するよりも他社に委託したほうがコストが安い場合に行われる．米国メーカーが日本の生産能力を評価し委託生産させるケースも多いが，最近は日本企業が生産コストの安い韓国や台湾のメーカーに一部を生産委託するといったケースも多く見られる．

7-6　生産合弁

　複数の企業が共同出資して企業を設立し，ある製品を製造し，共同で運営す

ることである．最近，半導体事業のように巨額の設備投資が必要とされる事業が増加してくると1社だけでそれを負担することは資金的にもリスク管理上も困難となってきた．そこで複数の企業が共同で出資して生産会社を設立・運営することによりリスクを軽減しようというものである．近年は，国内企業同士の場合だけでなく，外国メーカーとの組合せも増加している．また，自社内にその事業を抱え込んでいると経営資源が十分に配分できないような場合，同じような事情を抱える同業他社と提携し，その事業を本体から切り離し，他社と合弁会社を設立し独立させるような場合も生産合弁という形態をとることがある．

出資会社は双方で事業リスクを負う．役員の派遣は双方の出資比率に基づく．

7-7 資本参加

ある会社が他の会社の株式を取得し，関係を強化するケースである．これには，資本参加を相手企業から，あるいは取引銀行などから依頼されて資本参加をする場合と，救済的意味合いで資本参加をする場合，あるいはその企業に自ら興味を持ち経営に参画する，さらにはその会社の経営権を握る手段として資本参加を行う場合と，動機は様々である．

ルノーの日産自動車への資本参加など，最近は外資による日本企業への資本参加が増加しつつある．

7-8 M＆A

広義の提携戦略で言えば，最も「血」のつながりが強い提携がM＆A（合併・吸収）である．当該会社の株式の最大株主，あるいは過半数の株式を取得する形である．

M＆Aは相手企業の株式を過半数取得して，その企業の支配を目的とすることであり，厳密には戦略的提携には含まれない．しかし，資本参加を資本提携に含めれば，その延長線上にM＆Aがあり，資本的には最も濃密な関係となる．M＆Aには当事者が合議・合意の上でのM＆Aと，敵対的M＆Aとがある．

後者はTOB（公開買付け）ともよばれる．M&Aは相手企業を完全に内部化して自分の意思どおり支配することを可能にするが，反面，提携のような柔軟性はない．もっとも，最近は，米国リップルウッドのように，買収した後，その事業を出来るだけ合理化し，株式時価総額を引き上げた後に第三者に売却して利益を得るというという企業もある．

7-9 水平的提携と垂直的提携

水平的提携とは同じ業態の会社が並列的に提携関係を結ぶ場合であり，自動車会社同士，電子機器完成メーカー同士，銀行同士といった形態である．これの戦略的ねらいは，生産設備の統合による生産コスト削減，販売網の拡大ないし，重複の回避，研究開発協力による開発負担の軽減などコスト面のメリットを追求する場合が多い．また，こうした提携により業界標準（デファクト・スタンダード）の地位を得ようとすることもある．

垂直的統合は完成品メーカーと中間部品メーカー，および部品メーカーが提携するような製品の川上から川下までの生産プロセスにかかわるメーカーが縦に提携関係を築く場合である．これによって安定的な需要供給関係を築くと共に，同じ利害の下に共通利益をえようとするものである．

7-10 個別的提携と集合的提携

個別的提携とは，2つの企業が何らかの分野で提携する形態であり，もっと

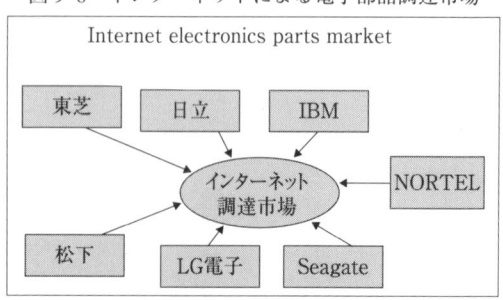

図9-6 インターネットによる電子部品調達市場

（出典）筆者作成

も平均的な提携形態である．一方，集合的提携はある目的のために複数の企業が集団的に提携関係を結ぶ提携である．この形態は，次世代製品等リスクの大きい研究開発に関連する事業分野において共通利害を持つ企業が集合して提携関係をもったり，業界標準（デファクト・スタンダード）が固まっていない事業分野で業界複数の企業が集合して多数派を形成しようという場合などがある．

また，最近は国境を超えた複数の電子機器メーカーが電子部品調達のための電子商取引市場を構築するようなケースも出てきている．

8. 最近の加工・組立産業の戦略提携

（電子機器メーカー）の事例

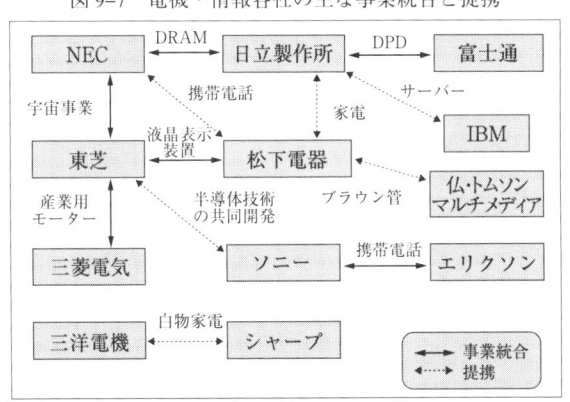

図9-7 電機・情報各社の主な事業統合と提携

(出典) 日経新聞記事をもとに筆者作成

最近の電機・情報各社は1990年代後半以降，経営改革推進の一環として，事業領域の選択と集中を積極的に推進している．そして，自社資源だけでは不充分な事業，中核でなくなった成熟事業等について，内外同業他社の間で事業統合や戦略提携を積極的に推進するようになってきた．同業他社との提携が最近の特徴となってきた．

図9-7はそうした関係を最近の事例を中心に図示したものである．これをみても昨日までのライバル企業同士が網の目のように結合し，それぞれの戦略

図 9-8 日立の主な事業統合・提携

(出典)新聞記事をもとに筆者作成

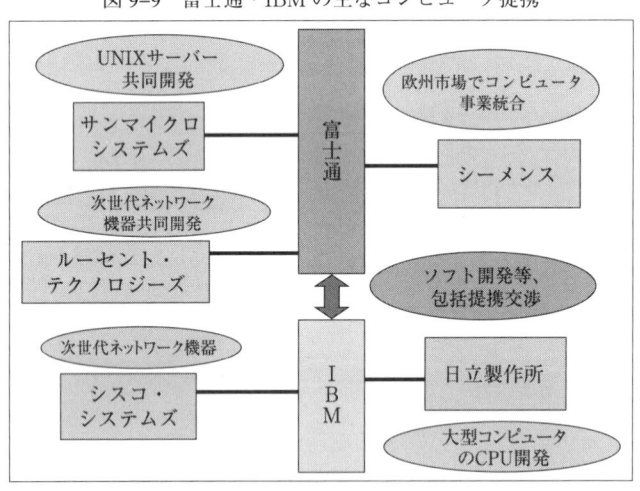

図 9-9 富士通・IBM の主なコンピュータ提携

(出典)新聞記事をもとに筆者作成

目的に沿って戦略提携を結んでいることがわかる．

　図 9-7 と若干重複するが，図 9-8 は日立製作所の最近の事業統合，提携の事例である．

　日立は典型的な自前主義の企業であったが，最近は提携戦略や分社戦略を積極化している．

　図 9-9 は富士通の事例である．富士通のコンピュータ関連事業での提携をまとめたものであるが，かつてのライバル IBM をはじめ，海外企業との提携

による外部資源の活用を積極化していることがわかる．

東芝は電機メーカーの中では，最も提携戦略を積極的に推進している企業であり，多くの事業分野で内外同業他社と連携している．

こうした大手電機・電子機器メーカー同士の提携は，前述の戦略的提携に関する議論に出てきたような内部化理論とは別の動機を持った企業のビヘイビアーとして位置付けられなければならない．

世界的規模での企業競争の激化の中で，企業が勝ち残っていくためには，自社の中長期的事業ドメインと事業ポートフォリオの明確化が必要である．さらにそれに基づく事業の選択と集中を行うことと資源戦略の明確化が必要である．加えて，重要なことは「時間軸」の概念である．例えば，ある中核事業について最終的には自社の資源でやるが，短期的には資源面，スピードの面で他社と組むことが得策であれば，戦略的提携戦略をとることもありうる，ということである．長期戦略の達成のために，短期的に同業他社と手を結ぶ手段として提携戦略を用いるのである．もちろん，その場合，相手企業にも何らかの戦略的メリットがなければ提携は成立しない．同業他社同士の戦略的ねらい，打算と打算が一致したとき，はじめて提携が成立するのである．提携締結後，お互いの事業的ねらいが達成され，提携についての戦略的意義がなくなったとき，その提携の契約は終了する．戦略提携は内部化理論のように相手を支配するために行うのではなく，自社の事業目的達成のための手段として相手企業の力（資源）を利用し，相手企業も何らかの見返りのメリットを得るのである．したがって，戦略的提携は何の利益をももたらさない企業はその機会がないと言える．

9. 東アジア地域におけるアジア企業との戦略提携

東アジア地域における日本企業のアジア地域での提携は，今後ますます盛んになろう．それはアジア地域における欧米企業との戦略提携，韓国，台湾，中国等アジア企業との提携など，様々なかたちの連携が増加すると予想される．

9-1 日韓連携の機会は今後増加の可能性

　日韓企業のこれからの関係は,「競争」と「協調」の両面から捉えられよう．ある時は強力なライバルであり，激しく競争する関係，また，ある時は互いに補完しあい，協力して他のライバルと対抗する，という関係であろう．協調する面を少しく以下に述べるグローバル化という市場環境の下で，日本企業も韓国企業もそして欧米企業も自社のみでの世界展開は困難であり，開発―調達―生産―販売―物流―ファイナンスといったサプライチェーンにかかわる機能を世界の最適地，最適企業に求めていくことになろう．

　そうした中に，日韓企業の連携や分業の可能性はますます高まっていくことが予想される．製造業のハードの技術ばかりではなく，ソフト，サービスを含めた連携も多くなろう．例えば，家電（民生用電子機器）のように，日本がグローバル・スタンダードのイニシアティブを持てる分野で，競争だけでなく，日韓が提携して規格面等においても主導的地位を狙うこともあろう．図9-10は2001年10月に合意した松下電器と韓国・LG電子が電子レンジやエアコンなど白物家電製品を相互に供給しあう提携の事例である．提携によると，北米市場向けの低価格電子レンジをLGが韓国の工場などで生産し，松下に供給する．

　一方，東南アジア市場向けの家庭用低価格エアコンは，松下が東南アジアの工場で生産し，LGに供給する．両社は欧州や中南米市場向けの電子レンジや

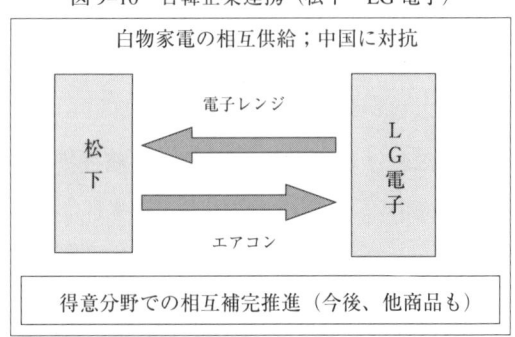

図9-10　日韓企業連携（松下-LG電子）

白物家電の相互供給；中国に対抗

電子レンジ
松下 ← LG電子
エアコン

得意分野での相互補完推進（今後，他商品も）

（出典）新聞記事をもとに筆者作成

洗濯機などでも相互の生産委託の可能性を協議することになっている．半導体等のハイテク分野，壁掛テレビの表示装置などの次世代分野においても方式面で日韓メーカーが連携を持つことにより，世界市場で優位な地位を獲得し，デファクト・スタンダード（業界標準）の地位を占めることも狙うことができる．

　最近は，日本と韓国，そして中国の有力企業による3国間国際提携も見られるようになった．図9-11は，ネットワーク家電における三洋電機，サムスン電子，海爾（ハイアール）集団による提携戦略の事例である．2003年8月，3社はエアコンなどの家電を通信技術を使って制御するネットワーク家電で提携すると発表した．3社で互いに接続可能な家電製品を開発，日中韓各国で使えるネット家電の製品化を目指す．また，海爾集団の販売チャネルを使い，今後急成長が見込める中国市場での拡販につなげる狙いもある．まず三洋電機とサムスン電子は3社共通の通信規格をまとめ，専用ソフトなどを開発する．今後は海爾集団製品も含めたお互いの製品をひとつのコントローラーで操作できるよう技術ノウハウを融合する．3社はネットワーク家電においてアジアン・スタンダード（アジアにおける「デファクト・スタンダード」）の構築を戦略的狙いとしている．

　アジアを中心とした日本企業の生産分業ネットワークへの韓国企業の参加，第3国市場での供給関係，生産分業，調達ネットワークへの韓国企業の参加，

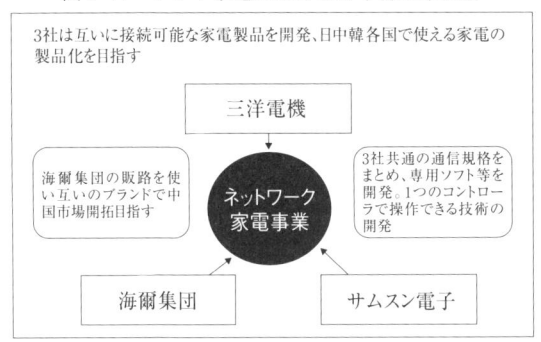

図9-11　ネット家電における日中韓企業提携

(出典) 日本経済新聞（2003.8.31）．

第3国市場での発電設備等大型プラントの共同受注，生産分業，委託生産等々，多面的な協力関係も可能となろう．

日韓両国企業は高い技術力や国際的な事業活動の経験やノウハウを持っている．日韓企業はアジアにおける地道な事業活動を通じて，こうしたアジア経済圏の形成と発展に寄与して行くことが期待されよう．

今後，日韓企業は互いに「競争」と「協調」という2つの要素を持ちつつ，共に伸びていくことが必要と考える．

(日本企業の韓国企業との戦略提携事例)

(1) 技術供与・共同開発

1) パソコン関連機器（上信電機―セジン）技術役務契約
2) 次世代携帯電話用IC（三菱電機―韓国SKテレコム）共同開発
3) 金型製造（共同精機―三星G）合弁

その他多数

(2) 合弁，業務提携

1) 携帯電話端末（京セラ―SKテレテック）資本参加，技術供与
2) 鉄鋼（新日本製鉄―浦項総合製鉄）資本提携交渉
3) ポリアセタール（東レ―コーロン社）高機能樹脂製造販売会社の増資引受け
4) 液化天然ガス（三菱商事―浦項総合製鉄）業務提携（LNGの輸入基地施設）
5) 地下鉄車両（三菱商，三菱電―現代G）香港地下鉄車両受注

その他多数

(3) 投資

1) 車載電装品（オムロン―東海）韓国オムロン電装（完全子会社化）
2) 計測・制御機器（横河電機）ヨコガワ・エレクトリック・コリア（完全子会社化）
3) 液晶検査装置製造（イノテック）現地法人
4) CD，ATM販売（富士通機電）現地法人

5）証券業務（日興證券）ソウル支店

9-2　日中企業間提携

（1）製造工程におけるコラボレーション

　中国では現在，いくつかの地域で産業集積が進みつつある．第1は，広東省にひろがる珠江デルタである．1980年代の香港系企業の進出に始まり，日系，台湾系，米国・欧州系，韓国系等の企業が労働集約的な輸出向け組立て拠点を構築した．家電や通信機器などのローカル企業が成長し，地元の部品産業も厚みを増してきた．今や，複写機，プリンター，デスクトップパソコンなどで生産量を誇り，世界的な電子部品，電子機器組立産業の集積地となっている．この地域は全国から集まる人材の豊富さ，香港を根拠地とした金融，物流のインフラの充実が電子機器の生産に必要な低コスト，迅速性，柔軟性・融通性に富む生産環境を形成していることが，それを可能にした．

　第2は，上海，江蘇省，折江省にまたがる長江デルタである．ここは古くから商工業の発達した豊かな土地であり，優秀な人材と大きな市場，全国物流の中心であることも強みとなっている．最近では主に中国国内市場を狙った外国投資が急増しており，従来の繊維や自動車などに加えて半導体，ノートパソコ

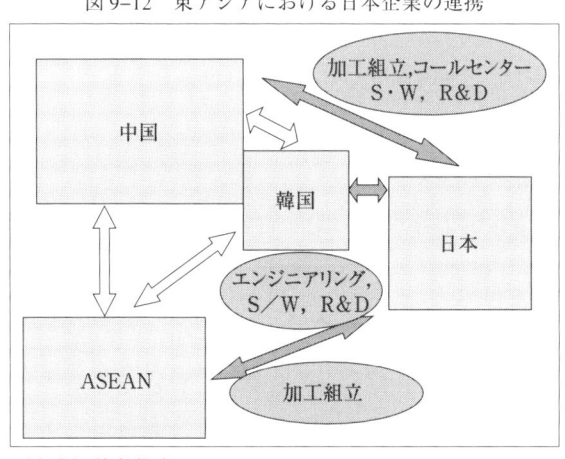

図9-12　東アジアにおける日本企業の連携

（出典）筆者作成

ン，携帯電話やその部品などのハイテク関連や資本装備的な投資が伸びている．特に，昨年からは台湾のパソコン産業による新規投資が著しく伸びている．

こうした分野での日中間の生産面での連携，コラボレーション（協働）は広範囲に行われており，中国のWTO加盟に伴ってますます活発化しよう．

(2) 間接業務のコラボレーション

米国のGE（General Electric）は大連で新たな対日ビジネスを準備している．それは日本語に堪能な中国人を集め，日本の顧客からの電話での問合せに，大連から日本語で答えるコールセンター業務である．来年にも消費者金融GEコンシューマー・クレジットの日本での無人店舗と大連市を国際回線で結び，現金自動預け払い機（ATM）の操縦法などの質問に応じる．

日本企業も製造部門だけでなく，最近は業務部門（Administrative operation sector）を中国にシフトさせる動きを見せている．これまで日本で行っていた出入金管理，出張旅費清算，コールセンターなどの業務を中国で行う動きが活発化している．大連は日本向けのデータ処理やバックルーム業務等の拠点，さらにCAD設計，ソフトウエア開発などより高度の業務の拠点として発展しようとしている．

ある大連の会社は海図・地図の入力，アンケートはがきの入力，船舶，橋梁，鉄鋼，金型のCAD設計が主力業務で全て日本から請負っている．日本からの指示はファックスかメールで届き，納品は全てメールで行っている．日本との距離や国境は全く関係ない．

(3) ソフトウエア開発

次に，ソフト開発におけるコラボレーションである．北京の中関村地区はソフトウエア開発やIT関連の研究開発機能の集積地である．ここは「中国のシリコンバレー」とも呼ばれるところで，北京大学，清華大学など70以上ある大学の研究所やその他の研究所を中心に1,000社以上の産学連携のベンチャー企業，優秀なソフトウエア人材に目をつけた7,000社以上のIT企業群が勃興している．東芝はこの地域で北京大学や清華大学等の優秀な人材を採用してソ

フトウエア開発を行い，これをインターネットで結んで推進しようとしている．

また，遼寧省では東北大学教授の主導による東軟集団によるソフトウエア開発も活発化した．東芝も東軟集団と合弁会社を作り，共同開発を行っている．今後，こうした動きはインターネットの普及とあいまってますます盛んになろう．大連にも同じようなソフトウエアパークができ，日本企業の進出が盛んである．大連の強みは，日本語人口が多いことであり，それが日本企業との連携を容易にしている．

図9-13は最近の外国企業と中国企業との国際戦略提携の代表例を示したものである．

こうした中国地場企業との多面的な提携は販売提携も加え今後企業の間でますます増加することが予想される．時に，中国のWTO加盟を機に，日中企業間提携は従来の生産中心から販売，さらにはソフトウェア開発，R&Dにまで波及していくことが予想される．

図9-13 活発化する中国家電メーカーと外国企業の提携

中国企業	外国企業	提携内容
海爾（Haier）	三洋電機	・相互販売協力 ・部品生産 ・調達協力 ・OEM，技術供与
TCL	松下電器	・部品調達 ・販売代理契約 ・OEM生産 ・技術供与
TCL	フィリップス	中国西・中部5省での独占販売
海信（Hisense）	住友商事	日本に合弁会社設立，海信製品の販売
康佳（KONKA）	サムスン電子	PDPテレビ分野の生産販売協力
長虹など	東芝	カラーテレビ他技術供与

（出典）電波新聞（2002. 10. 23）

例えば東芝は研究開発面においても，積極的な現地資源活用を推進中である．中国市場の攻略にはアプリケーションソフトや現地マーケットに対応した研究開発は市場に近い地域での現地人を活用した開発の重要性が増大する．

今後の方向としては，東芝は中国を世界の中の事業拠点として第1に市場と

して大型量販店グループとの関係構築を，さらに大連を拠点とした社会インフラ分野の深耕を目指している．第2に，グローバル生産拠点として中国において更なる拡大を目指している．第3に，研究開発拠点として中国の優秀な人材を活用して，中国市場が求める製品の開発を強化する方針である．

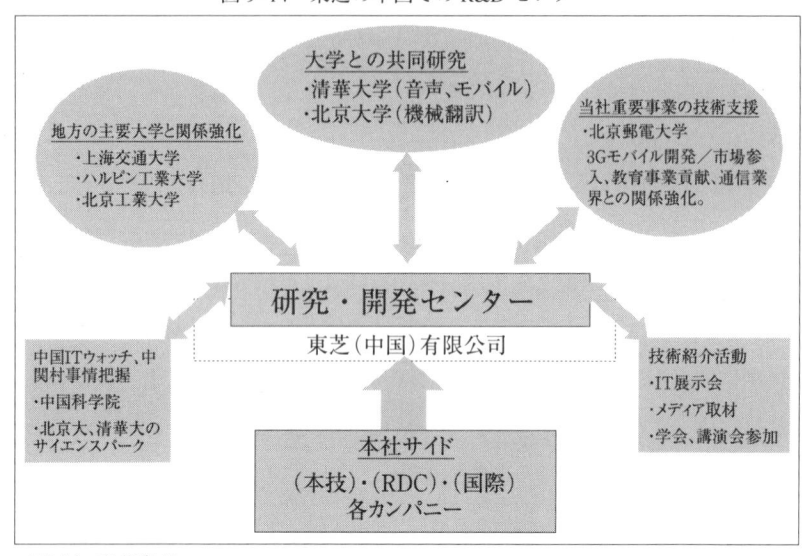

図9-14　東芝の中国でのR&Dセンター

大学との共同研究
・清華大学（音声，モバイル）
・北京大学（機械翻訳）

地方の主要大学と関係強化
・上海交通大学
・ハルピン工業大学
・北京工業大学

当社重要事業の技術支援
・北京郵電大学
3Gモバイル開発／市場参入，教育事業貢献，通信業界との関係強化。

研究・開発センター
東芝（中国）有限公司

中国ITウォッチ，中関村事情把握
・中国科学院
・北京大，清華大のサイエンスパーク

技術紹介活動
・IT展示会
・メディア取材
・学会，講演会参加

本社サイド
（本技）・（RDC）・（国際）
各カンパニー

（出典）東芝資料

　東芝グループの傘型企業である東芝中国社（本社：北京）は中国の主要大学を卒業した人材をセンター長に採用するとともに若く優秀な中国人技術者を多数採用し，2001年に中国研究開発センターを設立した．同センターでは北京大学や精華大学，さらに地方の有力大学ともソフトウェアの共同開発や音声認識に関する協同研究，委託研究を行っている．

10. 提携成功のための条件

　企業が提携するためには，いくつかの条件が必要である．
　(1) 互いにバーゲニングパワーを持つ
双方が補完し得る能力を保有していること．グローバル化時代の企業間提携はあくまでも市場原理の下で行われなければならない．企業間提携が成立するた

めには，双方の企業が相手のほしがるバーゲニングパワー，言い換えればコア・コンピタンスを持っていることが条件となる．

(2) 市場原理の前提の下での連携

互いに市場原理を重視し，ビジネスとして合理的な判断の上での提携関係を構築すること．甘えや馴れ合いは通用しない．

(3) イクオール・パートナーシップ

互いに対等な立場で共存共栄の利益をあげる関係であること．相互の企業が互いに相手の力を認め合い，信頼感をもって共通の目標に邁進すること．相互信頼のない提携はいずれ破綻する．

(4) 目的・目標・スケジュールが明確に定義されていること．

提携は当事者の一方が独断で決済することはできない．双方の企業が互いを信頼し，共通の目的・目標およびスケジュールを明確化して初めて成立する．これらが曖昧なままではやがて双方の当事者の中に拡大解釈や誤解，更には責任回避といった離齬が生じやすい．

(5) Win-Winの関係であること．

提携の場合の原則は，互いに利益を享受できることである．互いに自分にない能力を認識しあい，それを拠出しあい，互いが利益を公正に得る関係でなければならない．

(6) 経営トップの強いコミットメントがあること．

提携を成功させるためには，双方の企業のトップ・マネジメントが提携の意味をよく理解し，意思決定や資源配分に関して明確なコミットメントがあることが前提となる．

(7) 企業内，企業間各レベルでの良好なコミュニケーションが図られること．

提携の場合，複数の企業がかかわるため，単独で事業を行う場合に比べ，格段の関係者各レベルでの濃密なコミュニケーションが日常的に図られることが極めて重要である．コミュニケーションの離齬は双方の誤解や不信感を助長し，提携そのものを破綻させる．

(8) 提携条件が契約書に明確かつ詳細に定義されていること．

当然のことであるが，日本企業の場合，往々にして契約書を軽視し，大まかな信頼関係でよしとする傾向がある．提携が長期間に渡る場合は，もろもろの条件変化により当初の目的や責任分担が曖昧になりやすい．こうした時，当初の契約書に立ち戻り，双方がその内容を再確認することが肝要である．

(9) 提携参加者が提携に情熱と興味をもつこと．

当然のことであるが，提携関係にある双方，あるいは複数の企業がその提携に自社にとっての意義を明確に持ちつづけることが必要である．そして，その推進に当たっては共通の戦略的意味合いを理解し，信頼関係を築き，事業成功への情熱と興味を持つことが必要である．提携関係にある企業同士が相手の力量を認め，学びあう姿勢が必要である．そのためには，当初の提携の目的と意義を常に反芻し，状況の変化に対しては同じ認識を共有し合うようなコミュニケーションの機会を日常的に持つ必要がある．

まとめ

現在の世界的規模での競争市場環境においては全ての事業を自社のみの経営資源で賄うことはできない．また，たとえ，可能であっても市場変化のスピードや製品ライフサイクルの短縮化によって市場を失うリスクもある．また，投資リスクも大きく，投資規模が巨額な半導体産業などでは，投資戦略の失敗はその企業の社運をも左右するし，場合によっては倒産のリスクもある．自社資源に加え，外部資源を如何にうまく活用するかが，今後の企業競争にとって決定的に重要である．外部資源の戦略的活用手段として提携とM&Aがある．提携かM&Aかについては，一長一短あり事業戦略的にはその時の事情によると言わざるを得ない．

戦略的提携は一時的，部分的な企業連携であり，双方の企業が所定の目的を果たせば容易に解消される．また，資本関係が薄いため，たとえ提携により事業がうまく行かなくても資本的なリスクはM&Aにくらべ少ない．日本企業は特に大企業は意思決定が合議制であることが多く，思い切った抜本策よりも漸

進的，防衛的姿勢が強いため，提携を選考する傾向がある．また，日本の経営風土として，従来から企業同士の存在を尊重し，共存共栄を図ろうという志向が強く，他社の株式を買い占めて支配するという形態は一般的にあまり歓迎されない傾向があったことも事実である．

一方，欧米企業は事業を遂行する場合，対象企業と提携して漸進的に進むよりも完全に経営を支配し自分の意思でコントロールする傾向がある．即ち，一般に欧米企業はM&A戦略を好み，日本企業はM&Aよりも提携戦略を好むとも言われる．

もちろん，最近はこうした日本企業，米国企業という国籍によってその嗜好が異なるというような二分法的な傾向はだんだん薄れつつあり，あくまでもその企業の経営方針や企業風土によって提携かM&Aかという選択肢に分かれる．即ち，どちらをとるかは企業の性格やその置かれた状況，あるいは対象とする事業や製品・市場の性格によると言える．

しかし，今後は日本企業も世界市場で勝ち残るためには意思決定の迅速性，徹底性，経営の主体性が要求され，M&A戦略をとる場合も増加すると予想される．要するに，事業の特性や企業の置かれたポジションによってM&Aか提携戦略をとるかの見極めをすることが大切であろう．

筆者は，M&Aが内部化であれば，提携は「内・外部要因結合」戦略として並列に置くべきであると考える．提携は今や従来のようなM&Aの補助的手段ではない．その特徴は，機動性，戦略的柔軟性，資源節約性，シナジー性である．

また，重要なことは前述のように「時間軸」（スピード）の概念ということである．即ち，経営者が現実に提携か自力ないし企業買収かを決定する重要な基準は，短期的に事業目標を達成するか否か，ある事業目標を達成する方法は何か，という視点である．自力や買収は長期的なコミットメントであり，提携は事業目標を達成するために期限を切って競争相手とのコラボレーションを行うというメリットがある．提携は決して未来永劫解消しないのではなく，双

方，あるいは複数の企業がその時のおかれた状況に応じて戦略や利害が一致した時に締結され，ある共通の戦略目標が達成されれば解消するという性格のものでもある．また，もう1つの時間軸では「時差」の活用がある．IT・ネットワーク技術の進歩によって，地理的ハンディを逆手に取り，例えば，日本のソフトウエア開発を欧州企業，日米企業と提携し，共同開発をする．日本で開発したものを欧州企業で受け継ぎ作業を行い，それを米国企業へ送る，日本企業が業務を開始する頃，欧米企業からその業務を引き取って次のステップに進めば，日米欧の時差を利用して，24時間活動ができ，その分他社と差をつけることができる．要するに，今日の戦略的提携の意味は，経営スピードや時間の概念，冷徹な企業論理の企業間追求を除外しては考えられない．換言すれば，提携戦略が従来の内部化理論やその後の戦略提携論で議論されてきた内容から，さらに多様に進化し，より積極的・攻撃的意義を持ちつつある，ということである．

戦略的提携は今や業種，国籍，同業か否か，を問わず極めて広範，かつ，多様な動機で盛んに行われている．また，最近の特徴は，その提携関係をIT・ネットワーク技術が促進しているということである．最近の一連の新しいビジネスモデルであるアマゾン・ドット・コム，デル・コンピュータ，EMSなどなど，共通項はIT・ネットワーク化の戦略的取組みである．今や企業が，戦略的提携をいかに自社の競争力強化に活用していくかが事業成功を左右することになろう．

1) 徳田昭雄著『グローバル企業の戦略的提携』ミネルヴァ書房，2000年，pp. 115-117.
　徳田氏は上記著書の中で，Coase, Williamson, Bucley, Casson, Fayerweatheer, 長谷川信次氏，Yoshino／Rangan, Doz／Hamel らの内部化理論等の諸説を踏まえ，本文のように定義した．
2) Hymer. S, "The International Operation of National Firms : A Study of Direct Foreign Investment", Doctorial dissertation, MIT, 1960. (邦訳：宮崎義一著『多国籍企業論』岩波書店，1976年)．国内市場にくらべ多くの困難を伴う，国際市場で企業が事

業を行うのは，その企業自身が生産，物流等で優位性を持っているからであるという．
3）長谷川信次著『多国籍企業の内部化理論と戦略提携』同文舘，1998年，pp. 59-60, pp. 95124-127, pp. 128-130.
4）Yoshino. M., Rangan, U., "Strategic Alliances", Harvard Business School Press, 1995, pp. 16-22, p. 42, pp. 68-70
5）Gary Hamel, Yves L. Doz, "Alliance Advantage, 〜The Art of Creating Value through Partnering〜", Harvard Business School Press, Boston, MA, 1998
　　邦訳：志太勤一，柳孝一監訳，和田正春訳『競争優位のアライアンス戦略〜スピードと価値創造のパートナーシップ〜』，ダイヤモンド社，2001年，pp. 239-242.
　　ハメルとドーズはその著著（下記参考文献P 37-40）の中でアライアンスがクリティカルマスの構築，新市場開拓，スキル・ギャップの縮小を挙げ，市場地位の確立，将来の市場での可能性を拡大する手段として極めて有効と指摘している．
6）徳田昭雄著『グローバル企業の戦略的提携』，ミネルヴァ書房，2000年，pp. 39-54．でハイマーの議論について解説し，ハイマーの議論に対してその限界を指摘している．p. 64-75では長谷川信次氏の新内部化理論の紹介を行い，内部化理論の限界，即ち，提携の戦略的位置付けの不徹底を指摘している．pp. 76-93ではヨシノ＝ランガンの戦略的提携論につき，資本関係のない提携についての議論の不明確さを指摘，ドズ・ハメルの議論に対しては，彼らの3つの提携目的は必ずしも提携でなければならないということはないのではないかという議論を展開している．筆者は，基本的に徳田氏の指摘に同意する所が多い．但し，現実に加工組み立て産業で動いている提携はさらに幅が広く，特に，スピード経営やそれを実現するために「時間軸」の概念，一時的，時限的戦略目標の達成手段としての議論については，全ての議論に欠けている視点ではないかと思う．

参 考 文 献

徳田昭雄著『グローバル企業の戦略的提携』ミネルヴァ書房，2000年．

Hymer. S, "The International Operation of National Firms : A Study of Direct Foreign Investment", Doctorial dissertation, MIT, 1960.（邦訳：宮崎義一著『多国籍企業論』岩波書店，1976年）

Gary Hamel, Yves L. Doz, "Alliance Advantage, 〜The Art of Creating Value through Partnering〜", Harvard Business School Press, Boston, MA, 1998 志太勤一，柳孝一監訳，和田正春訳『競争優位のアライアンス戦略〜スピードと価値創造のパートナーシップ〜』，ダイヤモンド社，2001年．

長谷川信次著『多国籍企業の内部化理論と戦略提携』同文舘，1998年，pp. 59-60, pp. 95124-127, pp. 128-130.

Yoshino. M., Rangan. U., "Strategic Alliances", Harvard Business School Press, 1995, pp. 16-22, p. 42, pp. 68-70.

横山禎徳，本田桂子著『マッキンゼー合従連衡戦略』東洋経済新報社，1998年．

永池克明著『グローバル市場における提携戦略』第 14 回日韓経済経営会議論文集, 1999 年.
永池克明著『情報通信時代の日韓企業連携』第 15 回日韓経済経営会議論文集, 2000 年.
永池克明著『北東アジア沿岸地域における e-commerce による連携促進』(第 1 回北東アジア沿岸地域学術研究フォーラム) 論文集, 2001, UNDP&江陵国立大学.
竹田志郎・内田康郎・梶浦雅己著『国際標準と戦略提携』中央経済社, 2001 年.
Cyrus F. Freidheim, Jr. "The Trillin Dollar Enterprise", Capstone Publishing Limited. 1999.

執筆者紹介（執筆順）

林　昇一（はやし　しょういち）	研究員	（中央大学総合政策学部教授）
高橋　宏幸（たかはし　ひろゆき）	研究員	（中央大学経済学部教授）
宗澤　拓郎（むねざわ　たくろう）	客員研究員	（新潟国際情報大学情報文化学部教授）
佐久間　賢（さくま　まさる）	研究員	（中央大学総合政策学部教授）
長谷川　稔（はせがわ　みのる）	客員研究員	（東京国際大学国際関係学部兼任講師）
田中　拓男（たなか　たくお）	研究員	（中央大学経済学部教授）
浅田　孝幸（あさだ　たかゆき）	客員研究員	（大阪大学大学院経済学研究科教授）
長坂　敬悦（ながさか　よしのり）		甲南大学経営学部教授
塩見　英治（しおみ　えいじ）	研究員	（中央大学経済学部教授）
永池　克明（ながいけ　かつあき）	客員研究員	（九州大学大学院経済学研究院教授）

現代経営戦略の潮流と課題　　　　　　　　　中央大学経済研究所研究叢書　37

2004 年 3 月 31 日　発行

　　　　　編著者　　林　　昇　一
　　　　　　　　　　高　橋　宏　幸
　　　　　発行者　　中央大学出版部
　　　　　　　代表者　辰　川　弘　敬

東京都八王子市東中野 742-1
発行所　中　央　大　学　出　版　部
電話 0426(74)2351　FAX 0426(74)2354

ⓒ 2004　　　　　　　　　　　　　　　　　　　　電算印刷

ISBN 4-8057-2231-2

中央大学経済研究所研究叢書

6.	歴史研究と国際的契機	中央大学経済研究所編 Ａ５判　定価1470円
7.	戦後の日本経済——高度成長とその評価——	中央大学経済研究所編 Ａ５判　定価3150円
8.	中小企業の階層構造 ——日立製作所下請企業構造の実態分析——	中央大学経済研究所編 Ａ５判　定価3360円
9.	農業の構造変化と労働市場	中央大学経済研究所編 Ａ５判　定価3360円
10.	歴史研究と階級的契機	中央大学経済研究所編 Ａ５判　定価2100円
11.	構造変動下の日本経済 ——産業構造の実態と政策——	中央大学経済研究所編 Ａ５判　定価2520円
12.	兼業農家の労働と生活・社会保障 ——伊那地域の農業と電子機器工業実態分析——	中央大学経済研究所編 Ａ５判　定価4725円 〈品切〉
13.	アジアの経済成長と構造変動	中央大学経済研究所編 Ａ５判　定価3150円
14.	日本経済と福祉の計量的分析	中央大学経済研究所編 Ａ５判　定価2730円
15.	社会主義経済の現状分析	中央大学経済研究所編 Ａ５判　定価3150円
16.	低成長・構造変動下の日本経済	中央大学経済研究所編 Ａ５判　定価3150円
17.	ＭＥ技術革新下の下請工業と農村変貌	中央大学経済研究所編 Ａ５判　定価3675円
18.	日本資本主義の歴史と現状	中央大学経済研究所編 Ａ５判　定価2940円
19.	歴史における文化と社会	中央大学経済研究所編 Ａ５判　定価2100円
20.	地方中核都市の産業活性化——八戸	中央大学経済研究所編 Ａ５判　定価3150円
21.	自動車産業の国際化と生産システム	中央大学経済研究所編 Ａ５判　定価2625円
22.	ケインズ経済学の再検討	中央大学経済研究所編 Ａ５判　定価2730円
23.	AGING of THE JAPANESE ECONOMY	中央大学経済研究所編 菊判　定価2940円
24.	日本の国際経済政策	中央大学経済研究所編 Ａ５判　定価2625円

━━━━━━━━中央大学経済研究所研究叢書━━━━━━━━

25.	体　　制　　転　　換──市場経済への道──	中央大学経済研究所編 Ａ５判　　定価2625円
26.	「地域労働市場」の変容と農家生活保障 ──伊那農家10年の軌跡から──	中央大学経済研究所編 Ａ５判　　定価3780円
27.	構造転換下のフランス自動車産業 ──管理方式の「ジャパナイゼーション」──	中央大学経済研究所編 Ａ５判　　定価3045円
28.	環　境　の　変　化　と　会　計　情　報 ──ミクロ会計とマクロ会計の連環──	中央大学経済研究所編 Ａ５判　　定価2940円
29.	ア　ジ　ア　の　台　頭　と　日　本　の　役　割	中央大学経済研究所編 Ａ５判　　定価2835円
30.	社　会　保　障　と　生　活　最　低　限 ──国際動向を踏まえて──	中央大学経済研究所編 Ａ５判　　定価3045円 〈品　切〉
31.	市　場　経　済　移　行　政　策　と　経　済　発　展 ──現状と課題──	中央大学経済研究所編 Ａ５判　　定価2940円
32.	戦　後　日　本　資　本　主　義 ──展開過程と現況──	中央大学経済研究所編 Ａ５判　　定価4725円
33.	現　代　財　政　危　機　と　公　信　用	中央大学経済研究所編 Ａ５判　　定価3675円
34.	現　代　資　本　主　義　と　労　働　価　値　論	中央大学経済研究所編 Ａ５判　　定価2730円
35.	ＡＰＥＣ地　域　主　義　と　世　界　経　済	今川・坂本・長谷川編著 Ａ５判　　定価3255円
36.	ミ　ク　ロ　環　境　会　計　と　マ　ク　ロ　環　境　会　計	小　口　好　昭　編著 Ａ５判　　定価3360円

＊定価は消費税５％を含みます。